고등교육사회학

김안나

SOCIOLOGY OF
HIGHER EDUCATION

학지사

서 문

일반 사회학은 19세기 발에 발전하여 1920년대에는 여러 하위분야를 갖춘 독자적인 학문분야로 정착되었다. 그러나 사회학의 하위영역으로서 교육사회학은 1950년대까지 크게 주목을 받지 못하였다. 그나마 초등과 중등교육에 대한 관심이 지배적이어서 고등교육에 대한 연구는 많지 않았다. 그러던 것이 제2차 세계대전 이후 고등교육이 세계적으로 급속히 확대되면서 고등교육사회학 연구가 활발해지기 시작하였다. 사회학자 버튼 클락(Burton Clark)은 1973년에 쓴 논문에서 고등교육사회학의 가장 중요한 두 가지 연구주제를 '불평등'과 '대학효과'라고 하였다. 그의 주장처럼 이 두 주제는 여전히 고등교육사회학 연구에서 가장 중요하게 다루어지고 있다. 그러나 1970년대 이후 급속한 환경의 변화로 고등교육사회학의 연구주제는 매우 다양화된다.

이 책은 지난 십여 년간 저자가 수행한, 그리고 참여한 고등교육 연구의 성과를 종합한 것이다. 그 사이 꽤 많은 주제를 다루었구나 하는 소회와 함께, 아직까지 미국 스탠퍼드대학교의 검포트(Gumport) 교수가 편집한 『Sociology of Higher Education』과 같은 책이 한국에는 없다는 안타까움과 부러움을 느꼈다. 이 책은 고등교육사회학의 핵심적인 연구영역을 네 분야(불평등, 대학효과, 대학교수, 대학조직)로, 그리고 새롭게 부상하고 있는 연구영역을 네 분야(제도, 학과, 다양성, 정책)로 분류하여, 각 영역에서 지난 3, 40년 동안에 이루어진 연구를 정리한 것이다. 그만큼 고등교육사회학 연구가 많이 축적되었다는 것을 의미한다.

그러나 국내에서는 아직 고등교육에 대한 사회학적 관점의 연구를 종합할 만큼 연구가 이루어지지 않았을 뿐 아니라, 이 분야의 학문적 특성을 체계적으로 조망한 연구나 저서가 없다. 2010년에 고등교육기관 재학생 수가 360만 명을 넘었다는 사실을 생각할 때, 고등교육 연구가 변변히 이루어지지 않고 있는 것이 오히려 이상하다고 할 정도다. 최근 고등교육정책 연구에 대한 수요가 늘면서 고등교육 연구가 활기를 띠고 있지만, 현황분석과 정책대안 개발 위주의 접근이 주를 이루고 있어 연구성과가 축적될 수 있는 이론적 체계와 구조를 갖추지 못하고 있다.

이 책은 이러한 문제의식에서 출발하여 고등교육사회학의 학문적 성격을 정의하고, 저자가 수행한 경험적 연구성과를 바탕으로 고등교육사회학의 발전 방향을 제시해 보고자 한 것이다. 먼저 제1부에서는 근대대학의 원형이라고 할 수 있는 중세대학으로부터 시작하여 어떻게 대학의 기능이 분화되고 발전하였는가, 그리고 이 과정에서 고등교육사회학이라는 학문분야가 성립하였는가를 살펴보았다. 이어 급속한 성장을 거듭한 우리 고등교육의 확대과정과 이로부터 파생한 문제들이 어떻게 고등교육에 대한 사회학적 관심과 연구를 촉발하였는가를 논의하였다. 그동안 수행한 연구를 주제와 분석수준을 기준으로 분류해 보니, 대학구성원인 학생, 대학조직, 그리고 고등교육체제 전반에 대한 연구로 구분이 가능했다. 이 책의 제2부는 이러한 분류에 따른 연구들을 중심으로 구성하였다. 우선, 개인적 수준의 연구로 대학생 학자금대출에 대한 수요 집단의 특성을 분석한 제4장과 학생들의 대학진학이나 전공선택, 그리고 휴학과 관련된 의사결정에 영향을 미치는 요인을 분석한 제5장, 대학의 환경적 요인이 학생발달에 미치는 효과를 분석한 제6장을 들 수 있다. 그리고 고등교육의 양적 확대가 대학조직과 고등교육체제에 미치는 영향을 분석한 제3장과 제7장은 각각 조직 차원, 그리고 제도 차원의 연구로 분류할 수 있다. 분석의 수준과 범위는 다르지만 모두 형평성 관점에서 고등교육의 문제에 접근하고 있다는 공통점이 있다.

이 책의 제3부에는 거시적인 환경변화가 고등교육의 기능과 역할, 정책에 미치는 영향을 분석한 제8장과 제9장, 사회학적 관점에서 고등교육정책의 다양한 효과를 분석한 제10장과 제11장, 국내 대학원교육의 문제를 학력주의라는 한국사회의 역사적, 문화적 특성과 관련하여 논의한 제12장이 포함되어 있다. 이 연구들은 모두 최근 고등교육의 주요 정책 현안들을 환경과 정책의 상호작용이라는 맥락에서 분석한 것이다. 마지막으로 제4부에서는 앞 장에서 논의한 주제와 경험적 연구의 성과를 평가하고 이를 토대로 향후 고등교육사회학의 발전 방향을 그려 보고자 하였다.

처음 고등교육 연구를 시작했던 때와 달리 대학에 몸담고 있는 지금, 고등교육 연구의 중요성을 더욱 실감하고 있다. 고등교육사회학 연구는 학문발전을 위한 연구, 연구를 위한 연구에 그쳐서는 안 된다는 것이 대학에서 학생들을 만나고 가르치면서 얻게 된 절실한 교훈이다.

이 책이 나오기까지 여러 동료 학자들의 도움을 받았다. 그중에서도 오랜 기간 함께 연구해 온 연세대학교의 이병식 교수님, 경원대학교의 채재은 교수님, 한양대학교의 이영 교수님, 농촌경제연구원의 김정섭 박사님, 이화여자대학교의 김성훈 교수님, 경희대학교의 한상연 교수님께 깊은 감사의 마음을 전하고 싶다. 특히 이병식 교수님은 책의 구상에서부터 탈고까지 귀중한 조언과 격려를 아끼지 않으셨음에 그 고마운 심정을 말로 다 할 수 없다. 마지막으로 이 책이 고등교육사회학 연구자들과 고등교육의 개혁에 관심이 있는 모든 분들에게 도움이 되기를 바라며 끝이 없을 것 같은 아쉬운 마음을 접는다.

2011년 학생들의 상기된 얼굴이
단풍과 섞여 고운 가을 교정에서
김 안 나

차 례

제2부 | 개인과 조직 차원의 연구들

제1부

고등교육사회학의 학문적 성격

제1장 고등교육사회학의 관점

제2장 한국 고등교육의 발전과 고등교육사회학 연구

제1장 고등교육사회학의 관점

대학의 기원

대학의 기원은 서양의 중세시대로 거슬러 올라간다. 12세기부터 15세기까지 약 400년 동안 이탈리아를 중심으로 유럽에 설립된 대학이 79개 정도이며, 이 중 15개의 대학이 자연발생적으로 성립된 길드 형태의 대학으로, 우리에게 잘 알려진 이탈리아의 볼로냐와 살레르노 대학, 프랑스의 파리 대학 등이 여기에 포함된다. 당시 유럽 전역에서 가르치고 배우려는 사람들이 모여든 장소를 스투디움(studium)이라 불렀는데, 이는 학문을 연구하는 장소라는 의미를 지닌 것이다. 한편, 현재 대학(university)의 어원이 된 우니베르시타스(universitas)는 14세기 중반에 학생들이 자신들의 권익을 보호하기 위해 만든 학생조합이며, 콜레지아(collegia)는 교수들의 조합으로 학생을 선발하고 학위심사를 하는 기능을 담당하였다(김옥환, 1994). 따라서 스투디움이 오늘날의 대학과 같은 개념으로 이해된다. 스투디움은 고등교육기관으로 신학, 법학, 의학 등을 가르쳤는데, 근대 민족국가가 형성되기 이전인 중세시대의 보편적 질서 속에서, 학문과 진리를 탐구하고자 하는 사람이라면 누구나 공부할 수 있는 보편성과 개방성을 특징으로 하였다.

비록 현재 대학이 중세 대학의 이념과 조직을 계승하고 있다고 하더라도 근대 대학의 모형은 독일의 베를린 대학에서 정립되었다(장수영, 2000). 1810년에 설립된 베를린 대학은 현대 대학의 기본모형인 연구와 교육의 일치라는 원리를 정립한 곳으로, 베를린 대학의 창설을 주도한 훔볼트(Humboldt)는 기존의 대학들이 낡은 지식을 전수하는 데 그쳐서는 안 되며 새로운 지식을 창출해야 한다고 보았다. 이러한 주장이 공감을 얻을 수 있었던 것은 1806년 나폴레옹과의 전쟁에서 패배한 프로이센에서 국민주의가 확산되고, 국가 재건을 위한 정치, 사회, 문화, 교육 전반에 걸친 개혁의 필요성이 높아졌기 때문이다. 훔볼트는 독일의 재건이 교육과 연구에 기초한다는 생각으로 독일의 도덕적, 지적 미래에 영향을 줄 수 있는 국가기관으로서 대학의 중요성을 강조하면서 대학의 연구이념을 강조하였다(김호진 외, 2004). 따라서 베를린 대학을 중심으로 중세 대학의 연구이념, 즉 교수와 학생의 자율성에 기초한 학문연구의 자유가 대학의 전통으로 정착되었다고 할 수 있다.

1850년대의 연구를 중심으로 한 독일의 대학모형은 미국의 대학개혁에도 영향을 미치게 된다. 소규모의 교양학부 중심의 대학이 아닌 종합대학(university)이 새로운 대학의 모형으로 자리 잡게 된 것이다(Kerr, 1994, 이형행 역, 2000). 1636년에 설립된 하버드 대학을 효시로 발전하기 시작한 미국의 대학은 영국의 옥스퍼드나 케임브리지 대학을 모델로 한 것으로 자유교양교육(liberal education)을 중시했다. 이는 중세의 전통에서부터 이어진 대학의 기본 이념으로, 인문학적 교양을 갖춘 전문인의 양성이 대학의 핵심 기능으로 중시된 것이다. 그러나 교육과 연구라는 기능에 더해 미국의 대학들은 사회봉사라는 새로운 역할을 대학의 이념으로 추가하게 된다. 이는 1862년에 제정된 모릴법(Morrill Act)에 따라 토지공여대학(land grant university)이 설립되면서부터이다. 이 법은 각 주에 그 주에서 선출해서 연방의회에 보내고 있는 상하원 의원 1명당 3만 에이커의 국유지를 무상으로 주어 그 토지에서 나오는 수익의 90%를 농학이나 공학과 관계가 있는 강좌를 개설하고 있는 주립대학의 기금 또는 유시비로 사용하도록 한 법이다.

미국 주립대학의 설립은 대학의 발전과정에서 중요한 역할을 하는데, 이때부터 대학들은 실제적인 것에 대한 관심이 커져서 대학교육과정에 변화가 나타나기 시작하였다. 당시 각 주의 주력산업인 농업과 공업 등을 지원하고 육성하는 역할을 주립대학들이 담당하면서, 모든 계층의 요구에 부응하는 다목적 교육과정을 택하기 시작하였고 지역사회의 현실적인 요구에 봉사하는 기능을 중시하기 시작한 것이다. 이 과정에서 사회봉사가 대학의 중요한 이념으로 정착되었음은 물론이고, 대학교육과정에 공공복지가 강조되는 실용주의적 전통이 강화되는 계기를 마련한다.

이러한 발전과정에서 대학은 세계대전 이후 고등교육의 대중화 속에서 한편으로는 일반교육과 학문연구의 전통을 이어 가는 종합대학의 이념을 추구하면서, 다른 한편으로는 실용적인 직업교육의 기능을 수행하는 거대한 조직으로 변모해 왔다. 이러한 대학의 특성은 미국 하버드 대학의 전 총장인 코넌트(Conant, 1949)가 대학을 "직업교육, 지식의 진보 및 지도자적 시민의 일반교육, 고도의 자치와 독립성을 가진 학생의 공동 사회"라고 정의한 것에서 잘 드러난다. 이와 같이 직업교육, 일반교육, 전문 학술연구의 세 가지 기능을 중심으로 정립된 미국의 대학제도는 전후 세계로 전파되는 과정에서 패전 독일의 대학재건은 물론, 일본과 한국의 대학제도 발전에 깊은 영향을 미치게 된다(Kerr, 1994, 이형행 역, 2000).

고등교육의 성장과 대학 기능의 분화

앞서 중세시대의 대학은 학문과 진리를 탐구하고자 하는 사람이라면 누구나 공부할 수 있는 보편성과 개방성을 특징으로 하였다고 언급한 바 있다. 그러나 근대로 넘어와 국가가 대학에 대한 통제를 시작하면서 학생 충원에 폐쇄성과 계층성이 나타나게 된다. 예를 들어, 영국의 옥스퍼드 대학은 16세기까지 학생의 절반 이상이 평민계층 출신이었지만 점차 귀족화 경향을 띠게 되어 18세기에 이르러서는 평민 출신이 거의 사라지고 만다. 이러한 경향은 독일과 프랑스도 마찬가지여서 평민들의 대학교육에 대한 기대가 낮아지고 사회이동의 통로로서 대학의 기능도 약화되었다(Charle et al., 김정인 역, 1999). 그리고 이러한 경향은 후원적 사회이동(sponsored mobility)의 규범에 기초한 영국과 같은 사회에서 공교육제도의 형성에 영향을 미쳐 대학의 엘리트주의를 강화해 왔다(Turner, 1960).

그러나 한정된 소수를 대상으로 하던 대학은 산업사회의 발전과정에서 기능적으로 분화되면서 점차 그 대상이 확대되어, 미국의 경우 1970년대에 이미 진학률이 50%를 넘는 대중형으로 변모하게 된다. 이에 따라 대학을 포함해 후기중등교육기관을 포괄하는 의미에서 고등교육은 일정 수준 이상의 능력을 가진 자의 권리로 인식되기 시작했고, 교육기회 균등의 실현에 대한 요구가 높아지게 된다. 이러한 배경에서 1960년대의 학생운동은 저소득층, 소수자, 여성에 대해 고등교육의 문호를 개방하는 계기를 마련하였으며, 고등교육 체제의 성격을 근본적으로 바꾸는 전기를 마련하게 된다. 그리고 이러한 변화는 대학을 포함한 고등교육의 개념을 바꾸어 놓기에 충분한 것이었다.

이러한 발전과정에서 고등교육은 시대나 국가에 따라, 그리고 그 사회의 교육제도나 학교교육의 보급 정도 또는 대학관 등에 따라 다르게 정의되기 시작하였다. 예를 들면, 중등교육과의 구분을 어느 단계에 두는가, 어느 정도 수준의 교육프로그램이나 기관 유형까지를 고등교육에 포함시키는가, 그리고 계속교육과는 어떻게 구분되는가 등과 같은 질문들은 모든 사회에서 동일한 것을 의미하지 않는다. 마찬가지로 고등교육의 제도적 범위는 그 사회의 고등교육 전체 규모와 기본적인 성격이 어느 수준의 발전단계에 도달해 있는가에 따라서도 달라지게 된다(기타무라 가즈유키, 1986, 김도수 역, 1996).

이러한 관점에서 고등교육을 전체 규모나 제도적 구조의 발전단계에 의해 구분해 볼 수 있다. 트로우(Trow, 1970)에 따르면, 현재 국가 수준의 고등교육시스템은 한정된 소수를 대상으로 하는 엘리트 고등교육, 상대적 다수를 대상으로 하는 대중형 고등교육, 그리고 만인을 대상으로 하는 보편형 고등교육이라는 전체 규모, 기능, 구조를 달리하는 세 가지 발전단계의 유형으로 분류된다. 유럽 국가들의 고등교육시스템은 전체적으로 엘리트 단계에서 대중형으로, 미국은 대중형에서 보편형으로 이행하는 시기에 있고, 이 이행과정에서 그 사회의 고등교육의 기본적인 성격이 양적으로뿐만 아니라 질적으로도 변화하게 된다는 것이다.

한편, 고등교육시스템은 그 제도를 구성하고 있는 주요 기관의 유형 및 그 기관들 간의 상호관계라는 관점에서 유럽대륙형, 영국형, 미국형의 세 가지 체제로 분류할 수 있다. 유럽대륙 모델은 중세 이래의 전통을 가진 대학과 그 밖의 고등교육기관으로 구성된다. 전자는 후자에 비해 학습기간이 길고, 두 기관이 수여하는 학위의 가치에 차이가 있으며, 각 부문 간에 학생의 이동이 거의 없으며, 교육과정도 전자는 추상적, 이론적인 성격이 강한 반면에 후자는 실용적, 직업적인 성격을 가진다. 영국의 고등교육도 성격이 다른 대학과 후기중등교육으로 구분되며 학습기간은 비슷하지만 두 부문 간에 학생의 이동이 없고 전자가 보다 이론적, 종합적인 성격을 갖는다는 점에서 대륙형 고등교육체제와 유사하다. 반면에 미국의 모델은 단기 2년제 기관으로부터 대학원 중심의 대학에 이르기까지 극히 다채로운 기관유형을 포괄하고 있으며, 이들 기관들을 결합하는 행정적, 법적 연결은 존재하지 않는다고 해도 좋을 정도로 약하다. 그러나 미국의 고등교육에서는 학생들이 대학 간, 그리고 단기대학으로부터 종합대학으로 이동이 비교적 용이하고 대부분 고등교육기관은 복수의 교육목적을 가지고 있으며, 학문연구와 함께 직업교육과 같은 다양한 성격의 교육과정을 동시에 제공하고 있다.

이상의 세 가지 유형의 고등교육시스템은 그 제도를 구성하고 있는 기관의 역사적 성립과정, 자치권과 독립성의 정도, 외부 사회와의 관계의 긴밀도, 교육과 연구의 기능 분화 정도 등의 요소에 의해서도 구분된다(기타무라 가즈유키, 1986, 김도수 역, 1996). 1960년대 말부터 1970년대 초에 걸쳐서 국가 수준의 교육제도의 단계 구분을 나타내는 개념으로 후기중등교육이라는 용어가 새롭게 사용되기 시작하였는데, 이는 중등교육 이후의 모든 교육체제를 포괄하는 개념이며, 이러한 개념이 등장하게 된 것은 1950년대에서 1960년대에 걸친 급격한 고등교육의 양적 확대와 다양화의 진행을 배경으로 한 것이다.

고등교육의 대중화에 의해 전통적인 대학제도를 중핵으로 하는 고등교육 부분은 모든 산업국가에서 확내되었으며, 그 과정에서 다양한 동기, 소질, 적성, 자격, 목적을 가진 다양한 수준의 학생집단의 출현, 다양한 기능을 요구하는 경제적, 사회적 수요의 증대, 이러한 수요에 유연하게 적응할 수 있는 교육제도에 대한 요구 등은 고도산업사회의 고등교육이 공통적으로 대응하여야 하는 과제가 되고 있다. 대학의 교육과정, 입시정책, 지배구조와 운영방식 등을 둘러싼 사회적 갈등들은 이러한 변화를 반영한 것이다. 한마디로 고등교육에 대한 개인적, 사회적 요구의 다양화 경향은 불가피한 것이며, 이 다양화에 상응하는 고등교육제도의 혁신이나 유연화라고 하는 것이 1960년대 이후 교육정책의 핵심이 되었다. 즉 모든 사회제도에서 나타나고 있는 것과 같은 구조의 분화와 기능의 전문화가 진행되고 있다. 이 과정에서 현재 대학들은 교육의 기회균등화, 사회적 수요에 대응, 재정적 제약, 제도적 유연성과 변혁 능력, 새로운 세대의 요구에 대한 적응 등 새로운 도전들에 직면하고 있다. 그리고 이러한 변화의 과정과 그 교육적, 사회적 영향에 대해 관심을 갖는 고등교육사회학이라는 새로운 학분분야의 발전을 가져오게 된다.

고등교육사회학의 발전과 학문적 관점

고등교육의 제도적 특성과 마찬가지로 고등교육의 학문적 특성을 한마디로 정의 내리는 것은 쉽지 않은 문제이다. 일반적으로 고등교육 연구는 하나의 학문분야로 분류되기보다는 연구대상의 특성에 의해 구분되어 왔다. 특정 연구 분야가 하나의 학문영역(discipline)으로 규정되기 위해서는 독자적인 이론과 방법론적 지식의 체계를 갖추어야 할 뿐 아니라 해당 분야의 학자들에 의해 공유되는 특정한 연구주제와 접근방법을 지니고 있어야 한다. 이러한 연구주제와 방법들은 특정 학문이 다른 분야에서 중시하는 현상들을 같은 관심과 깊이로 접근하지 않는 것을 정당화한다.

이에 비해 특정 연구대상(object)에 대한 관심에서 출발하는 연구들은 하나의 학문영역에서 일반적으로 공유하는 이론적, 방법론적 체계를 따르기보다는 다양한 분야에 걸친 공통의 주제 영역을 다루는 경향이 강하다. 물론 의학과 같이 대상에 초점을 두고 발전된 분야라도 오랜 기간에 걸쳐 연구의 전통이 확립된 분야는 하나의 학문분야로 정립되기도 하지만, 고등교육은 아직까지 하나의 학문분야로 정의하기에는 그 지식의 축적 정도가 미약하다(Teichler, 1996).

그러나 최근 고등교육은 일반 교육학이 발전해 온 과정과 마찬가지로 하위 학문분야별로 모학문의 전통과 체계를 따라 발전하고 있다. 이러한 경향은 특히 미국의 고등교육 연구에서 나타나고 있다. 현재 다양한 분야 간의 융합을 강조하는 학문적 경향에 비추어 볼 때 앞으로 고등교육은 특정 학문분야의 이론적 지식과 방법론에 충실한 고등교육 내 하위영역들이 발전해 가는 한편으로 다양한 분야를 아우르는 주제 중심의 연구 경향 또한 지속될 것으로 예상된다.

고등교육의 하위영역으로서 고등교육사회학은 고등교육의 핵심적인 연구주제에 대한 사회학적 관심과 관점이 반영된 것이라 볼 수 있다. 사회학이 산업화와 도시화 등 급격한 사회 변화의 성격을 이해하고, 이러한 변화가 우리 삶에 미치는 영향을 분석하려는 학문적 관심에서 출발한 것과 같이 고등교육의 인구가 급증하고 산업사회에서 대학의 기능과 역할이 분화되면서 고등교육에 대한 연구 관심이 높아지게 된다. 일반 사회학은 19세기 말에 발전하여 1920년대에 다양한 하위분야를 갖춘 독자적인 학문분야로 정착되었다. 그러나 사회학의 하위영역으로서 교육사회학은 1950년대까지 크게 주목을 받지 못하였다. 그나마 초등과 중등단계 교육에 대한 관심이 지배적이어서 고등교육에 대한 연구들은 많지 않았다. 당시의 교육에 대한 사회학적 연구들은 사회학의 발전에 관심을 두는 일반 사회학자들과 교사와 행정가 교육을 통해 교육을 개혁하려는 정책가들, 그리고 교육방법과 기술개발에 관심을 갖는 사람들에 의해 수행되었다. 그러나 이들 중 어느 집단도 교육학과 사회학 내에서 학문적인 발전 전망을 제시하지 못하였다. 더욱이 고등교육은 이들의 관심 범위 밖이었다(Clark, 1973).

그러나 제2차 세계대전 이후 고등교육 인구가 전 세계적으로 급속히 확대되기 시작하면서 고등교육사회학 연구가 활발해지기 시작한다. 1976년에 만들어진 고등교육학회 애쉬(ASHE: The Association for the Study of Higher Education)의 회장을 역임한 사회학자 버튼 클락(Burton Clark)은 사회학의 고전들, 즉 베버의 관료주의와 합리화에 대한 저작들, 뒤르켐의 사회통제 및 사회구조의 분화, 그리고 계층화에 대한 연구를 자극한 린과 홀링스헤드의 지역사회 개념 등은 고등교육을 연구하는 데 개념적 기초가 되며 이를 토대로 고등교육제도에 대한 연구가 다양하게 발전될 수 있음을 지적하였다.

고등교육 분야의 연구들을 정리한 1973년의 논문에서 클락은 고등교육사회학의 가장 중요한 두 가지 연구주제를 '중등교육 이후의 교육적 불평등'과 '학생에게 미치는 대학의 사회심리적 영향'으로 정리하였다. 이러한 분석에는 클락 자신의 학문적 배경과 더불어 사회학적인 관심과 고등교육에 있어서의 실제적인 문제를 연결하고자 한 그의 관심이 반영 되어 있다(Gumport, 2007). 고등교육의 불평등에 대한 연구는 계층화에 대한 사회학적 관심과 소외계층의 고등교육기회 확대에 대한 정치적 관심을 반영한 것이었다. 그리고 대학의 효과에 대한 연구들은 학생들의 대학생활, 태도, 정치적 신념 등에 미치는 대학의 사회심리적 영향에 주목하였다. 이 밖에도 대학조직의 특성에 대한 연구들과 교수에 대한 연구들이 일부 이루어졌지만, 1970년대 초반까지 고등교육사회학은 사회학의 이론과 연구방법에 의존하여 고등교육의 당면 문제를 해결하고자 하는 신생 학문에 불과했다(Clark, 1973).

그러나 특정 사회적 조건이 지식의 형성에 영향을 미친다는 지식

사회학의 명제처럼 고등교육사회학은 대학을 둘러싼 환경의 영향을 받으며 빠르게 성장, 발전하게 된다. 이러한 맥락적 요인으로 검포트(2007)는 사회적, 그리고 조직적 환경의 변화를 들고 있다. 우선, 사회적 요인과 관련하여, 지속적인 고등교육의 확대, 거시경제적 여건의 변화, 고등교육에 대한 정책적, 정치적 이념의 변화, 새로운 지식의 창출에 대한 사회적 요구, 국가 고등교육체제와 고등교육 부문에서의 국제적 의존성의 확대에 대한 관심 증대 등과 같은 요인들은 고등교육에 대한 사회학적 연구의 관심과 범위를 확대하여 연구주제의 다양화와 세분화를 촉진하였다. 한편, 조직적 차원의 변화들은 환경변화의 불확실성에 따른 대학조직의 혁신과 구조조정을 가속화하여 고등교육체제의 변화는 물론 대학의 조직문화와 구성원의 역할에 대한 재개념화를 촉진하고 하고 있다. 이러한 영향 속에서 고등교육사회학 연구들은 지식산업으로서 미래 고등교육의 성격을 조명하고 고등교육의 연구가 어떻게 고등교육의 실천을 개선할 것인지를 고민하고 있다.

참고문헌

김도수 역(1996). 고등교육의 혁신. 교육과학사.

김옥환(1994). 대학론. 교육과학사.

김정인 역(1999). 대학의 역사. 한길사.

김호진 외(2004). 지식혁명 시대의 교육과 대학. 박영사.

이형행 역(2000). 대학의 효용. 학지사.

장수영(2000). 독일대학과 과학의 역사. 학문사.

Clark, B. (1973). Developing of the sociology of higher education. *Sociology of Education*, Vol. 46: 2-14.

Conant, J. B. (1949). *University in education in a divided world.* Harvard University Press.

Gumport, P. (2007). Sociology of higher education: An evolving field. In *Sociology of Higher Education*. edited by P. Gumport. Johns Hopkins University Press.

Teichler, U. (1996). Comparative higher education: Potentials and limits. *Higher Education*, 32, 431-465.

Turner, R. (1960). Sponsored and contest mobility and the school system. *American Sociological Review*, 25.

Trow, M. (1970). The transition from mass to universal higher education. *Daedalus*, winter, 1-42.

제2장 한국 고등교육의 발전과 고등교육사회학 연구

고등교육의 확대

우리나라의 고등교육은 근대 대학의 성립 이후 그리 길지 않은 역사에도 불구하고 놀라운 성장을 거듭하였다. 현재 취학률을 기준으로 본다면, 트로우(Trow)의 고등교육확대 모형의 세 번째 단계인 보편형 단계에 와 있다. [그림 2-1]은 지난 사십 년간 각급 학교별 취학률의 변화 추이를 보여 준다. 고등교육이 1980년대 초반과 1990년 이후 급속히 팽창함을 볼 수 있다.

지금까지 급속한 고등교육의 확대가 가능했던 요인은 주로 정부 주도의 산업화와 국가발전 전략 차원에서 접근되어 왔다. 이러한 관점에서 그간 우리 교육의 발전 모형을 도식화한다면 〈표 2-1〉과 같이 요약해 볼 수 있을 것이다.

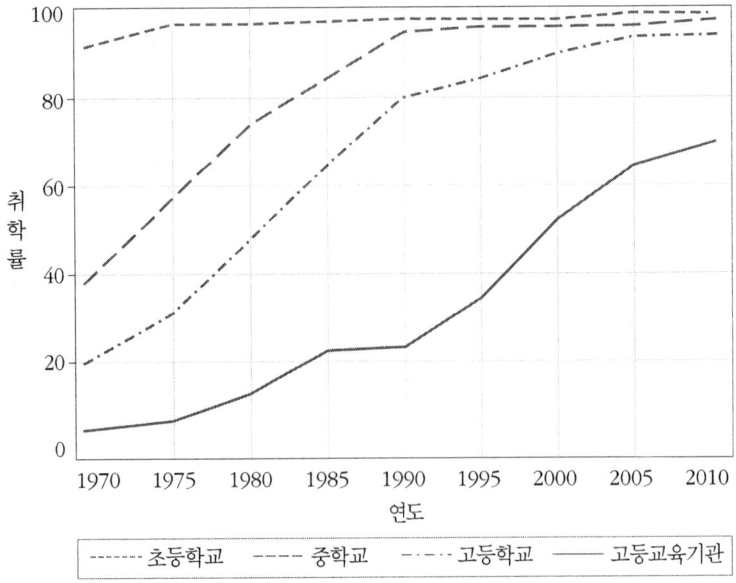

[그림 2-1] 각급 학교별 취학률의 변화 추이, 1970~2010

출처: 한국교육개발원 · 교육과학기술부, 교육통계연보, 해당연도.

우리 교육체제의 발전모형을 간단히 요약하자면 산업화 시대의 경제개발계획에 따른 단계적인 교육확대 정책으로 고등교육의 보편화를 가능하게 하는 기반을 형성하였고, 이후 정치민주화 과정에서 고등교육에 대한 높은 사회적 요구가 대학의 팽창을 가져왔다고 할 수 있다. 이러한 고등교육의 양적 성장은 대학진학기회의 확대라는 차원에서 긍정적으로 평가될 수 있으나, 급격한 양적 성장은 대학의 사회적 역할과 위상을 재검토하게 하며 고등교육체제의 근본적인 재구조화를 고려하도록 하고 있다.

이러한 시점에 우리나라 고등교육의 확대구조에 대한 우마코시(2000)의 분석은 유용한 시사점을 제공한다. 우마코시는 현재 고등

〈표 2-1〉 한국 교육의 발전 모델

기간	1948~1960	1960~1980	1990~2000	2000~현재
국가 차원의 도전들	국가 인프라 구축	경제개발을 위한 교육발전 계획	고등 및 평생 교육의 강화	인적자원 혁신
전략	• 정부주도적 접근	• 전통적인 고등 교육기관에 초점 • 정부주도적 접근	• 비전통적 교육영역 확대 • 정부주도와 부분적인 시장 기제의 도입	• 인적자원개발 시스템 간의 연계 강화 • 정부와 시장의 협력적 접근 (시장의 영향 확대)
주요 과제	• 초등학교 설립 • 실업학교 도입 • 의학, 공학, 농학, 교사 교육	• 초중등에서의 교수의 질 개선 • 공대 증원 • 중간 수준의 인적자원 개발	• 국가전략분야의 고도의 기술 인력 양성 • 평생학습체제의 구축	• 대학의 질과 적합성 제고 • 연구 생산성 제고 • 인적자원개발 시스템의 효율성 강화 • 지역개발과 혁신 체제 강화
자원 및 정책수단	• 외국의 원조	• 교사양성기관의 교육연한 연장 • 전문대학 신설 • 교육 확대를 위한 민간자원의 동원	• 과학기술 분야에 연구지원 증대 • 대학의 특성화 • 학점은행제 도입	• 고등교육 재구조화 • 정부지원에 의한 대형 프로젝트 (BK21, NURI 등)

출처: Kim & Rhee (2007). p. 115.

교육의 양적 확대로 인한 학력 인플레이션 현상은 도어(Dore, 1976)의 후발효과 모형으로, 그리고 대학의 에토스(기본 이념, 관리운영조직, 교수인사, 연구조직, 교육과정, 교수법, 입시제도 등)는 알트바하(Altbach, 1987)가 주장하는 지배-종속 모형을 따르고 있다고 본다. 또한 고등교육체제의 통합과 변동의 조정방식은 클락(Clark, 1983)의 조직비교분석모형(국가관료주도형, 대학주도형, 시장주도형)을 적용할 수 있다고 설명하고 있다.

우선, 국제비교의 관점에서 후발 국가들의 학력 인플레이션 현상을 분석한 도어(1976)의 고등교육 확대모형은 아시아 지역 국가들의 과잉교육 현상을 이해하는데 유용한 분석의 틀을 제공한다. 도어에 의하면 아시아의 발전도상국가들은 대부분 경제적 변화보다도 정치적 변화가 선행되었기 때문에 정치적 원리에 기초한 교육제도가 정비되었다. 그러므로 선진국에서는 서서히 관심을 갖게 되는 학력이 후발국가에서는 근대 부문에 참여하기 위한 조건으로서 처음부터 중요하게 인식되고 대학진학에 대한 의욕이 높아져 대학 졸업자의 과잉현상을 낳게 된다는 것이다.

그리고 대부분의 아시아 국가들이 그렇듯이 우리 학술연구의 인프라를 형성하고 있는 것이 서구에 그 중심이 있기 때문에 국제적인 지식 네트워크에 있어서 중심과 주변 혹은 지배와 종속 관계가 성립되는 것이 사실이다. 우마코시는 특히 학술연구 면에서 한국의 경우 알트바하가 주장하는 종속 모델의 특징을 보여 주고 있다고 보았다. 한편, 고등교육체제의 재편과정에서 한국은 전통적으로 국가 관료와 시장의 영향이 강하게 작용하지만 최근 정치적 민주화의 영향으로 대학의 주도적 역할에 대한 요구가 높아지고 있다고 분석하고 있다. 이러한 고등교육체제의 특성 속에서 우리 고등교육체제는 소수의 국립대학이 고등교육의 중핵을 형성하고 있지만, 고등교육의 확대는 사학의 확대를 통해서 진행되었다는 특성을 지닌다.

급속한 양적 확대는 우리 고등교육의 가장 큰 특징이다. 우마코시가 제시한 분석틀은 우리 고등교육체제의 확대과정에서 나타난 다양한 쟁점들을 이해하는 데 유용한 시사점을 제공하고 있다. 즉, 학력주의와 대학의 서열화, 대학 구조조정, 대학 자율화, 대학과 학문의 종속화와 상업화 등 현재 우리 고등교육이 당면한 문제들은 고등교육체제가 확대되는 방식과 그 과정에서 어떻게 기능적으로 분화되는가와 밀접한 관련이 있으며, 이는 우리 고등교육사회학 연구에서 중요하게 다루어야 할 연구주제라 할 것이다.

고등교육사회학의 연구주제와 범위

앞 장에서 소개하였듯이 고등교육사회학 연구는 고등교육에서의 불평등 문제에 대한 관심과 함께 학생들의 발달에 미치는 대학의 영향에 대한 연구를 출발점으로 하여 발전하기 시작하였다. 그러나 급격한 고등교육 인구의 팽창과 대학을 둘러싼 환경의 변화를 반영하여 그 연구의 범위와 대상 및 방법이 넓어지고 다양화되어 왔다(Gumport, 2007). 최근의 다양한 연구 관심을 크게 연구의 관심과 분석 수준에서 분류하여 보면, 우선 거시적 차원의 연구들은 사회경제적 환경의 변화에 따른 고등교육체제와 고등교육정책의 변화에 초점을 두고 있다. 한편, 미시적 차원의 연구들은 주로 대학의 구성원인 학생과 교수에 초점을 두고 학생발달이나 교수성과결정 요인 등을 분석한다. 이러한 두 차원의 중간 지점으로 대학의 조직문화나 지배구조, 구조조정 등에 대한 연구가 또 다른 한 축을 형성한다.

이러한 분류의 관점에서 볼 때 현재 우리 고등교육에 대한 연구들은 고등교육정책 연구에 편중되어 있다고 할 수 있다. 그 이유는 고등교육이 교육학의 한 전공분야로 분류되어 활발히 연구되고 있는 미국의 대학들과 달리, 기존 교육학 전공 학과에 고등교육이 포함되어 있지 않은 상황에서, 고등교육에 대한 연구가 최근 정부의 정책 수요와 지원에 크게 의존하고 있기 때문이다. 그러나 클락(1973)의 주장처럼 실제적인 고등교육의 문제에 대한 정책적 해법을 찾기 위해서는 사회학적 이론의 범용을 통한 과학적 연구가 선행되어야 한다.

이 책에서 다루는 주제들은 앞서 소개한 클락과 우마코시 등의 연구 관심과 맞닿아 있다. 구체적으로 이 책에서 다루는 주제들은 모두 고등교육과 관련된 교육적 실천이나 정책 변화 혹은 개혁이 고등교육의 형평성에 미치는 영향이 무엇인가에 대한 관심에 기초한다. 그리고 고등교육을 둘러싼 사회, 경제, 정치 환경의 영향이 산업화 시대를 거쳐 세계화와 지식기반사회로의 이행과정에 어떻게 작용하였는가, 그 과정에서 고등교육체제는 어떻게 확대되고 분화되며 기능적으로 변모하여 왔는가, 그 과정에서 파생된 고등교육의 사회적 쟁점은 무엇인가 등과 같은 질문에 답하고자 하였다.

이 책에 포함된 고등교육사회학의 연구들은 크게 개인, 조직, 제도 차원의 연구들 그리고 환경과 정책 차원의 연구들로 구분해 볼 수 있다. 앞서 고등교육 연구주제가 통상 거시적 수준의 연구와 미시적 수준의 연구, 그리고 중간 범주의 연구들로 구분된다고 하였는

데, 이 책에서는 이러한 분류체계를 기초로 하되, 최근의 고등교육 환경의 변화를 반영하여 보다 직접적으로 정책적 쟁점을 다룬 연구들을 별도로 분류하여 구성하였다. 이 책의 제2부에서는 논의하는 개인, 조직, 제도 차원의 연구들이 우리 대학생들의 특성과 발달에 영향을 미치는 요인들, 이들의 대학에서의 선택 행위에 영향을 미치는 요인들, 고등교육기회의 확대가 대학조직과 위계구조에 미치는 영향 등에 대해 분석하고 논의하였다.

먼저, 제3장에서는 고등교육의 확대과정에서 나타나는 고등교육체제의 위계화 과정을 분석하여, 고등교육의 확대가 교육기회의 형평성 혹은 불평등에 미치는 영향을 살펴보았다. 이를 위해 대학신입생들의 수능성적을 분석하여 우리나라 대학들의 서열화 양상을 고찰하고 기존 서열화 구조가 강화되는 기제를 살펴보았다.

제4장에서는 교육기회의 지역 간 격차, 특히 도시와 농촌 간의 격차를 살펴보고 이러한 교육기회의 불평등을 완화하기 위해 실시하고 있는 학자금대출제도의 수요 집단의 특성을 살펴봄으로써 고등교육의 형평성 확대를 위해 집중적으로 지원해야 하는 대학생 집단의 특성에 대해 논의하였다.

제5장에서는 학생들의 대학진학이나, 전공선택, 그리고 휴학과 관련된 의사결정에 영향을 미치는 요인이 무엇인지 분석하였다. 특히 고등교육비의 부담이 큰 우리나라에서 학생들의 선택은 그들의 경제적인 형편에 따라 차이가 크기 때문에 소득 수준에 따른 학생 선택의 차이와 재정지원의 효과를 비교해 보는 것은 대학교육의 성과를 높이는 문제와도 직결된다.

제6장에서는 학생발달에 미치는 대학의 환경적 요인들의 특성을

분석하여 대학교육의 성과를 제고하기 위한 방향에 대해 논의하였다. 특히 학생들이 대학생활에 몰입할 수 있도록 하는 대학의 사회심리적 환경과 지원체제의 특성 등을 확인하고 이러한 특성을 강화할 수 있는 방안에 대해 고민하였다.

제7장에서는 고등교육의 양적 확대가 대학조직에 미치는 영향을 고찰하였다. 고등교육의 양적 확대에 따른 학생 특성의 변화는 대학교육의 목적과 대상, 교육내용과 방법은 물론 대학의 행정조직과 운영체제 전반에 있어서 광범위한 질적 변화를 요구한다. 이 장에서는 현재 우리 대학들이 당면한 재구조화의 요구를 분석하고 향후 재구조화의 방향을 전망해 보았다.

이 책의 제3부에서는 고등교육을 둘러싼 거시적 환경 변화의 성격을 이해하고, 이러한 환경 변화로 인해 고등교육연구에서 새롭게 등장하고 있는 개념과 주제들에 초점을 맞추었다. 그리고 환경 변화에 대응하기 위한 전략적 차원에서 논의되고 있는 고등교육정책의 성격에 대해 논의하였다.

먼저, 제8장에서는 세계화의 성격과 세계화에 따른 교육개혁의 동향 및 그 기초가 되는 신자유주의 이념에 대해 고찰하고, 이러한 교육개혁의 동향이 우리 고등교육정책에 어떻게 반영되고 있는지에 대해 관련 쟁점들을 중심으로 논의하였다.

제9장에서는 세계화의 영향과 함께 흔히 21세기의 특징으로 주목하는 지식기반산업의 확산이 고등교육에 미치는 영향을 분석하고, 이러한 변화가 대학교육과정의 목표와 내용에 미칠 영향에 대해 논의하였다. 특히 최근 대학교육의 목표로 핵심능력이라는 개념이 강조되고 있고, 이를 개념화하여 측정, 비교하려는 시도가 여러 나라

에서 진행되고 있는데, 이 장에서는 이러한 경향의 원인과 고등교육에 주는 시사점들을 논의하였다.

제10장에서는 대학교육비와 관련된 쟁점을 다룬다. 최근 대학등록금 반값 논의에서 나타나고 있는 것처럼 고등교육비용의 문제가 사회적, 정치적 쟁점이 되고 있다. 교육비 부담의 문제에 대한 해법은 형평성과 함께 공정성이라는 기준을 충족할 수 있어야 한다. 이러한 관점에서 제10장에서는 대학생 학자금대출제도의 효율성과 형평성을 분석하였다.

제11장에서는 대학입시정책의 문제를 다루었다. 여러 차례의 대입제도 개선에도 불구하고 대입정책은 대학교육에 관련된 어느 이해집단도 만족시키지 못하였다. 최근에는 입학사정관제도라는 새로운 제도가 도입, 추진되고 있으나 시행과정은 순조롭지 않다. 입시와 관련된 논란의 주요 쟁점은 무엇인지, 그리고 입시제도의 적합성을 평가하는 기준은 무엇이어야 하는지를 살펴본다.

제12장에서는 국내 박사학위과정의 문제를 살펴보았다. 최근 고등교육의 경쟁력을 제고하기 위해 학부교육은 물론이고 대학의 연구기능이 강조되면서 대학원 교육에 대한 관심이 높아지고 있다. 실제 최근 국내 대학원 진학 인구와 박사학위자의 수는 급증하고 있다. 그러나 박사과정의 질적 수준과 만족도를 보면 박사과정의 허실이 그대로 드러난다. 이 장에서는 이러한 문제점에도 불구하고 국내 박사과정의 확대가 빠르게 진행되는 원인을 우리 사회의 학력주의와 관련하여 분석하고 정책적 대안을 모색해 보았다. 그리고 마지막으로 제4부 제13, 14장에서는 기존 연구들의 성과와 한계를 분석, 평가해 보고 향후 고등교육사회학 연구의 발전 전망을 제시하였다.

참고문헌

우마코시 토오루(2000). 한국 근대대학의 성립과 전개. 한용진 역. 교육과학사.

한국교육개발원 · 교육과학기술부(1970~2010). 교육통계연보. 한국교육개발원.

Altbach, P. (1987). *High education in the third world*. New York: Adven Books.

Clark, B. (1983). *The higher education system: Academic organization in cross national perspectives*. University of California Press.

Dore, R. (1976). *The diploma disease*. London: Allen & Unwin.

Gumport, P. (2007). *Sociology of higher education: An evolving field. In Sociology of Higher Education*. edited by P. Gumport. Johns Hopkins University Press.

Kim, A. & B. Rhee (2007). Meeting skill and human resource requirement. In *Korea as a Knowledge Economy: Evolutionary Process and Lessons Learned*. edited by J. Suh and D. Chen. Washington, DC: The World Bank.

제2부

개인과 조직 차원의 연구들

제3장 대학서열화와 고등교육의 불평등 구조

고등교육과 불평등

교육, 특히 고등교육과 사회이동의 관계는 전통적으로 사회학에서 핵심적인 연구주제가 되어 왔다. 현대 사회에서 소수 특권계층에게 한정되어 있던 고등교육의 기회가 일반에게 확대되고, 개인의 사회적 지위에 중요한 요소인 직업 지위의 결정이 교육을 매개로 하여 이루어지는 것으로 인식되면서 이러한 일반적인 가정은 잘 알려진 블라우와 던컨(Blau & Duncan, 1967)의 지위획득모형으로 개념화되었다.

그러나 고등교육의 확대에도 불구하고 사회평등에 대한 인식의 확산은 고등교육에 대한 접근기회의 형평성 논란을 야기하게 되었고, 이러한 논란은 특히 미국 고등교육의 보편화 과정에서 흑인을 비롯한 다양한 소수민족과 여성들에 대한 고등교육 접근기회의 형평성 논란으로 이어졌다. 적극적 차별정책으로 알려진 소수집단 우대정책(affirmative action)은 이러한 논란의 와중에 대입제도에 적용되었다가 폐지되면서 최근 다시 고등교육기회의 형평성 논쟁을 불러일으키고 있다. 최근 이 논쟁은 소수집단우대정책이 사회적 불이익 집단에게 혜택을 줄 뿐 아니라 사회적 다양성을 증진시켜 서로 다른 배경을 지닌 학생들의 지적, 정의적 발달은 물론 사회 전체의 인적자원 활용의 측면에서도 이롭다는 결론으로 수렴되어 가고 있다(Carnevale & Rose, 2003; Denison & Chang, 2009).

고등교육의 보편화가 이루어진 현대 사회에서 인종이나 성별, 그리고 계층 간 고등교육기회의 형평성 논란이 지속되고 있는 이유는 대학 입학 이전에 학생들이 겪는 경험의 차별적 특성 때문이다. 이와 같은 차별적인 교육 경험은 학생들이 재학하는 중등교육기관 혹은 조직과 제도에 만연한 질적, 물리적, 문화적 차이에 주로 기인한다(Coleman, 1987; Oakes, 1989). 나아가 고등교육비용과 대학등록금 정책, 학자금지원제도, 대입정책과 같은 보다 거시적인 제도적, 정책적 차원의 영향 또한 고등교육 진학 결정과 대학 선택에 중요한 영향을 미쳐 저소득계층의 고등교육에 대한 접근 가능성을 제약하는 요인으로 작용하고 있다(Fitzgerald & Delaney, 2002; McDonough, 2004; Paulsen & St. John, 2002).

한편, 교육기회의 확대가 자동적으로 사회경제적 지위의 평등화를 가져오는 것이 아니라는 사실은 세계대전 직후 노동시장의 분화에 따라 중등교육이 위계적으로 계층화된 역사적 경험을 통해서도 확인된 바 있다(Banks, 1955; Halsey et al., 1956, 1980; Halsey &

Trow, 1971; Trow, 2005). 이러한 주장은 고등교육의 계층화 현상에도 그대로 적용될 수 있다. 일례로 버튼 클락(Clark, 1973)은 교육의 불평등이 중등교육단계를 넘어서 고등교육으로 확대되고 있다고 지적하면서 그 중요한 메커니즘으로 고등교육기관들 간의 위계구조를 지목하였다.

이러한 주장들은 고등교육의 불평등 문제를 이해하기 위해서는 고등교육에 대한 접근가능성뿐만 아니라 고등교육체제 내에 존재하는 불평등성에 주목할 필요가 있음을 시사한다. 이는 고등교육의 기회가 양적으로 확대되면서 고등교육체제가 어떻게 분화, 즉 계층화되어 왔는지, 그리고 그 결과 고등교육의 효과가 어떤 대학을 졸업했는가에 따라 어떻게 달라지는지를 살펴보아야 한다는 것을 의미한다. 이러한 관점은 특히 세계에서 가장 높은 고등교육 취학률을 보여 주고 있으면서도 치열한 대학입시경쟁과 이를 위한 과도한 사교육비 지출 현상이 완화되지 않고 있는 한국 고등교육의 현실을 이해하는 데 도움을 준다.

앞서 여러 연구자들이 지적한 것처럼 대학 간의 위계구조는 어느 나라의 고등교육체제에서나 발견되는 일반적인 현상이다. 그러나 우리 고등교육의 계층화 현상은 서열화로 개념화될 만큼 세밀하게 분화되어 있다. 이러한 구조적 분화현상의 원인에 대해서는 전문대학과 사립대학을 중심으로 고등교육이 급속히 확대되는 과정에서 이러한 대학들과 기존에 이미 위상이 정립된 일반 4년제 대학 간에 위계구조가 형성된 것을 원인으로 설명하는 관점(Park, 2007; Shavit et al., 2007)과 대학 간의 왜곡된 경쟁구조를 원인으로 설명하는 관점이 있다(이두휴 · 고형일, 2003; 김동훈, 2001; 김경근, 1999). 전자의 설명이 다른 나라의 고등교육체제에서도 흔히 관찰되는 일반적인 특성에 주목한 것이라면, 후자의 관점은 한국 고등교육의 발전과정에서 나타난 보다 독특한 특성에 초점을 맞춘 것으로 우리 대학들이 기존에 신입생들의 입학성적을 중심으로 서열화된 경쟁구조 속에 안주함으로써, 후발 대학들이 경직되어 버린 서열체제의 벽을 넘지 못한 것을 그 원인으로 설명하고 있다.

한국 대학의 서열화 현상을 이해하기 위해서는 그 기원과 고착화 과정을 살펴보아야 할 것이다. 그러나 이 장에서는 서열화의 원인보다는 현재 대학의 소재지, 설립 유형, 설립 시기 등과 같은 기관의 특성에 기초한 대학 간 서열화의 양상을 실증적으로 규명하고, 이러한 구조적 특성에 기인한 고등교육의 불평등 문제에 대해 논의하고자 하였다.

고등교육 기회의 확대와 대학서열화

고등교육의 확대 과정

한국의 고등교육이 양적으로 급속히 팽창할 수 있었던 요인은 교육 공급자와 수요자 측면에서 모두 찾아볼 수 있다. 우선, 공급자 측면에서 본다면, 고등교육의 확대 정책은 국가 사회의 발전과 경제성장을 위한 인력수급계획의 측면에서 추진되어 왔다(차경수, 1977). 1960년대 경제개발계획에 맞추어 이전의 자유방임주의적 대입정책에서 선회하여 산업계의 수요에 따른 선별적이고 점진적인 대입정원 증가 정책을 채택하였던 것이 대표적인 예이다. 그러나 1980년대에는 졸업정원제로 알려진 대학문호개방 정책이 도입되면서 대학 정원이 획기적으로 증가하게 된다. 당시의 정부 정책은 산업계의 수요뿐만 아니라 정치적 위기 상황에서 벗어나기 위한 방안으로 도입된 측면이 강하다(왕한신, 1993). 그 이유가 무엇이든 고등교육에 대한 수요가 늘 공급을 초과하는 상황에서 정부는 고등교육에 대한 확대 정책의 기조를 이어 왔다고 볼 수 있다. 즉, 전형적인 학력사회에서 고등교육을 통해 사회경제적 지위획득과 계층상승이동을 꾀하는 학생과 학부모들의 높은 교육열은 경제성장으로 인한 소득수준의 향상에 힘입어 교육에 대한 요구를 증대시켜 왔다.

일반적으로 고등교육의 발전과정은 대학의 기능과 성격의 변화를 수반한다. 트로우(Trow, 1961)는 취학률의 변화가 각급 학교의 교육적 기능에 변화를 가져온다고 주장한 바 있다. 이에 따르면, 미국의 중등교육은 소수 엘리트에 대한 대학준비기능, 대중에 대한 직업교육기능, 대중에 대한 대학준비기능의 단계를 거쳐 발전해 왔다. 이러한 중등교육의 발전단계는 대학교육의 성격을 변화시켜, 대학교육은 엘리트 중심의 전문교육에서 일반교육으로 전환되는 과정을 겪게 된다. 한편, 검포트 등(Gumport et al., 1997)은 미국의 고등교육체제가 대중화, 성숙기, 그리고 후기 대중화 단계를 거치면서 변화되어 왔으며, 이 과정에서 몇 가지 두드러진 특징들이 있음을 발견하였다. 즉, 초기 전통적인 엘리트 중심의 대학이 1970년대 중반까지 대중화되는 과정에서 전통적인 고등교육기관들은 물론 커뮤니티 칼리지와 같은 직업준비교육 중심의 대학들이 확대된다. 이후 1970년대 중반부터 1980년대 후반까지는 고등교육의 성숙기로서,

성인과 소수민족 등 대학진학 인구가 더욱 다양화되고 비정규 학생이 증가하는 등 대학 구성원의 특성이 다양화되면서 전문직업대학(professional school)과 평생교육기관이 신설되는 등 대학의 유형이 더욱 다양화, 특성화된다. 그러나 1990년대 이후부터 현재까지는 그동안 양적, 질적 측면에서 확대, 다양화 과정을 거쳐 온 미국의 고등교육체제가 역동적인 구조조정의 과정을 거치면서 효율성과 책무성을 강화해 가는 시기로, 이 시기가 후기 대중화에 해당한다.

이처럼 미국의 대학들은 규모와 기능, 교과과정, 지원체제, 학문적 수준 등 여러 측면에서 다양성을 추구하며 발전해 왔다(Birnbaum, 1983). 이러한 특징은 카네기 고등교육위원회의 대학분류(1987)에서 잘 나타난다. 이 분류에 따르면, 미국의 고등교육기관은 연구중심대학(104개교, 학사과정, Ph. D. 과정, 높은 연구 비중), 박사학위수여대학(109개교, 학사, 박사과정 매년 세 분야 이상에서 10명 이상의 박사 배출), 종합대학(학사, 석사과정, 학사과정의 절반 이상이 공학, 경영학 등 직업, 전문직 관련 영역), 인문대학(학사과정, 인문, 자연과학에 집중), 2년제 지역사회 · 단기 · 기술대학, 전문직업대학(학사부터 박사까지, 하나의 전문 분야에 집중) 등으로 구분된다(Stadtman, 1992).

카네기 고등교육위원회가 분류한 6가지 유형의 고등교육기관들 간에는 그 사회적 위신이나 명성에 차이가 존재한다. 즉, 이러한 유형분류는 일종의 고등교육기관 간 위계구조를 보여 주는 것으로 볼 수 있다. 그러나 미국의 대학들을 평가할 때 서로 다른 유형의 대학들을 같은 기준으로 평가하지는 않는다. 오히려 각각의 기관들이 그 고유한 목적과 기능에 어느 정도 충실한지가 우선적으로 고려된다. 이는 학생과 학부모가 대학진학을 결정을 할 때에도 마찬가지로 고려하는 조건이다. 즉, 어떤 계획과 목적을 가지고 대학에 진학하는가에 따라 자신에게 맞는 유형의 대학을 선택하게 된다.

이처럼 다양한 기능을 중심으로 분화되어 있는 미국의 고등교육 체제와 달리, 우리나라의 대학들은 급속한 양적 확대에도 불구하고 여전히 대학 간 목적, 조직, 운영에 있어 대동소이한 체제를 따르고 있다. 이러한 현상은 대학설립 준칙주의가 적용되고 자율화가 추진되면서 전문대학들이 4년제 대학과 구분 없이 대학이라는 명칭을 사용하고, 종합대학과 단과대학의 구분이 없어졌을 뿐 아니라, 대학원중심대학과 대학원이 없는 대학 간의 구분이 모호해지는 등 더욱 심화되고 있다(신극범, 2003). 따라서 기능 수행에 있어서 경직되고 획일적으로 발전하여, 기능 분담에 의한 역할 수행이 이루어지지 않은 채, 거의 모든 대학이 종합대학, 연구중심대학을 지향하여 규모를 확대해 왔다. 이에 따라 학생선발 방식과 교육과정 운영에 있어서도 차별성이 거의 없어 학생선발 기준이 획일화되고, 획일적인 대학입시는 중등교육의 입시준비기능 강화라는 왜곡을 초래하였으며, 대학을 서열화시켜 왔다(문용린, 1998).

대학서열화의 특징

한국 대학들의 계층화 현상의 특징은 무엇보다도 신입생들의 입학성적과 대학들의 순위가 매우 상관관계가 높다는 것이다. 해마다 입시철이 되면 학원가는 물론 일선 고등학교에 수능성적 배치표가 내걸린다. 학생들의 대학 선택은 통상 자신의 성적으로 진학할 수 있는 대학 중 순위, 즉 성적이 가장 높은 대학으로 결정된다. 배치표에 나타난 예상 커트라인은 당해 수능 난이도에 따른 점수 분포와 이전 해의 입학성적을 기준으로 작성되는 것으로, 배치표에 나타난 대학들의 순위는 매년 거의 바뀌지 않는다.

이러한 현실은 우리 대학들이 서열화된 구조 속에 안주하도록 하는 요인이 되어 왔다. 소위 일류대학은 기존의 명성에 의존하여 별다른 노력 없이도 우수한 학생을 유치할 수 있었고, 그렇지 못한 대학들의 경우에도 비교적 최근까지 정원을 충족하는 데 어려움이 없었기 때문에 개선의 의지가 부족하였다고 할 수 있다. 이런 상황에서 현재 한국의 대학들은 크게는 전문대학과 일반대학, 수도권 대학과 수도권을 제외한 지역의 대학, 국립대학과 사립대학, 그리고 대학의 규모와 역사, 인지도 등에 따라 서열화되어 있다.

그러나 대학서열화에는 대학 스스로의 책임도 있지만 대학의 자구노력만으로는 극복하기 어려운 사회구조적 요인 또한 크게 작용하여 왔다. 우선, 대학서열체제의 형성은 한국의 산업화 과정과 밀접히 연관되어 있다고 볼 수 있다. 산업화가 급속히 진행된 1980년대 대입정책의 가장 큰 특징 중 하나는 전문대학의 비약적인 증가이다. 1970년에 71개였던 일반대학의 수가 1980년에 85개로 증가한 것에 비해 전문대학은 65개에서 128개로 두 배 가까이 늘어났다(한국교육개발원, 1970, 1980). 이는 당시 산업계의 인력수요를 반영한 것으로, 이와 같이 전문대학의 증설을 중심으로 한 고등교육 확대는 직업교육 위주의 전문대학과 4년제 일반대학 간에 위계구조를 형성하게 된다.

한편, 수도권을 중심으로 이루어진 산업화는 수도권을 한국 사회의 정치, 경제, 교육 및 문화의 중심지로 중점 개발하면서 그 밖의 지역을 도외시하였다. 그 결과 지역경제의 위축, 일자리의 감소, 수도권 선호 의식 등 사회구조적 요인이 형성되어 지방대학들의 발전을 저해하고 있다(이두휴 · 고형일, 2003; 심인호, 2000; 김동훈, 2001; 김경근, 1999). 이에 따라 정부가 수도권 인구집중억제 정책의 일환으로 수도권 대학들의 정원 증원을 억제하였지만, 이러한 정책은 지난 20여 년간 오히려 지방대학의 어려움을 가중시켜 왔다(이만희, 2003). 즉, 대학과 정원 증원이 지방을 중심으로 이루어지면서 많은 수도권 학생들이 지방대학에 진학하고 있지만 편입시험을 통해 다시 수도권 대학으로 이동하고 있고, 고교 졸업생수가 감소하면서 지방대학들이 정원을 충원하지 못하는 사례가 늘고 있는 것이다.

사립대학을 중심으로 고등교육의 확대가 진행된 것 또한 서열화의 중요한 요인이 된다. 1970년에 4년제 일반대학 중 사립대학 비중은 78.9%였으나 대학설립사율화를 추진한 1990년대 후반 이후 사립대학의 비율은 더욱 증가하여 2005년에는 85.0%로 비중이 높아졌다. 전문대학의 경우 이러한 경향은 더욱 두드러져 1970년에 60.0%였던 사립대학의 비율이 2005년에는 91.1%로 증가하게 된다(한국교육개발원, 1970, 2005). 당시 경제규모와 정부예산의 한계 등을 고려한다면 민간 부문의 참여를 통해, 즉 사립대학의 증설을 통해 고등교육의 기회를 확대한 것은 한편으로는 성공적인 교육발전 전략이라고 평가할 수 있을 것이다(Kim & Rhee, 2007). 그러나 사립대학들도 국립대학과 똑같은 틀에서 운영되면서 사학의 독자성이나 특성이 없이 성장하게 된다. 더욱이 사립대학은 재정적으로 학생들의 등록금에 대한 의존율이 높은 반면, 등록금은 국립대학의 두 배 정도에 이르기 때문에 우수학생 유치를 위한 국립대학과의 경쟁에서 절대적으로 불리할 수밖에 없다. 또한 국립대학들의 경우 조세부담이 없지만 사립대학에는 각종 조세가 부과되고 있어 사학들의 재정을 어렵게 하고 있다(정영섭, 2002). 이러한 조건들은 국립대학에 비해 사립대학들이 경쟁력을 갖기 어렵게 하는 요인이 되고 있다.

또 다른 대학서열화의 요인으로 대학설립준칙주의의 도입에 따라 새로 신설된 대학들의 문제를 들 수 있다. 1996년에 도입된 대학설립준칙주의는 대학교육의 자율성과 다양성을 제고하는 데 기여할 것으로 기대되었다. 그러나 당초의 기대와 달리, 경쟁력 있는 대학의 신설보다는 기존에 각종 학교로 분류되던 대학들이 4년제 정규대학으로 전환되거나 시설 요건이 불비한 상태에서 설립이 인가된 경우가 많을 뿐 아니라 학생 지원율이 낮고 휴학생 비율이 높아 학교 운영에 어려움을 드러내고 있다(박부권, 1999). 이에 따라 대학설립준칙주의가 도입된 이후 신설된 많은 대학들이 고등교육의 확대과정에서 대학 간 서열체제의 저변을 형성하게 되었다.

한편, 고등교육에 대한 정부의 정책적 개입과 규제 역시 서열체제를 강화하는 데 적지 않은 영향을 미쳤다. 예를 들어 대학입학정원에 대한 정부의 획일적인 통제는 입시경쟁구조를 왜곡시켜 대학 간 자율적인 경쟁을 무의미하게 만든 측면이 있다(이두휴 · 고형일, 2003). 또한 최근 두뇌한국21사업과 같은 정부의 재정지원 정책들은 당초 연구기능과 교육기능을 중심으로 대학을 특성화하려던 의도와 달리, 대학들이 연구중심대학을 지향하도록 하여 기존의 획일적 서열화 구조를 강화하고 있다는 비판을 받고 있다. 이는 정부의 재정지원이 압도적으로 연구 · 개발에 집중된 탓으로 볼 수 있다(김정숙, 2001).

지금까지 살펴본 것처럼 한국 고등교육의 서열화 구조가 형성되어 온 과정과 그 원인에 대해서는 다양한 시각이 존재하고 있고, 앞으로 이에 대해 보다 정교한 이론화 작업이 이루어져야 할 것으로 보인다. 그러나 기존의 연구들을 종합해 보면, 일차적으로 대학의 서열화가 개별 대학 간의 경쟁보다는 대학의 소재 지역, 설립유형, 설립역사 등을 기준으로 진행되어 왔음을 알 수 있다. 그리고 앞서 언급하였듯이 이러한 기준에 따른 대학 신입생 입학성적의 편중현상은 대학서열화의 구조적 특성을 실증적으로 보여 주고 있다(김안나, 2004).

한국 대학의 서열화 구조

대학의 특성에 따른 수능성적의 분포를 분석하기 위해 지역별, 계열별, 설립유형별, 그리고 설립준칙주의 시행(1996년) 이전과 이후를 기준으로 하여 1994년부터 2001년까지 수학능력시험의 평균 백분위 점수를 비교분석하였다. 분석 자료는 진학사의 수능성적 자료와 한국교육개발원의 교육통계시스템에서 추출한 학교특성 자료를 결합하여 사용하였다. 최종 분석에는 수능성적이나 입학정원에 관한 자료가 없는 대학을 제외한 150개교가 포함되었고, 수능성적의 지역별 분석에서 지역은 16개 시 · 도를 기초로 하였으며 서울시를 제외하고 광역시는 해당 도(道)에 포함하여 분석하였다.[1]

1) 구체적인 분석방법은 김안나(2004). 대학입학 수능성적 분포의 변화 추이를 통해 본 고등교육의 서열화 구조. **교육사회학연구**, 13(3): 65-83 참조

전반적인 수능성적의 변화 추이

대학 신입생들의 수능성적의 평균 백분위는 [그림 3-1]에서 볼 수 있는 바와 같이 평균적으로 점차 낮아지고 있으며, 1996년 이후로 급격히 저하되고 있는 것으로 나타났다.

반면, 대학 입학정원은 같은 기간 동안 꾸준히 증가했음을 알 수 있다. 이와 같은 수능성적과 학생 수의 반비례 관계를 통해서 1994년부터 2001년 기간 동안 학생 수가 꾸준히 증가하면서 대학 신입생들의 평균적인 수학능력이 전반적으로 하락했음을 추론할 수 있다.

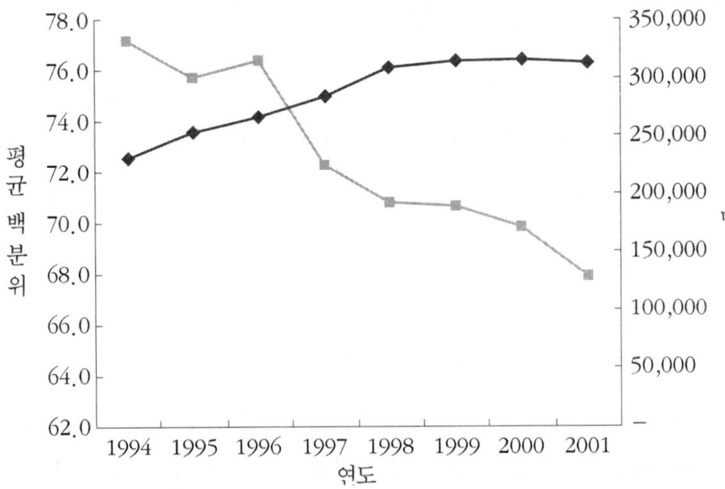

[그림 3-1] 대학 수능성적 평균 백분위와 대학 입학정원의 변화 추세

대학특성별 수능성적 분포의 특성

지역별 분포

대학생들의 수능성적을 지역별로 분석한 결과가 〈표 3-1〉에 제시되어 있다. 전체적으로 분석연도에 관계없이 지역별로 유의도 .01 수준에서 통계적으로 유의한 차이가 있는 것으로 나타났다. 지역별 분석결과도 전체적인 추세와 비슷하게 1994년부터 2001년까지 입학정원은 점차적으로 증가한 반면, 수능성적의 평균 백분위는 서울 지역을 제외하고 상당히 낮아진 것으로 나타났다. 즉, 서울과 기타 지역을 비교해 보면, 상대적으로 서울 지역의 수능 평균 백분위는 일정 수준으로 유지되고 있는 반면, 그 밖의 지역의 경우는 크게 저하되고 있어 서울지역으로의 우수학생 집중현상이 뚜렷하게 나타나

〈표 3-1〉 지역별 대학 수능성적 평균 백분위와 입학정원의 변화

지역	수능 평균 백분위			입학정원		
	1994[a]	1998[b]	2001[c]	1994	1998	2001
서울	84.9	82.1	83.5	62,537	73,628	68,706
경기	77.0	74.2	73.9	32,789	42,381	40,528
강원	76.1	65.9	56.4	11,262	14,714	16,157
경남	79.1	74.0	70.0	32,605	43,177	45,328
경북	74.2	65.2	62.1	25,850	36,820	37,627
전남	69.6	61.0	52.2	15,940	22,827	22,836
전북	68.6	56.2	46.9	14,375	19,715	19,894
충남	71.3	64.7	63.6	23,100	37,695	40,805
충북	75.5	61.8	60.2	10,510	13,839	14,246
제주	74.1	58.4	54.1	2,163	3,152	6,057
계	77.1	70.8	67.9	231,131	307,948	312,184

a $F(9,132)=3.86$, $p<.01$; b $F(9,137)=4.53$, $p<.01$; c $F(9,137)=7.45$, $p<.01$

고 있음을 알 수 있다.

설립유형별 분포

학생들의 수능시험점수를 대학의 설립유형별로 보면, 〈표 3-2〉에 제시된 바와 같이 국립대학에 비해 사립대학들이 평균적으로 낮게 나타났다. 이러한 차이는 3개 분석대상연도 전체에서 통계적으로 유의한 차이가 있는 것으로 나타났다. 국 · 공립대학들에 비해 사립대학들의 수능 평균 백분위가 낮게 나타나고 있는 것은 서울지역에 우수학생들이 집중되고 있음을 고려할 때, 지방대학들 중 사립대학 학생들의 학력수준 저하가 보다 심각하다는 것을 보여 주는 것이다. 이와 같은 신입생들의 수능성적 분포에 있어서의 국 · 공립대학과 사립대학 간의 차이는 설립유형별 입학정원 증가율의 차이와 밀접하게 관련이 있는 것을 알 수 있다. 즉, 입학정원이 급격히 증가한 기간 동안에 사립대학의 평균성적이 상대적으로 많이 하락하였다.

〈표 3-2〉 설립유형별 대학 수능성적 평균 백분위와 입학정원의 변화

지역	수능 평균 백분위			입학정원		
	1994[a]	1998[b]	2001[c]	1994	1998	2001
국 · 공립	81.4	77.9	75.5	56,672	66,302	64,746
사립	76.5	69.7	66.5	174,453	241,646	247,438
계	77.4	71.0	67.9	231,125	307,948	312,184

a $F(1,139)=3.65$, $p<.10$; b $F(1,144)=3.37$, $p<.05$; c $F(1,145)=4.38$, $p<.05$

설립연도별 분포

대학의 설립연도에 따라 수능성적 백분위의 분포를 보면, 〈표 3-

〈표 3-3〉 설립연도별 대학수능시험 평균 백분위와 입학정원의 변화

설립연도	수능 평균 백분위			입학정원		
	1994[a]	1998[b]	2001[c]	1994	1998	2001
1995년 이전	77.5	71.8	69.7	231,131	297,128	296,930
1996년 이후	-	63.4	53.4	-	10,820	15,254
계	77.4	71.0	67.9	231,131	307,948	312,184

a $F(1,139)=2.34$, $p<.10$; b $F(1,144)=3.05$, $p<.10$; c $F(1,145)=11.0$, $p<.01$

3〉에서 볼 수 있듯이 대학설립준칙주의가 시행된 1996년 이후에 신설된 대학들의 경우, 그 이전에 설립된 대학의 학생들보다 학생들의 평균적인 수능성적이 상대적으로 낮은 것으로 나타났으며, 1998년과 2001년의 학생 수의 증가분을 고려할 때 상대적으로 학력수준이 낮은 학생들의 진학이 신설된 대학들을 통해서 확대되었다고 추론할 수 있다. 설립연도에 따른 차이의 경우도 1994년도를 제외하고는 통계적으로 유의하게 나타났다.

지역과 설립유형에 따른 분포

지역별로 국·공립대학과 사립대학의 수능점수 백분위 분포를 비교해 보면, 〈표 3-4〉에 나타난 것처럼 모든 지역에서 국·공립대학 학생들의 평균 백분위가 사립대학 학생들보다 높게 나타나고 있다. 1998년과 2001년 평균 백분위를 비교해 보면 특히 전라남·북도 지역과 강원 지역에서는 국·공립대학과 사립대학 간의 수능성적 격차가 점점 커지고 있는 반면, 서울의 경우는 국·공립대학과 사립대학 간의 격차가 비슷한 수준을 유지하고 있음을 알 수 있다.

〈표 3-4〉 지역과 설립유형별 대학 수능성적 평균 백분위와 입학정원의 변화

지역	설립유형	수능 평균 백분위			입학정원		
		1994	1998	2001	1994	1998	2001
서울	국·공립	96.5	92.1	94.7	6,830	6,817	5,993
	사립	85.4	83.0	83.1	56,107	67,400	63,311
경기	국·공립	82.1	82.7	80.6	1,580	1,491	1,442
	사립	76.8	73.9	73.6	31,209	40,890	39,086
강원	국·공립	77.0	72.9	68.7	4,425	5,191	5,192
	사립	75.6	63.6	52.9	6,837	9,523	10,965
충북	국·공립	86.9	87.9	86.9	3,850	4,098	4,169
	사립	70.9	53.0	52.6	6,660	9,741	10,077
충남	국·공립	82.2	78.8	76.7	5,755	6,593	7,076
	사립	70.0	63.1	61.9	17,345	31,102	33,729
경북	국·공립	81.1	78.2	75.2	6,820	7,781	7,228
	사립	72.3	62.2	59.0	19,030	29,039	30,399
경남	국·공립	85.7	84.4	81.2	11,610	15,528	15,343
	사립	76.1	68.8	64.9	20,995	27,649	29,985
전북	국·공립	77.8	71.4	67.6	5,755	6,451	6,488
	사립	64.0	48.6	38.7	8,620	13,264	13,406
전남	국·공립	72.9	70.2	65.8	8,290	10,239	9,716
	사립	66.9	49.5	42.4	7,650	12,588	13,120
제주	국·공립	74.1	64.5	–	2,163	2,702	2,697
	사립	–	52.3	54.1	–	450	3,360
계	국·공립	80.0	76.4	75.5	57,078	66,891	65,344
	사립	76.5	69.7	66.5	174,453	241,646	247,438

지역과 설립연도에 따른 분포

지역에 따른 대학들의 설립연도별 수능점수의 백분위를 비교해 보면, 1996년 이후 설립된 대학의 경우 서울과 경기, 충북 지역을 제외하고는 학생들의 평균 백분위가 낮아지고 있는 것으로 나타났

다. 특히, 1996년 이후 전남 지역에 설립된 대학의 학생들의 평균 백분위는 전 지역 중 가장 낮았으며, 경북과 강원 지역은 1996년 이후에 설립된 대학의 평균 백분위가 상당히 하락한 것으로 나타났다. 즉, 전라남도를 비롯한 강원도와 경상북도 지역에서 학력이 낮은 학생들이 1996년 이후 신설된 대학들에 집중되고 있음을 알 수 있다.

〈표 3-5〉 지역과 설립연도별 대학 수능성적 평균 백분위와 입학정원의 변화

지역	설립연도	수능 평균 백분위			입학정원		
		1994	1998	2001	1994	1998	2001
서울	1995년 이전	84.9	83.1	84.6	62,937	73,607	68,532
	1996년 이후	–	48.6	49.6	–	610	772
경기	1995년 이전	77.0	72.7	72.0	32,789	42,032	40,176
	1996년 이후	–	86.4	97.4	–	349	352
강원	1995년 이전	76.1	69.3	60.7	11,262	12,981	14,318
	1996년 이후	–	56.0	41.4	–	1,733	1,839
충북	1995년 이전	75.5	64.2	62.9	10,510	13,769	13,963
	1996년 이후	–	45.1	50.8	–	70	283
충남	1995년 이전	72.9	64.2	63.3	23,010	37,239	39,710
	1996년 이후	–	68.5	66.0	–	456	1,095
경북	1995년 이전	74.2	68.6	65.8	25,850	34,709	35,475
	1996년 이후	–	41.7	35.8	–	2,111	2,252
경남	1995년 이전	78.5	73.1	69.1	31,200	39,236	41,407
	1996년 이후	–	86.7	82.8	–	3,941	3,921
전북	1995년 이전	68.6	56.2	46.9	14,375	19,715	19,894
	1996년 이후	–	–	–	–	–	–
전남	1995년 이전	69.6	61.0	60.1	15,940	21,727	21,356
	1996년 이후	–	–	28.2	–	1,100	1,480
제주	1995년 이전	74.1	64.5	–	2,163	2,702	2,697
	1996년 이후	–	52.3	54.1	–	450	3,360
계	1995년 이전	77.3	71.6	69.7	226,246	297,717	297,348
	1996년 이후	64.9	63.4	53.4	–	10,820	15,352

대학서열화를 통해 본 고등교육의 불평등 구조

이상의 분석결과와 같이 우리나라 대학들은 소재 지역, 설립유형, 설립시기 등에 따라 신입생들의 평균 수능성적 분포에 있어서 차이를 보여 주고 있다. 그리고 이러한 차이는 시간이 갈수록 커지고 있는 것을 알 수 있다. 이는 우리나라 대학들의 서열화 양상을 반영하는 것이며, 동시에 기존의 서열화 구조가 강화되는 기제이기도 하다. 신입생들의 수학능력시험 점수를 중심으로 볼 때, 우리나라 대학들은 서울의 국립대학을 정점으로 하여 수도권과 지방대학, 국립대학과 사립대학, 설립역사가 오래된 대학과 대학설립준칙주의가 도입된 이후 신설된 대학 등 대학의 특성에 따라 서열화되어 있는 위계구조를 보이고 있다. 이러한 위계구조에서 지방의 사립대학, 특히 대학설립준칙주의가 도입된 이후에 신설된 소규모 지방 사립대학들이 위계구조의 가장 낮은 층을 구성하고 있다.

이와 같은 현상은 고등교육의 기회가 확대되는 것이 자동적으로 고등교육의 형평성 증대로 이어지는 것이 아님을 의미한다. 이는 고등교육 진학 인구의 증가에 따라 노동시장에서 대학 학위가 지니는 변별력이 저하됨으로써 단지 대학이 아닌 일류 대학의 학위 취득이 더욱 중요해지고 있기 때문이다. 앞서 논의한 바와 같이 대학의 유형이 그 목적과 기능을 중심으로 분화된 미국의 경우, 어떠한 유형의 대학교육을 받았는가는 졸업생의 잠재적인 능력을 예측하는 데 중요한 정보가 될 수 있다. 그러나 교육의 목적과 기능에 차이가 없는 한국 대학들의 경우, 대학에서 무엇을 어느 정도 배웠는가를 판단하기란 어려운 일이다. 그보다는 어느 지역에 있는 어떤 대학을 다녔는가가 그 졸업생의 능력을 손쉽게 판단하는 준거가 된다(김경근, 1993). 이러한 현실은 결과적으로 대학의 서열화를 더욱 심화시키는 요인이 되고 있다.

고등교육은 산업사회에서 사회계층의 이동을 가능하게 하는 장치로서 궁극적으로 사회 평등화에 기여할 뿐만 아니라 사회의 통합과 발전을 실현하는 데 기여하는 것으로 간주되어 왔다(Blau & Duncan, 1967, 1994; Havigust, 1961; Parsons, 1959). 우리 사회의 높은 교육열과 대학진학을 둘러싼 치열한 입시경쟁은 교육을 개인의 삶의 기회 획득에 있어서 중요한 요인으로 생각하는 일반의 신념을 바탕으로 한 것이고, 실제 우리 경제가 두 자리의 성장률을 보여 주었던 산업화 초기에는 이러한 신념이 경험적으로 지지되어 온 것이 사실이다. 그러나 급속한 고등교육 기회의 확대는 노동시장의 인력 수요를 초과한 과잉교육 현상을 초래하게 되었다. 과잉교육이란 교육의 확대 속도가 노동시장의 변화 속도를 앞서면서 노동시장에서의 기술 수요보다 기술의 공급이 더 빠르게 증가하는 현상을 의미한다.

이러한 상황 속에서도 고등교육에 대한 수요가 줄어들지 않고 있는 것은 학력주의 혹은 학벌주의에 기인한 것으로 보인다. 학력주의 사회에서는 교육을 많이 받은 사람들이 교육을 적게 받은 사람들의 사회적 상승 기회를 차단시킬 수 있다. 이러한 사회적 배제과정은 엘리트 집단에 의해 사용되는 사회적 재생산의 전략(Bourdieu & Passeron, 1974)으로 현재 한국은 전형적인 학력사회의 단면을 보여주고 있다. 이러한 사회에서 대학 졸업장을 취득하지 못하는 것은 사회적 상승의 기회가 근원적으로 차단되는 것을 의미한다. 더욱이 한국 사회에서는 학력주의가 전통적인 연고주의와 결합하여 학벌주의의 형태로 나타나고 있다. 흔히 사회 각 분야의 고위직을 몇몇 대학의 졸업자들이 독식하고 있는 현상은 학벌주의의 가장 두드러지는 병폐라 할 것이다. 학력주의, 나아가 학벌주의는 꾸준한 교육기회의 확대에도 불구하고 대학 간 서열화를 매개로 고등교육의 구조적 불평등이 지속되고 있는 원인을 잘 설명해 주고 있다.

향후 전망

전반적으로 대학 신입생들의 평균 수능성적이 낮아지고 있다는 연구 결과는 고등교육 기회의 확대가 교육의 수월성 추구에 역행하는 것으로, 따라서 대학의 입학정원을 축소해야 하는 것으로 해석될 여지가 있다. 그러나 대학생들의 평균적인 기초학력 저하 논란은 고등교육의 보편화 과정에서 이미 예견된 일이라 할 수 있다. 더욱이 이미 여러 선진국에서 나타나고 있는 경향처럼 앞으로 대학진학 인구의 특성은 더욱 다양화될 것으로 전망된다.

문제는 이러한 전망 속에서도 우리 대학들이 천편일률적인 방식으로 학생들을 교육하고 있다는 점이다. 즉, 변화하고 있는 학생들의 특성과 수준에 맞추어 이들의 학력을 제고하고 소질과 잠재력을 개발해 줄 수 있는 방안을 모색하기보다 학생들의 기초학력 저하를 비판하는 데 더욱 열성적이라는 사실이다. 이러한 상황에서는 대학 간 서열체제가 변화되기 어렵다. 대학서열화의 틀을 깨는 것은 교육 수요자인 학생과 학부모보다는 교육 공급자인 대학과 정부의 역할에 달려 있다.

학생들의 기초학력 저하로 인한 어려움을 호소하는 것은 명문대학들도 예외가 아니다. 특히 세계 대학들과 경쟁하기 위해 연구기능의 중요성이 강조되고 있는 현실에서 우수한 대학원 인력을 확보하지 못해 어려움을 겪는 대학들이 늘어나고 있다. 대학원생들의 수준이 학부교육의 성과와 무관할 리 없다. 한편, 소위 지방대학이라 일컬어지는 이군 대학들의 경우, 지방 경제의 위축으로 그나마 전통을 유지해 오던 국립대학들조차 지역의 우수 학생을 유치하는 데 어려움을 겪고 있고, 졸업생들의 취업난이 심화되면서 갈수록 이러한 어려움이 가중될 것으로 예상되고 있다.

이러한 현실을 감안할 때 대학서열화의 틀을 깨기 위해서는 대학들이 기관의 목적과 사명을 명확히 하고 조직과 프로그램을 혁신하는 작업, 즉 특성화가 이루어져야 할 것으로 보인다. 고등교육의 보편화 과정에서 미국 대학들이 보여 준 치열한 경쟁과 구조조정의 노력이 우리 대학에도 요구된다. 더욱 이질적이고 다양화되어 가는 학생들의 특성에 맞추어 대학이 특성화, 다양화되는 것이 필요하다.

그동안 정부에서 각종 평가 및 행·재정지원 연계정책을 통해 대학의 기능분화와 특성화를 진작시키기 위한 노력을 해 왔지만 그 성과는 기대에 못 미치고 있다. 특히 지난 정권을 통해 다양한 지방대학 육성정책들이 시도되었지만 수도권 대학과 지방대학 간의 격차는 줄어들지 않고 있다. 뿐만 아니라 최근에는 세계수준의 경쟁력을 갖춘 대학을 육성하기 위해 일부 상위권 대학에 집중적인 지원이 이루어지면서 대학 간 격차가 더욱 커지고 있다. 그 방향의 옳고 그름을 떠나서 규제를 앞세운 정부의 정책들은 재정이 취약한 한국의 대학들을 수동적으로 만들어 정책이 변화할 때마다 대학 운영의 주안점이 덩달아 바뀌는 모순된 현상을 초래하고 있다.

현재 산업사회에서 지식기반사회로의 이동은 대학의 역할과 기능 변화에 대한 사회적 요구를 증대시키고 있다. 이러한 환경 변화는 불가피하게 대학의 조직과 유형의 변화를 가져올 것이다. 또한 이러한 변화에 적응하지 못하는 대학들은 도태될 것이다. 지금 정원을 충족시키지 못하는 우리 대학들의 사례가 이를 보여 준다. 그러나 이러한 변화는 다른 한편으로 우리 고등교육체제를 수요자 중심 시장으로 변화시켜 대학 간 경쟁구도를 바꿈으로써 대학의 위기를 기회로 전환시킬 수 있는 전기가 될 수도 있다. 즉, 다양화되어 가는 학생과 사회의 요구를 반영하여 과감하게 특성화, 재구조화를 통한 변화의 노력을 시도할 때, 학생들이 기존의 명성에 의존하지 않고 각자의 필요에 맞는 프로그램과 대학을 선택하게 될 것이며 기존의 서열체제도 서서히 변화될 수 있을 것이다. 정부도 이 과정에서 대학서열화에 따른 교육적 병폐를 해소하고, 대학들이 자율성과 공정경쟁을 통해 새로운 발전의 전기를 마련할 수 있도록 지속성 있는 정책적, 제도적 지원 장치를 마련해야 할 것이다.

참고문헌

김경근(1993). 사회적 평등화를 위한 교육개혁의 모색. **교육사회학연구**, 3(2), 5-23.

김경근(1999). **대학 서열 깨기: 대학입시평준화만이 살 길이다**. 개마고원.

김동훈(2001). **한국의 학벌, 또 하나의 카스트 인가**. 책세상.

김안나(2004). 대학입학 수능성적 분포의 변화 추이를 통해 본 고등교육의 서열화 구조. 교육사회학연구, 13(3), 65-83.

김정숙(2001). 김대중 정부의 교육개혁을 진단한다(Ⅲ). 김정숙의원실.

문용린(1998). 대학 경쟁력 강화를 위한 연구중심대학 구상. 대학 경쟁력 강화를 위한 고등교육체제 개편, 11-21. 제2차 관악교육정책포럼.

박부권(1999). 대학설립 준칙주의 성과분석 및 개선방안 연구. 교육부 교육정책연구과제. 교육부.

신극범(2003). 지방화세대의 지방대학의 역할과 발전방향. 지방대학의 위기진단과 발전 방안, 제19차 KEDI 교육정책포럼 자료집. 한국교육개발원.

심인호(2000). 교육, 국가, 자본주의 그리고 학력주의: 계급적 관점으로 바라본 학력주의의 본질. 고대문화-52, 16-31. 고려대학교 고대문화편집위원회.

왕한신(1993). 정치적 위기에 대한 고등교육정책의 대응방식. 교육사회학연구, 3(1), 23-33.

이두휴 · 고형일(2003). 대학서열체계의 공고화와 지역 간 불균등발전. 교육사회학연구, 13(1), 191-214.

이만희(2003). 지방대학의 위기 진단과 구조조정 방안. 지방대학의 위기 진단과 발전 방안, 제19차 KEDI 교육정책포럼 자료집. 한국교육개발원.

정영섭(2002). 포괄적으로 관찰된 국립대학 내, 외부의 문제점. 교육정책포럼, 통권 5호, 1-31. 한국교육개발원.

차경수(1977). 발전 교육이론. 교육출판사.

한국교육개발원 · 교육과학기술부(1970). 교육통계연보 1970. 한국교육개발원.

한국교육개발원 · 교육과학기술부(1980). 교육통계연보 1980. 한국교육개발원.

한국교육개발원 · 교육과학기술부(2005). 교육통계연보 2005. 한국교육개발원.

Banks, O. (1955). *Parity and prestige in english secondary education*. London, Routledge.

Birnbaum, R. (1983). Values of different kinds of colleges. In *Maintaining diversity in higher education*, edited by Robert Birnbaum and E. M. Bensimon. San Francisco: Jossey-Bass Publishers.

Blau, P. & O. Duncan (1967). *The American occupational structure*. New York: The Free Press.

Blau, P. & O. Duncan (1994). The process of stratification. In *Social stratification in sociological perspective,* edited by D. B. Grusky. San Francisco: Westview Press.

Bourdieu, P. & J. C. Passeron (1974). *Reproduction in education, society and culture*. Sage, Thousand Oaks.

Carnevale, A. & S. Rose (2003). *Socioeconomic status, race/ethnicity, and selective college admissions*. NY: Century Foundation.

Clark, B. (1973). Development of the sociology of higher education. *Sociology of Education, 46*, 2-14.

Coleman, J. S. (1987). *Public and private high schools: The impact of communities*. NY: Basic Books.

Denison, N. & M. J. Chang (2009). Racial diversity matters: The impact of diversity-related student engagement and institutional context. *American Educational Research Journal,* 46(2), 322-353.

Fitzgerald, B. K. & J. A. Delaney (2002). Educational opportunity in America. In *Conditions of Access: Higher Education for Lower-Income Students*, edited by Westport, D. H. CT: American Council on Education, Praeger Series on Higher Education.

Gumport, P. J. et al. (1997). *Trends in United States higher education from massification to post massification*. National Center for Postsecondary Improvement Research Report, 1-04.

Halsey, A. H., J. Floud & C. A. Anderson (1956). *Education, economy and society: A reader in the sociology of education*. Oxford, Oxford Universtiy Press.

Halsey, A. H., A. F. Heath & J. M. Ridge (1980). *Origins and destination: Family, class and education in modern Britain*. Oxford, Oxford University Press.

Halsey, A. H. & M. Trow (1971). *British academics*. Oxford, Oxford University Press.

Havigust, R. (1961). Education and social mobility in four societies. In F. Halsey and A. Anderson (Ed.). *Education, economy and society*. New York: The Free Press.

Kim, A. & B. S. Rhee (2007). Meeting skill and human resource requirements. In *KOREA as a Knowledge Economy*, edited by Suh, J. & Derek H. C. Chen., 107-133. The World Bank, Washington, DC.

McDonough, P. M. (2004). *The school-to-college transition: Challenges and prospects*. Washington, DC: American Council on Education, Center for Policy Analysis.

Oakes, J. (1989). What educational indicators? The case for assessing the school context. *Educational Evaluation and Policy Analysis, 11*(2), 181-199.

Park, H. (2007). South Korea: Educational expansion and inequality of opportunity for highter education. In Y. Shavit, R. Arum and A. Gamoran (Eds.). *Stratification in higher education: A Comparative study*. Stanford, California: Stanford University Press.

Parsons, T. (1959). The school class as a social system: Some of its functions in American society. *Harvard Education Review, 29*.

Paulsen, M. B. & St. John (2002). *The finance of higher education: Theory, research, policy and practice.* Agathon Press.

Shavit, Y., R. Arum & A. Gamoran (Eds.)(2007). *Stratification in higher education: A comparative study.* Stanford, California: Stanford University Press.

Stadtman, V. (1992). United States. In *The encyclopedia of higher education.* edited by B. R. Clark and G. R. Neave, Vol(1), 777-788. Oxford: Pergamon Press.

Trow, M. (1961). The second transformation of American secondary education. *International Journal of Comparative Sociology, 2,* 144-165.

Trow, M. (2005). Reflections on the transition from elite to mass to universal access: Forms and phases of higher education in modern societies since WWII. In *International handbook of higher education,* edited by Altbach, P. Springer.

제4장 농어촌 학자금대출 수요 집단의 특성

교육기회의 도 · 농 간 격차

앞 장에서는 대학서열화로 인해 수도권과 지방대학 간에 구조적인 불평등이 존재하고 있음을 살펴보았다. 서열화로 인한 불평등은 고등교육의 기회가 양적으로 확대되는 과정에서 고등교육체제가 위계적으로 분화되어 출신대학에 따라 고등교육의 효과가 달라지는 현상이다. 대학서열화와 관련하여 우리 고등교육체제에서 나타나는 독특한 특징의 하나는 대학의 소재지역이 서열화의 중요한 기준이 되고 있다는 점이다. 그러나 지역에 따른 고등교육의 불평등 현상은 고등교육체제 내의 문제만이 아니라 고등교육에 대한 접근기회 측면에서도 여전히 존재하고 있다. 특히 도 · 농 간 교육여건과 환경의 불균형은 심각한 지역 간 교육격차를 초래하고 있다(김수욱 · 유병민,

2003; 이두휴, 2011).

이러한 격차는 근본적으로 산업화 과정에서 소득과 자산, 고용기회가 도시에 집중되는 가운데 발생한 경제적 불균형과 이에 기초한 사회문화적 자본의 불균형을 반영하는 것이다. 이 과정에서 농촌지역에는 심각한 인구감소 및 고령화 현상이 나타나고 있다. 게다가 교육복지시설의 부족으로 보다 나은 환경에서 자녀를 교육시키고자 하는 학부모들이 자녀를 도시로 유학 보내는 경우가 늘고 있고, 결국 부모들까지 도시로 나오게 만드는 또 다른 이농의 원인이 되고 있어 농촌지역의 교육여건을 더욱 악화시키는 악순환이 반복되고 있다(김창현 외, 2004; 나승일 외, 2007).

도시지역의 교육은 국가와 민간 부분의 지속적인 투자로 교육여건이 지속적으로 좋아지고 있지만, 경제적으로 취약한 농촌지역은 국가가 제공하는 최소한의 교육에 의존할 수밖에 없어 공교육과 사교육의 질과 여건이 모두 도시에 비해 낮다. 실제 2004년 11월 농림부에서 실시한 농림어업인의 복지실태 조사에 따르면 농림어가의 81.5%가 교육비에 큰 부담을 느끼는 것으로 나타났다. 이것은 기본적으로 일차산업이 위주인 농촌지역의 소득수준이 낮기 때문이지만, 다른 한편으로는 교육기반이 열악한 농촌지역에서 외지의 교육기관으로 자녀를 보낼 경우 상대적으로 부담해야 하는 교육비용이 더 크기 때문이다. 특히 고등교육기관들은 주로 도시에 있기 때문에 등록금과 같은 직접교육비 이외에도 하숙비와 자취비 등 생계형 학비부담이 커질 수밖에 없다. 이러한 상황이 농촌지역 출신 학생들의 고등교육의 기회를 제약하는 요인이 됨은 물론이다.

〈표 4-1〉은 도시와 농촌의 교육지원 실태를 보여 준다. 이에 따

〈표 4-1〉 연간 가계지출 중 교육비가 차지하는 비중 (단위: 천원, %)

	가계지출(A)		교육비(B)		비율(B/A×100)	
	2000	2010	2000	2010	2000	2010
도시	25,931	31,258	2,603	2,994	10.1	9.6
농촌	18,003	27,262	1,834	660	10.2	2.4

자료: 통계청(2010). 가계동향조사/농가경제조사
출처: 이두휴(2011). p.132에서 재인용

르면 도시와 농촌의 가계지출 중 교육비가 차지하는 비중이 현저히 다르며 지난 10년 사이 그 격차가 크게 벌어지고 있음을 알 수 있다.

이러한 문제를 완화하기 위해 정부는 1994년부터 농어촌 출신 대학생들에게 학자금을 대출해 주고 있다. 이 제도는 대학이 주로 도시지역에 분포하기 때문에 농촌지역 주민들이 상대적으로 더 부담해야 하는 교육비 지출의 불평등 현상을 완화시키는 데 간접적인 효과가 있으며, 농어촌특별세를 재원으로 하는 정부출연금 조달 계획을 고려할 때 교육기회의 지역적 불평등 현상을 완화시키기 위한 정책 수단으로서 일정 정도 기여하고 있다고 볼 수 있다(김안나 외, 2006).

농촌 출신 대학생 학자금대출의 지원대상은 농어촌지역에 주소를 둔 학부모의 자녀로서 고등교육법 제2조 각호의 학교에 재학 중인 자로 규정하고 있다. 농어촌 지역이란 농림부 고시 95-86호(1995. 10. 10)에 해당하는 지역으로 시 · 군의 읍 · 면지역, 시의 동지역 중 주거 · 상업 · 공업지역을 제외한 지역, 특별시 · 광역시 및 시의 지역 중 '개발제한구역의 지정 및 관리에 관한 특별조치법' 제3조에 의거 도시계획상 개발제한구역(그린벨트)으로 지정 고시된 지역을 의미한다. 그리고 고등교육법 제2조 각호에 해당하는 학교란 일반대학교와 산업대학, 교육대학, 전문대학, 기술대학 등을 포함한다(한국학술진흥재단, 2005). 이 중 신청자격 1순위는 보호자가 농촌(군 이하 지역)에서 실제 농·어업에 종사하는 자녀이고, 2순위는 보호자가 농촌지역(군 이하 지역)에 주소를 둔 자녀이며, 기타 보호자 주소가 시(市)의 동(洞)일 경우 거주지 토지이용계획확인원에 관리지역(준농림지역), 자연녹지지역이 확인된 경우의 자녀 혹은 특별시, 광역시, 시의 지역 중 토지이용계획확인원상에 개발제한으로 지정고시된 주소의 자녀 등으로 하고 있다.

이와 같이 지역 간 격차를 고려한 지원 방안은 한국 사회가 그동안 성장중심 전략을 통해 양적 측면의 발전은 이루었지만, 그 이면의 많은 사회적 문제들, 즉 지역 간, 계층 간의 부의 불균형 분배, 도시의 과대화로 인한 외부불경제의 심각성, 농촌의 과소로 인한 기형적인 산업구조 발생 등 다양한 문제를 야기하였다는 인식에 기초한다. 이러한 비판을 통해 지역균형발전에 대한 분배중심 전략으로의 전환이 이루어지게 된 것이다.

고등교육과 지역균형발전

일반적으로 지역균형발전, 혹은 국가균형발전이란 각 지역 간 1인당 소득을 포함해서 제조업, 생산액, 도로, 상하수도 등 각종 개발지표들이 서로 같거나 비슷한 상태로 이해된다(이정식, 2001). 그러나 어느 한 지역에 살고 있는 사람들 모두가 또는 전 국민이 어느 한

쪽으로 기울거나 치우치지 않고 똑같은 교육 수준에, 똑같은 능력에, 똑같은 소득을 올리는 것이 진정한 균형 상태인지에 대해서는 재고의 여지가 있다. 즉, 이러한 양적 균형이나 기계적 균형은 그것이 지니는 의미의 한계와 함께 실제로 실현 가능한가의 문제를 안고 있다고 볼 수 있겠다.

지역균형발전의 기본적인 바탕은 지역 간 성장과실의 단순한 균등배분을 통한 획일적 균등감이 아니라, 각 지역의 특성에 기반한 경쟁을 통해 각각의 잠재력을 최대한 살려 나가는 것에 있다고 볼 수 있다. 이러한 차별적인 지역발전 전략은 현실적 가능성의 측면에서뿐만 아니라, 국가 수준의 상승효과로 연결될 수 있는 효율적인 균형발전의 바람직한 특성이 될 것이다. 그러나 이러한 차별적 전략을 통한 지역의 잠재적 발전 역량이 실현되기 위해서는 교육이나 의료와 같은 특정 공공서비스에 대한 균등한 접근 기회가 우선적으로 보장되어야 한다. 이러한 공공서비스 영역은 인간자본의 형성 및 관리에 근본적으로 관련되는 것으로서, 국토의 어느 지역에 사는지와 상관없이 국민 모두가 교육, 의료 등 각종 사회복지제도에 아무런 제약 없이 균등하게 접근할 수 있는 기회를 제공함으로써 모두가 풍요롭고 인간다운 삶을 영위하는 참다운 지역균형 발전을 이룰 수 있다(강인재 외, 1996; 이정식, 2001).

따라서 지역균형발전의 개념을 지역 간의 기계적 형평성보다는 기회의 형평성을 통해 사람 간의 균형과 개인의 자아실현을 위한 기회가 균등하게 제공되는, 그리하여 어느 지역에서든 삶의 질의 향상을 도모할 수 있는 질적 접근을 통해 이해하는 것이 필요하다. 결국 진정한 지역균형발전이 가능하기 위해서는 장소에 대한 균형적 발전의 개념에 연연할 것이 아니라, 그 장소에 살고 있는 사람을 위한 발전을 추구하는 것이 보다 근본적으로 고려해야 할 문제임을 시사한다(김안나 외, 2006).

이러한 맥락에서 농촌지역의 고등교육 진학자들을 대상으로 정부가 무이자 대출의 형태로 재정지원을 하는 것은 기관 차원의 지원과는 또 다르게 고등교육을 받을 수 있는 기회를 실질적으로 보장해준다는 점에서 새로운 지역균형발전의 패러다임에 적합한 바람직한 지원 형태라 할 수 있다. 지방대학이 수도권 대학만큼 활성화되지 못한 현실 속에서, 농어업인들은 자녀들의 고등교육기관이 서울에 소재하고 있다는 이유만으로 기숙사비나 생활비 등을 포함하여 실질적으로 더 많은 고등교육비용을 부담해야 한다. 이러한 현실 속에서 정부 수준의 무이자 학자금 대출제도는 사회복지 기반에 속하는 교육의 기회를 농어촌지역의 주민들에게 실질적으로 보장해 주는 중요한 장치로 기능하게 될 것이라는 점에서, 그 필요성과 가치를 평가할 수 있을 것이다.

농어촌 학자금대출에 대한 수요

현재 농어촌지역의 균형발전 정책은 농촌지역 개발, 복지 기반 확충, 교육여건 개선, 복합산업 활성화의 네 측면에 중점을 두고 있고, 특히 교육 여건 개선은 학생의 교육기회 보장, 교육비 부담 경감, 교육 환경 개선의 세 측면으로 나누어 시행되고 있는데, 이 중 교육비 부담 경감의 구체적 방안으로는 고교생 자녀 학자금 지원 대상 확대, 농산어촌 출신 대학생에 대한 학자금 무이자 대출 지원 지속, 급식비 지원 확대 등이 포함되어 있다(농림부, 2005). 이 가운데 대학생 학자금 지원은 무이자 학자금대출 대상을 점차적으로 확대해 나가는 것으로 되어 있다.

그러나 전체 재원의 규모가 충분하지 못하기 때문에 농가 자녀 대학생들에게만 한정하더라도 충분한 대출 혜택을 제공하기가 어려운 것이 현실이다. 더욱이 농업 종사자로서 인정받는 기준은 '경지면적이 300평 이상이거나 1두 이상의 가축을 사육하거나 본인 명의의 농산물 판매 대금이 연간 100만 원 이상'이라는 것을 증명하는 것으로, 이러한 기준은 대출 신청 농업인 자녀 대학생 가구들 사이의 소득 상황을 변별적인 목적으로 판단하기에 적합하지 못하다. 따라서 교육기회의 평등이라는 관점에서 대출 지원 대상자를 엄격하게 선발할 수 있는 기준을 정비하고, 대출 지원을 신청한 학생의 가구 소득 등을 수혜자 선정 기준에 적극적으로 반영할 필요가 있다. 그런데 현재의 농업 관련 법규 체계 안에서는 농어촌 가구 소득, 특히 농가 소득을 정확하게 추적하기가 어려운 것이 사실이다. 심지어는 대학생 부모의 농업활동 종사 여부를 엄격하고 정확하게 확인하는 것 역시 쉽지 않은 일이다.

2005학년 2학기의 실적을 기준으로 농어촌 대학생 학자금 대출 지원의 시행 결과를 살펴보면, 총 375개교에서 15,101명의 학생들이 신청을 하였으며 지원 금액은 381억 원에 해당한다(한국학술진흥재단, 2005). 그러나 농촌 대학생 대출 1순위와 2순위 대상자 수를 향후 14년 뒤까지 추정한 결과에 따르면, 〈표 4-2〉에서 볼 수 있듯이 2005년 현재 1순위와 2순위 잠재적 대출 대상자 수는 약 38만 6천

〈표 4-2〉 농촌 대학생 대출 1순위와 2순위 대상자 수 추정 결과

연도	1순위 대상자	2순위 대상자	1순위 및 2순위 대상자 합계	1순위 대상자 중 1학년 학생 수	2순위 대상자 중 1학년 학생 수	1,2순위 대상자 중 1학년 학생 수	16세 농가인구	16세 농촌인구
2002	186,700	254,152	440,852	33,777	45,980	79,757	47,617	112,438
2003	166,302	244,902	411,205	29,528	43,484	73,012	43,559	107,706
2004	148,575	244,729	393,304	26,656	43,906	70,562	39,120	103,556
2005	149,296	237,154	386,450	26,582	42,225	68,807	38,595	99,904
2006	141,598	217,910	359,507	25,172	38,739	63,911	38,078	96,678
2007	133,717	200,225	333,942	24,197	36,232	60,429	37,568	93,822
2008	138,505	202,613	341,118	25,331	37,056	62,387	37,065	91,285
2009	133,009	190,808	323,817	23,974	34,391	58,365	36,568	89,026
2010	130,904	184,805	315,709	23,485	33,156	56,641	36,078	87,011
2011	125,339	174,709	300,048	23,021	32,088	55,109	35,594	85,209
2012	124,197	171,448	295,644	22,578	31,168	53,746	35,117	83,596
2013	121,817	167,009	288,827	22,155	30,374	52,529	34,647	82,147
2014	118,974	162,412	281,386	21,750	29,692	51,442	34,183	80,846
2015	116,850	159,206	276,056	21,362	29,105	50,467	33,725	79,674
2016	114,808	156,465	271,273	20,989	28,604	49,593	33,273	78,618
2017	112,842	154,133	266,975	20,629	28,178	48,807	32,827	77,665
2018	110,946	152,160	263,106	20,283	27,817	48,100	32,387	76,805
2019	109,114	150,505	259,619	19,948	27,514	47,462	31,953	76,027

명 정도로 '농어촌 출신 대학생 학자금 대출제도'가 같은 해 지원했던 대상자 수 2만 6천 명의 15배 가까이 된다. 1순위 잠재적 대출 대상자 수만 하더라도 약 14만 9천 명으로 5.7배에 달한다(김안나 · 김정섭, 2006a). 이러한 결과는 현재와 같은 대출 자금 규모로는 잠재적 대출 대상자 계층 전체에 대한 학자금 대출 지원을 수행하는 것이 거의 불가능하다는 점을 보여 주는 것이다.

농촌지역 청소년 인구의 지속적인 감소로 인해, 10년 뒤인 2014년에는 1순위와 2순위 잠재적 대출 대상자 수가 약 28만 1천 명 정도로까지 감소할 것으로 예상되지만, 마찬가지로 현재의 대출 자금 규모로는 잠재적 대출 대상자 계층 또는 1순위 잠재적 대출 대상자 계층 전체에게 대출을 지원하기가 어려운 실정이다. 즉, 현재의 대출 지원 대상자 선발 기준 중 가장 엄격한 기준만을 갖고 선발한다 하더라도 대출 수요를 모두 충족시키기 어려운 상황이 장기간 지속될 것으로 예상된다. 이러한 상황에서 학자금 대출 수혜 대상자들을 형평성 있는 기준에 따라 선정하는 일, 필요한 대출 재원을 안정적으로 확보하는 일, 제도를 효율적으로 운영하기 위해 개선하는 일 등의 과제들이 남아 있다.

농어촌 학자금대출 수요 집단의 특성

학자금대출제도가 형평성과 효율성을 가지고 운영되기 위해서는 지원 대상자 선정 문제에 보다 구체적인 접근이 필요하다. 따라서 농촌 출신 대학생들 중에서도 학비 부담으로 인해 교육기회를 잃을 가능성이 가장 큰 집단이 어떤 집단인지를 밝히는 것이 중요하다. 즉, 정확한 표적화(targeting)는 대학생 학자금대출 정책의 형평성과 관련해서 매우 중요한 전제 조건이다. 달리 말하자면, 대출 수요 집단을 세분화하고 그 특성을 밝힘으로써 한정된 재원을 보다 효과적으로 활용하는 방향으로 기존 제도를 점검하고 개선하는 것이 필요하다.

현재 정확하게 농어촌 가구 소득수준을 파악할 수 있는 체제가 마련되어 있지 않다. 농촌지역의 주요 경제활동은 부가가치세나 소득세를 정확하게 과세하고, 그 자료를 활용하여 소득수준을 파악하는 것이 어려운 자영업이나 농어업이 지배적이기 때문이다. 이러한 상황에서 농어촌 대학생 학자금대출제도를 운영하는 기관은 제한된 자료를 가지고 대출 수요 집단을 최대한 정확하게 분석할 수 있어야 한다.

그 방법의 하나로 김안나 · 김정섭(2006b)에서는 농어촌 학자금대출 수요자들 중 '대학 등록금의 가계 부담 정도'가 가장 큰 대학생들은 어떤 특성을 지닌 집단인지를 살펴보고, 이어 '실제로 등록금 문제로 인해 휴학을 한 경험'이 있는 학생 집단의 특성을 살펴봄으로써 제도의 표적화를 시도하였다. 표본집단은 학술진흥재단의 농촌 출신 대학생 학자금대출 수혜자 중 2005년 대학 재학생과 2002년 2월부터 2004년 2월까지의 졸업생을 무작위로 선정하여 설문조사를 실시하였다. 응답자는 재학생 862명, 졸업생 259명으로 총 1,121명이었다. 이들이 작성한 설문지 중 응답 내용이 충실하지 않은 설문지를 제외한 1,094부를 분석에 사용했다.

분석방법은 의사결정 나무기법(Decision Tree Method)으로, 모집단의 분포를 사전에 예상할 수 없는 상황에서 특정 조건에 부합하는 집단을 식별할 필요가 있는 경우에 의사결정 규칙을 도표화하여 관심 대상이 되는 집단을 몇 개의 소집단으로 분류하거나 예측하는 방법이다(Berry & Linoff, 1997; Chen, 2003). CHAID(Kass, 1980), CART(Breiman et al., 1984), QUEST(Loh & Shin, 1997) 등이 의사결정 나무기법에 포함되며, 여기서는 농촌 출신 대학생 학자금대출제도의 잠재적 지원 대상자들 중 대출의 필요성을 가장 크게 느끼는 학생 집단의 특성을 구명하기 위해 CHAID(Chi-squared Automatic Interaction Detection) 알고리즘을 활용하였다. 좀 더 구체적으로 집단 분류에 자주 사용되는 요인분석이나 군집분석 방법과 비교하여 특징을 정리하면 첫째, 집단 분류에 유의한 변수들을 토대로 세분화하는 것이 가능하다. 예를 들어, 농어촌 출신 대학생들을 등록금이 가계에 매우 부담을 준다고 인지하는 학생 집단과 그렇지 않은 학생 집단으로 세분화하려 할 때, 요인분석이나 군집분석과 같은 방법은 종속변수가 없는 서술적 방식을 채택하기 때문에 어떤 변수가 세분화에 유의한 독립변수인지를 판단하기가 어렵다. 그러나 의사결정 나무기법에서는 '등록금의 가계 부담 정도'를 기준으로 한 두 집단을 종속변수로 두고, 여러 개의 독립변인들 중에서 그 종속변수를 가장 잘 예측하는 것들만을 선택할 수 있다.

둘째, 특정한 관심 대상이 되는 기준과 가장 관련 있는 집단을 파악할 수 있다. 마찬가지 예로 '등록금의 가계 부담 정도'를 상대적으로 크게 느끼는 집단을 파악하려 할 때, 군집분석에서는 먼저 집단을 분류한 후 사후분석을 통해 어떤 집단이 등록금으로 인한 가계 부담을 크게 느끼는지를 파악한다. 그러나 의사결정 나무기법에서는 사전에 선정된 기준에 따라 집단을 분류할 수 있다. 즉, 종속변수가 '등록금으로 인한 가계 부담을 느끼는 정도'이므로 이 기준에 가장 적합하도록 집단을 분류할 수 있다.

셋째, 새로운 관찰치가 어느 집단에 속하는지 평가하고 분류할 수 있다. 예를 들어, 독립변수 값을 알면 해당 학생이 등록금으로 인한 가계 부담을 크게 느끼는 집단에 속하는지 아닌지를 평가하고 판단하는 것이 가능하다. 군집분석은 종속변수가 없는 서술적 방식이므로 예측을 목적으로 사용하는 데에는 한계가 있다. 물론 사후분석을 통해 어느 군집이 '등록금으로 가계 부담을 크게 느끼는 집단'인지 구분하고 새로운 관찰치가 어느 군집에 속하는지를 평가하는 것이 가능하다. 그러나 이 경우에도 새로운 관찰치가 두 군집의 중심점 중간에 위치할 경우 어느 군집에 속하는지 판단하기가 어렵다.

분석에 사용된 변수는 〈표 4-3〉과 같다.

분석결과는 다음과 같이 요약할 수 있다. 첫째, 대학 등록금이 학생의 가계에 부담을 주는 정도는 국공립대학보다는 사립대학의 경우에 심각하게 나타났다. 둘째, 같은 사립대학에 재학한다 하더라도 가구 소득이 상대적으로 낮을 것으로 추정되는, 부모의 학력이 낮은

〈표 4-3〉 분석 변수

<table>
<tr><td>문제</td><td>대학 등록금이 가계에 주는 부담을 가장 크게 느끼는 학생들은 어떤 특성을 지닌 집단인가?</td><td>등록금 확보가 어려워 휴학을 한 경험이 있는 학생들은 어떤 특성을 지닌 집단인가?</td></tr>
<tr><td>목표변수</td><td>등록금의 가계 부담 정도
('매우 부담된다' vs '부담이 되는 편 또는 부담되지 않는다')</td><td>등록금으로 인한 휴학 경험
('휴학 경험 있음' vs '휴학 경험 없음')</td></tr>
<tr><td>독립변수</td><td colspan="2">가구주 교육 수준
가족 중 본인 외 대학 재학생 수
재학 또는 졸업한 대학의 설립유형(국공립대학 vs 사립대학)
재학 또는 졸업한 대학의 유형(2년제 대학 vs 4년제 대학)
전공 계열(인문사회, 자연과학, 공학, 예체능계, 의약학)
대출 지원 순위
(1순위-농가 자녀, 2순위-부모가 농업에 종사하지 않으나 농촌에 거주하는 경우, 3순위-기타)</td></tr>
</table>

(초등학교 졸업 이하) 집단의 경우 대학 등록금의 가계 부담이 크게 나타났다. 셋째, 사립대학에 다니지만 부모의 학력이 중학교 졸업 이상이라 하더라도 부모가 농업에 종사하는 경우의 등록금 부담이 가장 크게 나타났다.

한편, 동일한 방법으로 '등록금 문제로 인한 휴학 경험' 여부를 살펴본 결과, 앞서 분석한 등록금의 가계 부담 정도에 영향을 미치는 변인들과는 달리 '대학의 전공 계열'과 '대학의 유형(2년제 또는 4년제)'이 중요한 변인으로 드러났다. 즉, 의약학 계열이나 예체능 계열을 제외한 모든 계열들에서 전체 응답자 중 평균값 이상의 휴학 경험률을 관찰할 수 있다. 이는 일반적으로 등록금이 많은 것으로 알려진 의약학 계열과 예체능 계열에서 오히려 휴학 경험률이 상대적으로 낮게 나타나고 있다는 것이다. 이는 대학 등록금의 가계 부담 정도에는 국공립대학과 사립대학의 등록금 차이, 가구 소득, 부모의 농업 종사 유무, 가족 중 본인 외 대학 재학생 유무 등의 여러 변인들이 영향을 미치지만, 실제로 대학 등록금 문제로 인해 휴학을 하게 되는 것은 전공 계열별로 차이가 나타난다는 것이다.

현재의 농어촌 대학생 학자금대출제도는 한정된 재원을 갖고 운영하기 때문에 대출 대상자 선정 기준, 1인당 대출액 산정 방법 등을 결정하는 것이 매우 중요한 문제가 될 수 있다. 앞서 제시한 분석 결과를 토대로 이러한 문제를 결정함에 있어 고려할 사항들을 제시하면 다음과 같다.

첫째, 등록금이 학생들의 가계에 어느 정도 부담을 주는지를 결정하는 가장 큰 요인은 국공립대학에 재학하는가, 사립대학에 재학하는가의 문제이다. 대출금 수혜의 형평성이라는 측면에서 볼 때, 정액제가 아닌 등록금 전액을 지원하는 현행의 방식을 그대로 유지하는 것이 바람직하다. 그리고 재원이 한정된 반면에 지원자 수가 많아 모든 지원자들에게 대출 혜택을 주기 어려운 상황이라면, 전국 국공립대학 재학생 수와 사립대학 재학생 수의 비율을 참조하여 대출 대상자 선정 기준에 반영하는 방안도 검토할 필요가 있다.

둘째, 동일한 조건이라면 가구주의 학력이 낮을수록 등록금의 가계 부담 정도가 크게 나타난다. 이는 대출 대상자를 선정함에 있어 가구 소득이 중요한 기준이 되어야 함을 보여 주는 것이다. 그러므로 대출금 지원자들의 가구 소득을 정확하게 파악하여 대출 대상자들을 선정할 수 있는 사업추진체계를 갖추어야 한다.

셋째, 현행과 같은 1순위, 2순위 대상자 선정 방식은 매우 타당하며 합리적이다. 사립학교에 한정되어 있지만, 같은 농어촌지역에 거주하더라도 농업에 종사하는 가구 자녀의 등록금이 가계에 상대적으로 더 큰 부담이 되고 있기 때문에 1순위 우선 지원의 방침은 그대로 유지하는 것이 바람직한 것으로 보인다.

넷째, 등록금 마련의 어려움으로 인한 학생들의 휴학 경험 여부는 대학 등록금의 가계 부담 정도와 함께 학자금 지원의 필요성을 보여주는 중요한 지표가 된다. 등록금과 관련한 휴학률이 대학 전공 계열과 대학의 유형별로 차이가 난다는 것은 전공 계열과 대학의 유형에 따라 실제 대학 등록금의 가계 부담 정도와는 별도로 학생들의 휴학 여부에 영향을 미치는 다른 요인들이 작용하고 있을 가능성을 시사한다. 따라서 전공 혹은 대학 유형의 차이에 기초한 학생들의 필요를 반영하여 학자금 대출 지원 방식을 보다 정교화할 수 있는 추가적인 연구와 분석이 요구된다.

결론

농촌 출신 대학생 학자금 대출제도는 농촌 출신 대학생에게 무이자 학자금 대출의 혜택을 제공함으로써 고등교육에 대한 농촌 학부모의 가계 부담을 완화하고, 궁극적으로 고등교육의 기회 균등에 이바지하려는 목적을 가지고 있다. 최근 대학생 학자금대출제도에 대한 정책적 관심이 높아지는 가운데, 이 제도는 도 · 농 간 지역 격차의 지속적 확대로 발생하는 여러 가지 사회 문제를 해소하려는 다양한 시도들 중 하나로 부각되고 있다. 이는 지역균형발전의 관점에서 농어촌지역에 거주하는 주민들에게 정부 차원의 재정지원을 통해 고등교육의 기회를 확대함으로써 농어촌지역의 복지 수준을 향상시기고, 이를 통해 농어촌지역의 삶의 질 향상을 도모해 보려는 시도라고 이해할 수 있다.

지난 정권에서 본격적으로 논의가 시작된 지역균형발전 정책은 지방대학의 수준을 수도권 대학의 수준으로 끌어올림으로써 농촌지역의 인재를 확보하고, 이러한 지방대학을 거점으로 지역의 특성에 적합한 지역개발을 도모해 나가는 것이 농촌지역의 고등교육 기회 확대 및 지역 발전에 중요하다는 인식에 기초하고 있다. 따라서 지역산업의 육성, 각 지역의 복지 기반 확충, 지방교육의 활성화 등이 지역균형발전을 위해 중점적으로 논의되고 있다. 그리고 산업과 고등교육을 연계하여 지방대학을 활성화하려는 산 · 학 · 연 클러스터(cluster) 육성 정책이 추진되고 있다.

그러나 이 밖에도 농어촌의 교육기회가 도시와 균등해지도록 구체적 여건을 마련해 주는 것 또한 지역균형발전에 있어 중요한 과제일 것이다. 그렇게 하려면 고등교육기관을 대상으로 하는 정부 정책이나 지원만이 아니라, 고등교육 진학 예정자나 재학생을 대상으로 하는 개인 수준의 지원을 확대할 필요가 있다. 장학금이나 학자금대출 등 개인에 대한 재정지원은 고등교육 기회를 실질적으로 보장하고 고등교육의 혜택을 직접적으로 확장시켜 준다는 점에서, 그 타당성이 있다고 할 것이다. 이는 지역균형발전에 대한 질적 접근, 즉 농어촌지역 경제활동의 생산성 향상을 목적으로 하는 양적 발전에서 더 나아가 교육 및 의료 여건을 포함한 복지 측면의 생활 인프라를 구축하고, 이에 대한 개인의 접근 기회를 보장하려는 새로운 발전 패러다임과도 연결되는 것이다.

참고문헌

강인재 외(1996). 지역의 균형적 발전: 지역균형발전모형 및 전략개발. 사회과학연구, 22. 전북대학교 사회과학연구소.

김수욱 · 유병민(2003). 산업화 과정에서 한국 농촌사회의 변화 양상. 한국농업교육학회 정기학술대회, 11, 83-106. 한국농업교육학회.

김안나 · 김정섭(2006a). 농촌출신 대학생 학자금 대출 수요집단의 세분화와 특성분석. 교육사회학연구, 16(1).

김안나 · 김정섭(2006b). 농촌출신 대학생 학자금 대출에 대한 수요예측과 소요재원의 추정. 한국교육, 33(1). 한국교육개발원.

김안나 · 김정섭 · 문무경(2006). 농촌출신대학생 학자금대출 활성화 방안. 학술진흥재단 정책연구 보고서. 한국학술진흥재단.

김창현 외(2004). 농촌정주생활 여건의 지역간 실태비교와 개선 방향. 국토연구원.

나승일 외(2007). 도농간 교육격차 해소를 위한 농촌지역 유형별 교육혁신 추진과제 탐색. 농업교육과 인적자본개발, 39(1), 35-57.

농림부(2005). 제1차 농림어업인 삶의 질 향상 및 농산어촌 지역개발 5개년 기본계획.

이두휴(2011). 도시와 농촌간 교육양극화 실태 분석. 교육사회학연구, 21(2), 121-148.

이정식(2001). 지역균형 발전의 새로운 패러다임. 국토계획, 36(2), 3-5.

통계청(2010). 가계통합조사. 농가경제조사.

한국학술진흥재단(2005). 2005년도 2학기 농촌대학생학자금대출지원 결과보고. 미간행.

Berry, M. J. A., & G. Linoff (1997). *Data mining techniques.* Indianapolis: John Wiley & Sons.

Breiman, L. et al. (1984). *Classification and regression trees.* Belmont, MA: Wadsworth.

Chen, J. (2003). Market segmentation by tourist's sentiments. *Annals of Tourism Research, 30*, 178-193.

Kass, G. (1980). An exploratory technique for investigating large quantities of categorical data. *Applied statistics, 29*(2), 119-127.

Loh, W., & Y. Shin (1997). *Split selection methods for classification trees.* Taiwan: Statistica Sinca.

제5장 학생선택에 미치는 재정지원의 효과

학생선택이론

학생들은 왜 대학에 진학하려고 할까? 미국의 대학 신입생들을 대상으로 실시한 설문조사 결과에 따르면, 학생들이 대학진학의 필수적인 동기로 제시한 것은 금전적인 풍요(73.4%), 가족 부양(73.1%), 직업적 권위(59.7%), 정신과 삶의 통합(45.1%), 의미 있는 삶의 철학 개발(42.4%), 직업적 성공(39.8%), 사회적 가치에 대한 영향력 행사(37.6%), 다양한 인종에 대한 이해 증진(30.8%), 정치적 현안에 대한 이해(28.1%), 공동체 활동에 대한 참여(22.7%), 과학의 발전에 대한 기여(16.0%) 등 다양하다고 한다. 그런데 한 가지 주목할 만한 사실은 시간이 흐를수록 공동체, 인격 함양, 과학적 탐구 등을 중시하던 경향이 약해지고, 교육의 사회경제적 가치, 즉 교육의 도구적 성격을 강조하는 풍조가 강해지고 있다는 점이다(Astin, 2000).

이러한 경향은 우리나라 학생들 사이에서도 쉽게 발견할 수 있다. 특히 학력주의 풍토가 강한 한국 사회에서 대학교육은 사회경제적 성공에 필수적인 요소로 간주되고 있고, 고등교육의 보편화가 이루어진 지금, 단지 대학진학이 아닌 소위 명문대학 진학을 위한 경쟁이 계속되고 있다. 더욱이 최근 취업이 어려워지면서 졸업 후 직업 전망이 안정적인 특정 전공에 학생들이 편중되고 있는 현상이나 수도권에 위치한 대학으로의 편입 열기, 취업 준비를 위한 휴학 증가 등은 교육의 도구적 성격이 더욱 중시되고 있다는 증거라 할 수 있을 것이다.

이러한 상황에서 학생들의 대학과 전공 선택은 자신의 적성과 소질 등을 고려하기보다는 대학입학 수능시험의 결과에 의해 결정되는 것이 일반적이다. 이러한 현실을 반영하여 고등교육 기회의 형평성 문제를 다룬 국내의 연구들은 주로 가정의 사회경제적 자본과 개인의 학력 간의 관계에 주목해 왔다(변수용 · 김경근, 2008; 백병부 · 김경근, 2007; 김경근 · 변수용, 2006; 이건만, 2006). 그러나 개인의 대학선택에는 학력 이외에도 다양한 요인들이 복잡하게 영향을 미치고 있다. 일례로 대학교육에 드는 비용과 재정지원 기회에 반응하는 양식이 소득계층에 따라 다르다는 연구 결과(DesJardins et al., 1999)는 학업성취도가 비슷한 경우일지라도 학생들이 자신이 처한 상황에 따라 다른 선택을 할 수 있음을 시사한다.

이 점에 주목하여 최근의 고등교육 연구들은 대학선택(college choice)은 물론 개인들이 진학을 결정하는 데 영향을 미치는 개인적, 사회경제적, 정책적 요인들과 진학 이후 대학교육의 경로, 그리

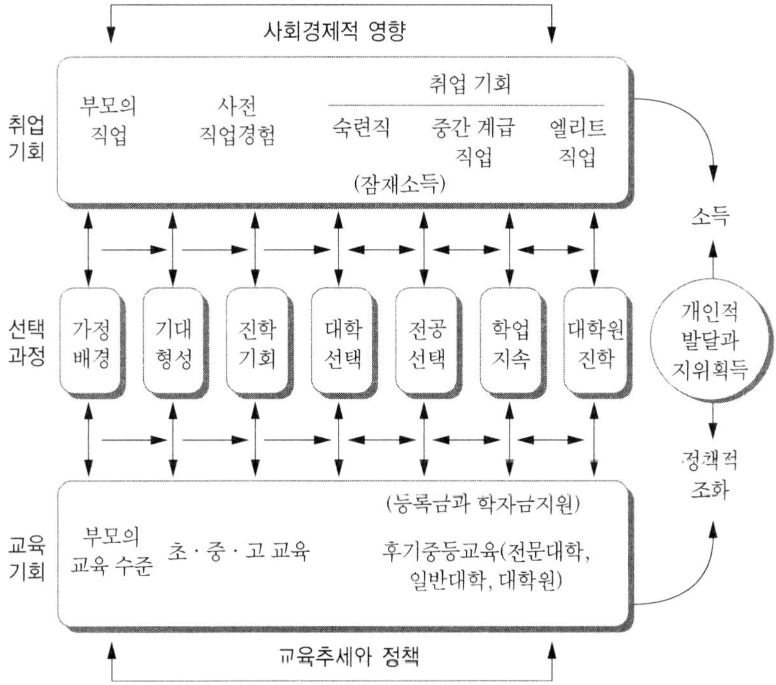

[그림 5-1] 학생선택과 고등교육 결과의 관계에 대한 재개념화

출처: St. John, Asker & Hu (2001). p. 424

고 이러한 일련의 선택과정의 결과로서 교육적, 사회경제적 결과를 하나의 모형으로 개념화하고 있다(Hossler, Braxton & Coopersmith, 1989; Paulsen & St. John, 2002; St. John, Asker & Hu, 2001; St. John, Paulsen & Starkey, 1996). [그림 5-1]은 학생선택(student choice)이 일어나는 다양한 상황적 맥락과 이에 영향을 미치는 요인들의 관계를 개념적으로 보여 준다.

이 모형은 학생들의 교육적 성취가 그들의 선택의 결과이며, 이러한 선택은 교육적, 직업적 포부의 형성, 대학선택, 전공선택, 학업지속여부 선택, 대학원 진학 선택과 같은 일련의 과정으로 구성되며, 학생들의 선택과정은 그들이 처한 상황에 따라, 그리고 당시의 사회경제적 환경과 관련 교육정책의 영향을 받아 다양한 경로를 거치게 됨을 전제하고 있다. 이러한 관점은 인간을 환경의 지배를 받는 수동적 존재로 보는 결정론적 사고를 벗어나 교육의 결과가 개인의 선택에 따라 달라질 가능성이 있음을 시사한다. 물론 개인의 선택이 환경적 제약을 벗어나기 어려운 것은 사실이지만 이것이 운명적인 것은 아니라는 것이다. 또한 다양한 맥락에서 학생들의 선택 경로에 영향을 미치는 제도적, 정책적 요인들을 함께 고려하기 때문에 학생의 발달과 교육적 성취를 증진시킬 수 있는 실천적인 대안을 탐색하는 데 장점이 있다.

학생들의 선택에 영향을 주는 제도적, 정책적 요인으로 최근 우리나라에서 특히 쟁점이 되고 있는 것은 비싼 대학 등록금으로 인한 가계 부담의 증가 문제를 들 수 있다. 자율화 정책을 도입한 이후 외환위기 직후인 1998년과 1999년을 제외하고, 대학 등록금은 매년 물가상승률의 2~3배에 달하게 인상폭이 지속되었다. 그 결과 전체 가계 소비지출 중 등록금 부담 비중은 전체적으로 크게 증가하였다. 한편, 경제 사정의 악화로 소득의 양극화가 진행되면서 소득계층별 교육비 비중은 가구소득 상위 1, 2분위에서는 줄어들고 있는 반면, 하위 4, 5분위에서는 지속적으로 증가하고 있는 현상이 나타나고 있다(교육인적자원부, 2007). 대학을 졸업해도 취업이 보장되지 않는 상황에서 지나친 등록금 부담은 한편으로는 진학할 대학의 선택에 영향을 미치고, 다른 한편으로는 휴학의 원인으로 작용할 수 있다.

현재 우리 대학에서는 두세 학기 이상을 휴학하는 학생들을 흔히 발견할 수 있어, 4년제 대학에서 5학년이라는 말이 자연스럽게 통용될 정도이다. 문제의 심각성은 전문대학 전체 휴학생 비율이 34.8%(수도권 소재 전문대학 36.7%, 지방 전문대학 33.4%)이고, 4년제 대학은 31.6%(수도권 대학 30.0%, 지방대학 32.5%)라는 통계에서도 여실히 드러나고 있다. 물론 이러한 수치에는 남학생들의 군대 입대를 위한 휴학이 포함된 것이지만, 여학생의 경우에도 휴학률이 13.6%를 넘어 4년제 일반대학을 졸업하는 데 걸리는 평균 소요 기간이 4년 4개월인 것으로 조사되었다(김안나 · 김성훈, 2010). 더욱이 이 수치는 전체 평균이기 때문에 학생들의 휴학률은 등록금 수준이나 다른 요인들에 의해 대학에 따른 편차가 클 것으로 예측된다.

최근까지 우리나라 대학은 입학은 어렵지만 일단 입학하고 나면 졸업은 당연한 것으로 받아들여져 왔다. 이러한 사회적 분위기 속에서 휴학을 하거나 중퇴를 하는 것은 지극히 개인적인 문제로 인식되어 왔고, 따라서 대학 행정가들이나 정책결정자들이 이 문제에 대해 그다지 관심을 갖지 않았다고 볼 수 있다. 그러나 휴학은 개인적인 차원에서는 추가적인 비용을 의미하고, 대학의 경우에는 사회적 책무성과 더불어 재정적인 자원을 안정적으로 확보하기 어렵기 때문에, 학생 자신은 물론 기관 운영의 측면에서도 매우 심각한 문제가 아닐 수 없다(이병식, 2003). 더욱이 이러한 현상이 사회적 쟁점이 되면서 정책 당국도 더 이상 수수방관하기 어려운 상황이 되었다. 취업 기회의 확대와 같은 대책의 마련이 현실적으로 한계가 있는 상황에서 학자금대출 확대와 같은 재정지원정책이 도입되고 있는 것은 이 같은 위기의식을 반영한 것으로도 해석된다.

학생선택과 재정지원의 관계

일반적으로 소득수준이 낮을 경우 대학진학에 대한 포부 자체가 제한되는데, 이는 가정환경과 교육적 경험이 학생들이 생각하는 선택의 범위를 제한하기 때문이다(Paulsen, 1990). 학부모들의 높은 교육열로 우리 대학진학률은 이미 80%를 넘어섰고, 2006년 고3 기초생활수급자의 67% 이상이 대학을 진학하는 것으로 보고되고 있지만(교육인적자원부, 2007), 이 경우 대학진학 자체는 계층하락을 방지하기 위한 최후의 방어선일 뿐 계층이동의 실질적인 효과를 기대하기는 어렵다(Thurow, 1975). 따라서 소득수준에 따라 학생들이 어떤 대학과 전공을 선택하고, 나아가 어떤 경로로 대학을 졸업하게 되는지, 그리고 그 과정에서 재정지원이 어떤 영향을 주는지를 살펴보는 것은 고등교육에 있어서 계층 간 불평등을 완화하는 데 의미 있는 시사점을 제공할 수 있다.

앞서 대학교육에 드는 비용과 재정지원 기회에 반응하는 양식이 소득계층에 따라 다르게 나타난다고 하였는데, 이를 구체적으로 살펴보면 가난한 학생들은 비용에 민감하게 반응하여 학비와 생활비가 적게 들고 학교에 다니면서 일을 할 수 있는 대학을 선택하는 경향이 높고, 중간과 상위 소득계층의 학생들은 대학에서 제공하는 장학금과 같은 재정지원을 중요하게 고려한다고 한다(DesJardins et al., 1999). 물론 우리나라 대학들의 경우 등록금 대비 장학금 비율이 워낙 낮고, 그나마도 신입생들을 대상으로 하는 장학금은 소수 성적 우수 장학금을 제외하고는 많지 않아서 대학선택 시 재정지원 변수를 미리 고려하는 학생들은 많지 않을 것으로 예상된다. 그러나 저소득계층의 학생들이 4년제 일반대학보다는 전문대학에 편중되어 있는 현상은 이 연구의 결과와 맥을 같이하는 것으로 볼 수 있다. 또한 현재와 같은 등록금 정책이 지속된다면 장차 장학금 혜택이나 학자금대출과 같은 재정지원 요인에 학생들이 보다 민감하게 반응할 가능성이 높다.

장학금이나 학자금대출과 같은 재정지원의 효과에 대한 초기 연구들은 주로 인간자본론과 같은 경제학적 관점에 기초하고 있다(Becker, 1964; Paulsen, 2001). 경제학적 관점의 연구들은 고등교육이 학생의 발달(생산성 향상)에 미치는 긍정적인 영향을 강조하여, 고등교육의 확대를 촉진하는 학자금대출과 같은 재정정책이 궁극적으로 개인은 물론 사회 전반에 이득이 됨을 주장하였다. 그러나 고등교육이 보편화되면서 최근의 연구들은 대학진학 자체보다는 대학이나 전공 선택에 미치는 재정지원의 영향에 보다 초점을 두고 있다. 어떤 대학에 진학하는가 혹은 어떤 전공을 선택하는가는 미래의 소득과 지위를 결정하는 데 매우 중요하다. 그렇기 때문에 가정의 소득수준이 학생들의 선택 범위를 제한하지 않도록 하기 위한 정책적 개입이 필요하다.

한편, 학생들에 대한 재정지원은 경제적 요인으로 인한 학업중단을 예방하고 학업성취도를 높이는 데 긍정적인 효과가 있어 궁극적으로 대학교육의 성과를 높여 주는 것으로 나타나고 있다(Hossler et al., 1989; Jackson, 1978). 학업지속은 퇴학, 휴학, 전출 등을 하지 않고 처음 선택한 대학을 졸업하는 것을 의미하며 가정배경, 포부수준, 대학에 대한 학문적, 사회적 통합정도, 경제적 형편 등의 영향을 받는다(이병식, 2003; Bean, 1990; Pascarella & Terenzini, 1991; St. John et al., 1996; Tinto, 1987). 이러한 학업지속 여부를 결정하는 데 재정지원은 직 · 간접적으로 영향을 미친다(Murdock, 1989). 이는 대학을 다닐 수 있는 경제적 능력에 대한 학생의 인식 정도가 대학생활을 하는 동안 학생의 학문적 경험에 영향을 미칠 뿐 아니라 학업지속 여부에 직접적으로 영향을 주기 때문이다(Cabrera, Nora & Castaneda, 1992; St. John et al., 1996). 이러한 영향은 대학원 진학에 대한 의사결정에서도 마찬가지여서, 학생의 배경, 학부에서의 경험, 대학의 특성, 기대수입, 경제적 형편, 재정지원 여부 등은 대학원 진학결정에 중요한 영향을 주는 것으로 알려져 있다(Anrieu & St. John, 1993; Pascarella & Terenzini, 1991; Schapiro, O'Malley & Litten, 1991; Weiler, 1994).

이상의 논의들은 대학생을 위한 재정지원이 고등교육비의 사부담을 줄여, 저소득계층의 진학기회를 확대할 뿐 아니라 학생들의 선택의 폭과 학업의 질을 개선하는 데 기여할 수 있음을 보여 준다. 학생들은 그들이 처한 상황에 따라 매우 다양한 선택을 하게 되고, 그러한 선택의 결과는 다양한 경로로 최종적인 학업성취 결과에 반영된다. 따라서 소득계층에 따라 학생들의 학업성취 결과에 미치는 재정지원의 영향을 검토하여 학생 특성에 적합하도록 재정지원정책을 수립하는 것이 필요하다.

우리 고등교육비용은 수익자 부담의 원칙에 입각하여 부과되어 왔기 때문에 다른 선진국에 비해 높은 사부담 교육비가 고등교육의 형평성을 훼손하는 중요한 요인으로 지적되어 왔다. 이러한 인식에서 지난 참여정부 이후 학자금대출이 급속히 확대되었지만, 최근에는 상환 부담에 따른 문제들이 제기되면서 학생들의 소득계층에 따라 지원방식을 차별화하여야 한다는 주장이 제기되고 있다. 실제 미국의 경우에도 1980년대 이후 장학금의 비중을 줄이고 학자금대출을 확대하면서 저소득계층의 고등교육기회가 감소되고 있음을 보여 주는 연구 결과들이 나오고 있다(Mumper, 1996; Orfield, 1992). 이러한 맥락에서 이 장에서는 대학생들의 선택(대학과 전공계열 선택, 재학기간과 휴학 가능성)에 미치는 재정지원의 효과에 대해 논의하였다.

소득수준에 따른 학생선택의 차이와 재정지원의 영향

다음에 소개하는 내용은 저자가 2007년에 교육인적자원부 정책연구(소득계층별 대학생 복지증진 방안 연구)의 일환으로 실시한 설문조사에 기초하여, 2008년에 발표한 논문의 분석결과를 정리한 것이다.[1] 설문조사는 전국의 대학교와 전문대학 중 각 50개씩의 대학을 무선 표집하고 무선 표집된 대학교와 전문대학에서 다시 3개 학과를 무선 표집한 후, 각 대학의 1학년 학생들을 대상으로 하여 실시하였다. 분석방법은 카이제곱검정과 다항로짓분석을 사용하였다.

설문조사 응답자의 특성을 보면, 전체 응답자 1,623명 중 남학생이 62.6%, 여학생이 37.4%이고, 2년제와 3년제를 합한 전문대학

1) 김안나 · 이병식(2008a). 소득수준에 따른 학생의 고등교육 선택의 차이와 학자금지원의 효과. **교육과학연구**, 39(1): 67-84; 김안나 · 이병식(2008b). 학자금대출이 대학 재학기간 연장 가능성에 미치는 영향: 소득계층별 분석. **교육사회학연구**, 18(4): 55-73.

재학생이 47.4%, 일반대학 재학생이 52.4%였으며, 국공립대학이 7.2%, 사립대학이 92.8%이다. 월평균 가계소득별 분포를 보면, 100만 원 미만의 최저 급간에 속한 학생이 전체 6.4%, 100~150만 원 미만 급간에 9.4%, 소득 3분위에 해당하는 150~200만 원 미만이 12.0% 등으로 3분위 이하 저소득계층의 학생들이 전체 표본의 27.8%로 나타났다.

한편, 응답자의 고등학교 졸업연도, 고등학교 평균성적, 최종교육목표의 분포를 보면, 절반이 넘는 50.7%의 학생들이 2007년에 고등학교를 졸업하였다. 2006년과 2005년 졸업자는 각각 17.0%와 6.2%였다. 고등학교 평균성적의 경우, 상위 50% 이내라고 응답한 비율이 33.2%로 가장 높았다. 다음으로 상위 25%가 28.7%, 상위 10%가 21.3% 등의 순으로 나타났다. 그리고 최종교육목표와 관련하여서는 조사응답자의 47.4%가 대학졸업 후 최종교육의 목표를 정하지 못하고 있는 것으로 나타났다. 석사와 박사를 포함하여 23.4%의 응답자는 학사 이상의 학위를 취득하고자 하며, 10.2%의 응답자는 전문학사를 목표로 하는 것으로 나타나고 있다. 가구주의 직업분포를 보면, 기술직 및 준전문직으로 응답한 비율이 14.8%로 가장 높았고, 사무직 13.7%, 서비스직 11.2%, 전문직 8.8% 등의 순으로 나타났다. 가구주의 최종학력은 고등학교 졸업이 45.5%로 가장 많았고, 4년제 대학졸업자가 24.4%로 두 번째로 많았다. 초등학교 혹은 중학교 졸업자도 15.7%로 상당히 높은 비율로 나타나고 있다. 그리고 본인 이외에 대학에 재학하고 있는 형제나 자매의 수를 물어본 결과, '없다'고 응답한 비율이 58.1%로 가장 높았고, 1명이 34.7%, 2명 5.7%, 3명 이상이 1.5%로 나타났다.

소득계층에 따른 대학유형 및 전공 계열 선택의 차이

대학과 전공의 선택이 소득계층에 따라 어떻게 달라지는지를 살펴보기 위해 가계의 월평균 소득과 재학 중인 대학유형, 대학의 설립유형, 전공 계열 간의 관계를 살펴본 결과, 전체적으로 월평균 소득이 낮을수록 4년제 대학보다는 2~3년제의 전문대학을 선택할 가능성이 큰 것으로 나타났다. 〈표 5-1〉에서 알 수 있는 바와 같이, 가계 월평균 소득이 200만 원 이하인 학생이 전문대학을 선택한 비율이 일반대학을 선택한 경우보다 월등히 높았으며, 가계소득이 200만 원 이상인 경우는 일반대학을 선택한 비율이 점차적으로 높아지는 것으로 나타나고 있다. 이러한 소득수준과 대학유형 선택의 관계는 통계적으로도 유의하였다(χ^2=83.06, df=5, p < 0.001).

가계의 월평균 소득수준과 재학 중인 대학의 설립유형 간의 관계를 보면, 소득이 낮을수록 국공립대학을 선택한 비율이 상대적으로 높았다. 〈표 5-2〉에서 볼 수 있는 바와 같이, 가계 월평균 소득이

〈표 5-1〉 가계 소득수준별 대학유형 선택의 차이

(단위: 명, %)

가계 월평균 소득	대학유형		합계(%)
	전문대학(%)	대학교(%)	
100만 원 미만	77(77.3)	28(26.7)	105(6.5)
100~200만 원 미만	207(59.7)	140(40.3)	347(21.4)
200~300만 원 미만	201(47.9)	219(52.1)	420(25.9)
300~400만 원 미만	137(41.5)	193(58.5)	330(20.4)
400~500만 원 미만	55(29.4)	132(70.6)	187(11.5)
500만 원 이상	93(40.1)	139(59.9)	232(14.3)
합계	770(47.5)	851(52.5)	1,621(100.0)

〈표 5-2〉 가계 소득수준별 대학설립유형 선택의 차이 (단위: 명, %)

가계 월평균 소득	설립유형		합계
	국공립	사립	
100만 원 미만	17(16.3)	87(83.7)	104(6.4)
100~200만 원 미만	34(9.8)	314(90.2)	348(21.4)
200~300만 원 미만	35(8.4)	384(91.6)	419(25.8)
300~400만 원 미만	12(3.6)	320(96.4)	332(20.4)
400~500만 원 미만	9(4.8)	179(95.2)	188(11.6)
500만 원 이상	10(4.3)	223(95.7)	233(14.3)
합계	117(7.2)	1,507(92.8)	1,624(100.0)

100만 원 미만인 학생들이 국공립대학에 재학하는 비율(16.3%)이 전체 평균(7.2%)의 두 배를 넘고 있다. 가계소득과 대학유형의 관계와 마찬가지로 사립대학과 국공립대학의 선택도 가계소득과 통계적으로 유의한 관계가 있는 것으로 나타났다(χ^2=28.25, df=5, $p<0.001$). 이는 국공립대학과 사립대학 간의 등록금 차이가 학생들의 대학선택에 영향을 미치고 있음을 의미한다.

다음으로 가계소득 수준에 따라 전공 계열의 선택에 차이가 있는지를 전문대학과 대학교를 나누어서 살펴본 결과, 전문대학 재학생의 경우에는 가계소득과 전공 계열의 선택 간에 통계적으로 유의미한 차이가 있었다(χ^2=52.67, df=20, $p<0.001$). 구체적으로 가계 월평균 소득이 낮을수록 자연계열 및 공학계열의 학교를 선택하는 비율이 높았으며, 반대로 소득이 높을수록 예체능 계열을 선택하는 비중이 높은 것으로 나타났다. 〈표 5-3〉에서 볼 수 있는 바와 같이, 가계소득이 200만 원 이하인 경우 자연계열과 공학계열을 선택한 학생이 평균보다 높았으며, 특히 100만 원 미만인 경우는 매우 높은 비

〈표 5-3〉 전문대학 학생의 가계 소득수준별 전공 계열 선택의 차이

(단위: 명, %)

가계 월평균 소득	전공 계열					합계
	인문 · 사회	자연공학	의약학	예체능	사범 기타	
100만원 미만	13(16.9)	45(58.4)	8(10.4)	4(5.2)	7(9.1)	77(10.0)
100~200만 원 미만	42(20.3)	91(44.0)	30(14.5)	19(9.2)	25(12.1)	207(27.0)
200~300만 원 미만	44(22.0)	78(39.0)	31(15.5)	23(11.5)	24(12.0)	200(26.0)
300~400만 원 미만	35(25.7)	46(33.8)	25(18.4)	14(10.3)	16(11.8)	136(17.7)
400~500만 원 미만	12(22.2)	17(31.5)	10(18.5)	9(16.7)	6(11.1)	54(7.0)
500만 원 이상	21(22.3)	23(24.5)	13(13.8)	29(30.9)	8(8.5)	94(12.2)
합계	167(21.7)	300(39.1)	117(15.2)	98(12.8)	86(11.2)	768(100.0)

율(58.4%)을 보이고 있다. 그러나 일반대학 재학생의 경우에는 가계 월평균 소득과 전공 계열의 관계가 다소 약하게 나타났으며, 통계적 유의도도 상대적으로 낮게 나타났다(χ^2=29.98, df=20, p=0.07).

소득계층에 따른 대학생 재정지원의 예상 효과

대학생의 선택에 미치는 재정지원의 영향을 알아보기 위해 장학금, 학자금대출 등을 통한 재정지원이 학생들의 학교 및 전공 선택과 어떤 관계가 있는지, 그리고 학생들이 느끼는 경제적인 어려움의 정도가 대학에서의 수업연한과 어떤 관계가 있는지를 분석한 결과, 다음과 같은 특징들이 나타났다.

대학생 학자금지원의 효과

〈표 5-4〉는 학비지원제도가 있다는 사실을 미리 알았을 경우에

〈표 5-4〉 학비지원제도의 사전인지 시 대학과 전공 선택의 변화 가능성

가능성	응답자 수	%
매우 높음	89	5.5
높음	275	17.0
낮음	221	13.6
해당 없음	1,037	63.9
합계	1,622	100.0

대학과 전공 선택에 변화가 있었을 것인가를 물어본 결과이다. 학비지원제도가 있다는 사실을 미리 알았다면 다른 대학과 전공을 선택할 가능성이 높았을 것이라고 응답한 학생이 전체 학생 중 약 23%를 차지하고 있었다.

또한 〈표 5-5〉에서 볼 수 있는 바와 같이, 학자금대출 상환에 따른 부담으로 졸업 후의 진로계획을 변경할 가능성이 높다고 응답한 학생이 약 30% 정도로 나타나 학생들이 경제적인 이유로 진로 선택의 제약을 받고 있음을 알 수 있다.

〈표 5-5〉 대학졸업 이후의 진로계획 변경 가능성

가능성	응답자 수	%
매우 높음	151	9.3
높음	342	21.1
낮음	393	24.2
해당 없음	736	45.4
합계	1,622	100.0

소득계층에 따른 차별적 효과: 전공 변동 가능성

예상과 같이 재정지원의 효과는 소득계층에 따라 다르게 나타나고 있다. 즉, 대학진학 이전에 본인이 이용할 수 있는 학비지원제도가 있다는 사실을 알았다면 현재와 다른 대학이나 전공을 선택하였을 가능성이 있다고 응답한 비율은 소득이 낮은 가정의 학생일수록 높게 나타났다(χ^2=36.22, df=5, p<0.001). 특히 가계 월평균 소득이 200만 원 이하인 가정의 학생들은 학비지원제도를 사전에 알고 있었다면 다른 대학 및 전공을 선택했을 가능성이 높다고 응답한 비율이 평균(30.4%)보다 높게 나타나고 있다.

다른 대학이나 전공을 선택할 가능성은 고등학교 때의 학업성취도에 따라 다를 수 있다. 이를 고려하기 위해서, 대학진학 이전에 본인이 이용할 수 있는 학비지원제도가 있다는 사실을 알았다면 현재와 다른 대학이나 전공을 선택하였을 가능성이 있다고 응답한 비율을 고등학교 때의 학업성취도별로 상위 25% 이내, 상위 25%부터 75% 이내, 그리고 하위 25%로 나누어서 살펴보았다. 처음 두 집단

〈표 5-6〉 가계 소득수준과 대학 또는 전공 변동 가능성의 관계

(단위: 명, %)

가계 월평균 소득	변동 가능성		합계
	높다	낮다	
100만 원 미만	42(40.4)	62(59.6)	104(6.4)
100~200만 원 미만	138(39.7)	210(60.3)	348(21.4)
200~300만 원 미만	125(29.8)	294(70.2)	419(25.8)
300~400만 원 미만	80(24.1)	252(75.9)	332(20.4)
400~500만 원 미만	61(32.4)	127(67.6)	188(11.6)
500만 원 이상	48(20.6)	185(79.4)	233(14.3)
합계	494(30.4)	1,130(69.6)	1,624(100.0)

의 경우는 가계소득과 대학 또는 전공의 변동 가능성 간에 통계적으로 유의한 관계(각각 χ^2=31.624, df=5, p<0.000; χ^2=13.789, df=5, p<0.017)가 있었으나, 하위 25% 집단의 경우에는 유의한 통계적 관계가 나타나지 않았다. 이러한 차이를 소득수준별로 비교하였을 경우에도 〈표 5-7〉과 〈표 5-8〉에서 볼 수 있듯이 가계소득과 대

〈표 5-7〉 가계소득수준별 대학 · 전공의 변동 가능성(성적 상위 25%)

(단위: 명, %)

가계 월평균 소득	변동 가능성		합계
	높다	낮다	
100만 원 미만	19(39.6)	29(60.4)	48(5.9)
100~200만 원 미만	59(38.1)	96(61.9)	155(19.1)
200~300만 원 미만	54(30.0)	126(70.0)	180(22.2)
300~400만 원 미만	31(16.4)	158(83.6)	189(23.3)
400~500만 원 미만	29(24.8)	88(75.2)	117(14.4)
500만 원 이상	21(17.2)	101(82.8)	122(15.0)
합계	213(26.3)	598(73.7)	811(100.0)

〈표 5-8〉 가계 소득수준별 대학 · 전공의 변동 가능성(성적 25~75%)

(단위: 명, %)

가계 월평균 소득	변동가능성		합계
	높다	낮다	
100만 원 미만	19(40.4)	28(59.6)	47(6.6)
100~200만 원 미만	70(41.4)	99(58.6)	169(23.8)
200~300만 원 미만	64(30.6)	145(69.4)	209(29.5)
300~400만 원 미만	45(35.7)	81(64.3)	126(17.8)
400~500만 원 미만	28(44.4)	35(55.6)	63(8.9)
500만 원 이상	22(23.2)	73(76.8)	95(13.4)
합계	248(35.0)	461(65.0)	709(100.0)

학 또는 전공의 변동 가능성과의 관계는 앞서 논의한 전체적인 추세와 유사하게 나타나고 있다.

소득계층별 대학등록금 충당방식의 차이

대학등록금을 충당하는 방식에 대한 조사 결과, 부모 또는 다른 가족으로부터 도움을 받는 경우(70%)가 가장 많았으며, 다음으로 장학금(30%), 학자금대출(25%), 자신의 소득이나 저축(20%)의 순으로 나타났다. 또한 대학등록금을 충당하는 방식을 소득계층별로 나누어 본 결과, 소득이 낮을수록 장학금보다는 부모나 가족, 자신의 소득과 저축, 그리고 학자금대출을 통해서 등록금을 충당하는 비율이 더 높게 나타나고 있었다. 이는 우리 대학들의 장학금이 주로 성적우수자에게 편중되어 있는 현실을 고려해 볼 때, 저소득계층 학생들의 학업성취도가 상대적으로 낮다는 것을 의미한다.

특히, 두드러진 추세로는 〈표 5-9〉에서 볼 수 있는 바와 같이,

〈표 5-9〉 가계 소득수준별 학자금대출을 통한 등록금 충당 비율

(단위: 명, %)

가계 월평균 소득	학자금 융자로 등록금 충당		합계
	아니다	그렇다	
100만 원 미만	63(60.0)	42(40.0)	105(6.5)
100~200만 원 미만	230(66.3)	117(33.7)	347(21.4)
200~300만 원 미만	298(71.1)	121(28.9)	419(25.8)
300~400만 원 미만	279(84.3)	52(15.7)	331(20.4)
400~500만 원 미만	168(88.9)	21(11.1)	189(11.6)
500만 원 이상	187(80.6)	45(19.4)	232(14.3)
합계	1225(75.5)	398(24.5)	1623(100.0)

가계소득이 월평균 100만 원 미만인 경우 학자금대출을 통해 등록금을 충당하는 비율(40%)이 월평균 소득 400~500만 원 미만인 학생들(11%)의 약 4배, 그리고 500만 원 이상인 학생들(19%)의 약 2배에 이르는 것으로 나타나고 있다는 사실이다. 이는 경제적으로 어려울수록 대학비용을 학자금대출에 의존하고 있고, 결과적으로 대출금 상환에 따른 부담이 이들의 대학생활과 졸업 후 진로에 영향을 줄 수 있음을 의미한다.

재정적 어려움과 수업연한의 관계

대학등록금에 대한 부담이 학업 및 진로계획과 관계가 있는지를 살펴본 결과, 재정적인 어려움이 큰 학생일수록 졸업을 하는 데 기간이 더 오래 걸릴 것으로 예상하고 있었다(χ^2=16.51, df=2, $p < 0.001$). 이는 학비와 생활비 마련을 위한 아르바이트 등의 이유로 소득계층이 낮은 학생들에게 학업중단의 상황들이 발생할 가능성이 크다는 것을 의미한다.

〈표 5-10〉 재정적 어려움과 대학 재학기간의 관계

(단위: 명, %)

등록금 걱정	수학 기간 연장 가능성		합계
	높다	낮다	
걱정한 적 없음	54(20.2)	213(79.8)	267(16.5)
때로 걱정함	184(27.6)	482(72.4)	666(41.0)
주된 걱정거리	229(33.2)	461(66.8)	690(42.5)
합계	467(28.8)	1,156(71.2)	1,623(100.0)

〈표 5-11〉 재정적 어려움과 대학 재학기간의 관계(학점 3.65 이상)

(단위: 명, %)

등록금 걱정	수학 기간 연장 가능성		합계
	높다	낮다	
걱정한 적 없음	23(17.2)	111(82.8)	134(17.1)
때로 걱정함	74(23.3)	244(76.7)	318(40.6)
주된 걱정거리	97(29.3)	234(70.7)	331(42.3)
합계	194(24.8)	589(75.2)	783(100.0)

대학성적을 고려한 재정적 어려움과 재학기간의 관계

지난 학기까지의 누적학점을 표본의 중간값(median)을 기준으로 두 집단으로 나누어서 재정적 어려움과 수업연한의 관계를 살펴본 결과도 전체적인 추세는 비슷하였다. 재정적 어려움과 수업연한의 관계는 학점이 상위(3.65 이상/5.0 만점)인 학생들의 경우(χ^2=8.20, df=2, p=0.017)와 누적학점이 3.65 이하인 학생집단의 경우(χ^2=8.20, df=2, p=0.013) 모두 통계적으로 유의하였다.

〈표 5-12〉 재정적 어려움과 대학 재학기간의 관계(학점 3.65미만)

(단위: 명, %)

등록금 걱정	수학 기간 연장 가능성		합계
	높다	낮다	
걱정한 적 없음	31(23.1)	103(76.9)	134(15.9)
때로 걱정함	110(31.6)	238(68.4)	348(41.3)
주된 걱정거리	133(36.9)	227(63.1)	360(42.8)
합계	274(32.5)	568(67.5)	842(100.0)

대학 재학기간 연장 가능성에 영향을 미치는 요인

〈표 5-13〉은 학자금대출이 대학 재학기간의 연장 가능성에 미치는 영향을 알아보기 위해, 다항로짓모형을 추정한 결과이다. 표에서 우측의 두 열(낮다, 높다)은 재학기간 연장 가능성이 매우 낮다고 인식하고 있는 집단을 준거 범주로 하여, 오즈비(odds ratio)를 추정한 것이다.

대학 재학기간이 학칙이 정한 기간보다 더 소요될 가능성이 '낮은' 집단과 '높은' 집단에 영향을 주는 요인은 대체로 유사하였으

〈표 5-13〉 학자금대출의 영향에 대한 다항로짓분석 결과(n=1,475)

독립변인	재학기간 연장 가능성(준거집단: 매우 낮다)			
	낮다		높다	
	odds ratio	delta-p	odds ratio	delta-p
배경변인				
여학생	0.959		0.570 *	−0.115
고등학교 성적: 75% 이내[a]	1.827		1.319	
고등학교 성적: 50% 이내[a]	1.520		0.970	
고등학교 성적: 상위 25% 이내[a]	1.276		1.209	
최종 교육목표: 전문학사[b]	0.871		0.956	
최종 교육목표: 학사[b]	0.788		0.952	
최종 교육목표: 석사[b]	0.698		0.806	
최종 교육목표: 박사[b]	0.762		1.036	
가구주의 교육 수준: 대졸[c]	0.765		0.673 *	−0.084
가구주의 교육 수준: 대학원 졸업[c]	0.998		0.628	
가계 월평균 소득: 200~400만 원[d]	0.901		1.006	
가계 월평균 소득: 400만 원 이상[d]	0.663		1.109	

(계속)

등록금 부담: 때로 걱정[e]	1.829 **	0.146	2.311 **	0.204
등록금 부담: 주된 걱정[e]	2.390 ***	0.213	3.205 ***	0.283
대학특성				
전공: 사회계열[f]	0.977		1.138	
전공: 자연계열[f]	0.896		0.882	
전공: 공학계열[f]	1.304		1.312	
전공: 의약학계열[f]	1.208		0.565	
전공: 예체능계열[f]	1.401		2.321 **	0.206
전공: 기타[f]	1.506		0.879	
4년제 대학	1.868 ***	0.151	3.400 ***	0.297
대학소재지: 수도권	0.788		1.083	
사립대학	0.746		0.876	
대학생활				
거주형태: 기숙사	1.072		1.246	
거주형태: 하숙, 자취 등	0.852		0.924	
대학성적: 25~75%[g]	0.927		0.554 **	−0.120
대학성적: 75% 이상[g]	0.623 *	−0.099	0.390 ***	−0.176
공부(예습, 복습, 과제) 시간	0.924		0.933	
교수 면담 시간	0.966		1.033	
친구 교제 시간	1.020		0.993	
교내 아르바이트 시간	1.125 *	0.027	1.168 *	0.036
교외 아르바이트 시간	1.063 *	0.014	1.112 **	0.024
동아리 활동 시간	1.026		1.042	
취업준비(외국어, 자격증) 시간	0.983		1.009	
학자금 수혜방식				
학자금대출	0.674 *	−0.084	0.621 *	−0.099
LR Chi-square(df=105)	273.02***			
Pseudo R2	8.6%			
baseline probability	0.35		0.25	

*** $p < .001$, ** $p < .01$, * $p < .05$

a준거집단: 하위 25%; b준거집단: 미정; c준거집단: 고졸; d준거집단: 200만 원 미만; e준거집단: 등록금 부담 걱정 없음; f준거집단: 인문계열; g준거집단: 하위 25%.

나, 집단 간에 약간의 차이가 있는 것으로 나타났다. 재학기간 연장 가능성이 낮다고 보는 집단의 경우—가능성이 매우 낮다고 응답한 집단과 비교할 때—는 개인배경 변인 가운데 등록금 부담이 클수록 재학기간의 연장 가능성이 높았으며, 대학특성과 관련해서는 4년제 대학에 재학하고 있는 학생들이 더 오래 학교에 남아 있을 가능성이 클 것으로 보았다. 대학생활 측면에서는 교내외 아르바이트를 더 많이 할수록 재학기간이 더 길어질 것으로 예상하였다. 이에 비해 대학성적이 상위 25% 이내에 속하는 학생들은 하위 25% 학생에 비해서, 다른 조건이 동일할 때 대학 재학기간 연장 가능성이 약 10% 정도 줄어드는 것으로 나타났다. 이 연구의 핵심변인인 학자금대출이 재학기간 연장 가능성에 미치는 영향은, 기대했던 바와 같이, 대출이 재학기간 연장 가능성을 줄이는 것으로 나타났다.

재학기간의 연장 가능성이 '높다'고 보는 집단의 경우—가능성이 '매우 낮은' 집단과 비교할 때—에는 추가로 몇 가지 요인들이 유의한 영향을 미치는 것으로 나타났다. 세부적으로 살펴보면, 여학생이 남학생에 비해서 재학기간의 연장 가능성이 낮았으며, 가구주의 교육 수준이 대졸인 경우, 고졸과 비교해서 재학기간의 연장 가능성이 낮았다. 전공 계열 간 차이에 있어서는 예체능계열이 인문계열에 비해서 더 오래 대학에 남아 있을 가능성이 큰 것으로 나타난 반면, 대학성적이 중간 50%(25% 이상~75% 이하)에 속하는 학생들이 하위 25%에 속하는 학생들에 비해서 연장 가능성이 줄어드는 것으로 나타났다. 이 밖에 재학기간 연장 가능성이 '낮은' 집단과 마찬가지로, 등록금 부담에 대한 걱정, 4년제 대학 재학생, 대학성적, 아르바이트 시간이 재학기간 연장 가능성에 유의한 영향을 미치는 것으로 나타났다. 그리고 학자금대출을 받으면 재학기간 연장 가능성을 약 10%정도 줄이는 것으로 나타났다.

이상의 결과를 요약하자면, 학생 배경요인, 대학특성, 대학생활을 고려할 때, 동일한 조건하에서 학자금대출 여부가 재학기간을 줄이는 데 긍정적인 효과가 있는 것으로 볼 수 있다. 즉, 학자금을 대출받은 학생은 부모로부터 학자금을 지원받거나 다른 방식으로 학자금지원을 받는 학생에 비해서, 대학에 더 오래 다닐 가능성을 약 8~10% 정도 줄이는 것으로 나타났다.

대학 재학기간 연장 가능성에 미치는 학자금대출 영향의 소득계층별 비교

〈표 5-14〉는 학자금대출이 재학기간의 연장 가능성에 미치는 영향을 소득계층 간에 비교한 것이다. 여기서 소득계층은 월평균 가계소득 200만 원 미만인 집단과 그 이상인 집단으로 구분하였다. 모형의 적합성을 보여 주는 유사 R^2는 〈표 5-13〉의 통합모형보다 다소 높은 약 10%로 나타났다. 이 연구의 주된 관심인 학자금대출의 영향은, 다른 조건이 동일할 때, 월평균 소득 200만 원 미만인 집단에서 모두 통계적으로 유의한 영향이 있었으나, 월평균 소득이 200만 원 이상인 집단에서는 유의하지 않았다.

이 밖에도 소득계층별로 재학기간 연장 가능성에 유의한 영향을 준 요인들을 살펴보면 다음과 같다. 우선, 월평균 가계소득 200만 원 미만인 집단의 경우, 재학기간 연장 가능성이 '낮은' 집단은 등록금 부담, 4년제 대학 재학 여부, 대학성적(상위 25% 이상)이 유의

〈표 5-14〉 소득계층별 학자금대출의 영향에 대한 다항로짓분석 결과

독립변인	저소득집단(n=657)		비교집단(n=818)	
	재학기간 연장 가능성†			
	낮다	높다	낮다	높다
	odds ratio	delta-p	odds ratio	delta-p
배경변인				
여학생	1.017	0.461 **	0.887	0.666
고등학교 성적: 75% 이내[a]	1.239	0.779	2.769	2.051
고등학교 성적: 50% 이내[a]	0.966	0.712	2.506	1.149
고등학교 성적: 상위 25%이내[a]	0.804	0.844	2.056	1.590
최종 교육목표: 전문학사[b]	0.928	1.074	0.771	0.754
최종 교육목표: 학사[b]	0.742	0.917	0.876	0.957
최종 교육목표: 석사[b]	0.796	0.911	0.634	0.688
최종 교육목표: 박사[b]	1.316	1.239	0.537 *	0.946 *
가구주 교육 수준: 대졸[c]	1.081	1.259	0.679 *	0.525
가구주 교육 수준: 대학원 졸업[c]	0.313	0.541	1.296	0.639
등록금 부담: 때로 걱정[e]	3.115 *	1.669	1.730 *	2.170 **
등록금 부담: 주된 걱정[e]	3.944 **	1.480	2.328 **	3.764 ***
대학특성				
전공: 사회 계열[f]	0.856	0.678	1.107	1.508
전공: 자연 계열[f]	0.834	0.785	0.965	1.035
전공: 공학 계열[f]	1.089	0.975	1.409	1.626
전공: 의약학 계열[f]	1.070	0.492	1.233	0.592
전공: 예체능 계열[f]	1.290	1.926	1.281	2.955
전공: 기타[f]	0.956	0.631	2.081 *	1.177 *
4년제 대학	1.935 **	4.581 *	1.778 *	2.844 ***
대학소재지: 수도권	0.734	1.064	0.892	1.016
사립대학	0.592	1.796	0.963	0.644
대학생활				
거주형태: 기숙사	1.429	1.336	0.835	1.177
거주형태: 하숙, 자취 등	0.947	0.949	0.729	0.845

(계속)

대학성적: 25~75%[g]	0.818	0.578 *	0.977	0.517 **
대학성적: 75% 이상[g]	0.510 *	0.304 **	0.676	0.446 **
공부(예습, 복습, 과제) 시간	0.900	0.984	0.947	0.906
교수 면담 시간	1.081	0.962	0.879	1.092
친구 교제 시간	0.980	0.991	1.057 *	1.009 *
교내 아르바이트 시간	1.025	1.147	1.238 *	1.221
교외 아르바이트 시간	1.018	1.133 *	1.111	1.094
동아리 활동 시간	1.006	0.912	1.032	1.119
취업준비(외국어, 자격증) 시간	1.006	0.921	0.958	1.094
학자금 수혜방식				
학자금대출	0.569 *	0.512 *	0.842	0.690
LR Chi-square(df=66)	143.63 ***		187.37 ***	
Pseudo R2	10.1%		10.6%	

*** p<.001, ** p<. 01, * p<.05, + <.10

a준거집단: 하위 25%; b준거집단: 미정; c준거집단: 고졸; e준거집단: 등록금 부담 걱정 없음; f준거집단: 인문계열; g준거집단: 하위 25%.

+준거집단: 매우 낮다

한 영향을 주었으며, 재학기간 연장 가능성이 '높은' 집단의 경우는 여학생, 4년제 대학 재학생, 성적우수자, 교외 아르바이트 시간이 유의한 영향을 주는 것으로 나타났다. 다음으로, 월평균 가계소득 200만 원 이상인 집단의 경우, 재학기간 연장 가능성이 '낮은' 집단은 최종 교육목표(박사), 가구주 교육 수준(대졸), 등록금 부담, 전공(기타), 4년제 대학 재학 여부, 친구 교제 시간, 교내 아르바이트 시간이 재학기간 연장 가능성에 영향을 주었으며, 재학기간 연장 가능성이 '높은' 집단의 경우는 추가적으로 대학성적이 유의한 영향을 주었고, 가구주의 교육 수준(대졸), 교내 아르바이트 시간 등은 유의하지 않게 나타났다.

이상의 영향요인들을 종합하면, 등록금 부담이 클수록, 2~3년제 대학보다는 4년제 대학 재학생이, 성적이 낮을수록, 소득계층과 관계없이 대체로 재학기간 연장 가능성이 높았다. 반면, 소득계층별로 차이가 두드러진 점도 있었는데, 저소득계층의 경우 남학생과 교외 아르바이트 시간이 많은 학생일수록 재학기간 연장 가능성이 커졌으며, 월평균 가계소득이 200만 원 이상인 집단은 학생 자신의 최종 교육목표와 가구주 교육 수준이 높을수록 재학기간 연장 가능성이 줄었다. 또한 가계소득 200만 원 이상인 집단의 경우 친구 교제 시간과 교내 아르바이트 시간이 늘어날수록, 다른 조건이 동일하다면, 재학기간 연장 가능성이 커졌다. 그러나 이러한 영향은 저소득계층에서는 나타나지 않았다.

이상의 결과들을 종합하면 우리나라 대학생들은 소득계층에 따라 진학하는 대학의 유형(일반대학과 전문대학)과 대학의 설립유형(국공립대학과 사립대학)이 다르고, 대학교육비용에 대한 재정적인 부담 정도에 차이가 있었으며, 재정적인 부담이 수업연한 등에 영향을 미칠 수 있음을 알 수 있다. 이러한 결과는 대학에 다닐 수 있는 경제적 능력에 대한 학생의 인식 정도가 학업지속 여부의 결정에 직접적으로 영향을 준다는 선행연구의 결과를 지지하는 것이라 볼 수 있다 (Cabrera, Nora, & Castaneda, 1992; St. John et al., 1996). 이러한 영향은 특히 가계 월평균 소득수준이 200만원 미만인 학생들에게서 뚜렷하게 나타났다. 이러한 결과에 기초하여 소득수준 200만 원을 기준으로 재정지원이 학생들의 재학기간 연장 가능성에 미치는 영향을 분석한 결과, 동일한 조건하에서 학자금대출이 재학기간 연장 가능성을 줄이는 데 긍정적인 효과가 있는 것으로 나타났다.

정책적 시사점

앞서 학생선택모형이 다양한 맥락에서 학생들의 선택 경로에 영향을 미치는 제도적, 정책적 요인들을 고려하기 때문에 고등교육의 성과를 증진시킬 수 있는 실천적인 대안을 탐색하는 데 장점이 있다고 설명한 바 있다. 이러한 맥락에서 장학금이나 학자금대출과 같은 재정지원이 학생들의 재학연한을 줄이는 데 긍정적인 영향을 줄 수 있다는 연구의 결과는 정책적으로 시사하는 바가 크다.

그동안 전반적인 고등교육 기회의 확대로 저소득계층의 진학률도 함께 높아졌지만, 앞의 연구 결과가 보여 주듯이 저소득계층은 여전히 희망하는 고등교육을 선택하는 데 어려움을 느끼고 있고, 상대적으로 소득수준이 높은 집단에 비해 대학과 전공 선택 시 대학교육에 드는 비용에 민감하게 반응하여 경제적인 제약을 많이 받으며, 재학 중 학비 마련을 위한 취업 가능성과 재학기간 연장 가능성이 높은 것을 알 수 있다. 또한 진로계획도 가계 소득수준과 밀접한 관련이 있어 재학 중 대출금 상환에 대한 부담은 이들의 진로계획 변동 가능성에 영향을 주고 있음이 확인되었다. 이처럼 가정의 소득수준이 대학진학에 대한 포부 자체는 물론 대학에서의 교육적 경험의 범위를 제한한다는 점을 고려할 때, 고등교육의 성과를 제고하기 위해서는 저소득계층에 대한 보다 적극적인 재정지원정책이 요구된다.

한편, 이러한 결과는 전형적인 학력중심 사회인 한국 사회에서 교육적 불평등이 고등교육으로의 이행과 교육과정에서 다양한 방식으로 나타나고 있음을 보여 주고 있다. 한국의 사회경제구조는 교육에서의 차별화 전략에 따라 높은 지위 집단의 교육에 대한 지속적인 투자를 유도하고, 이어 낮은 지위 집단의 지위상승이동에 대한 열망과 이에 따른 교육투자를 증대시켜 왔다. 이러한 요인들은 한국을 고학력사회로 유인하여 왔으나, 교육 및 사회경제적 성취의 계층 간 차이를 완화하지는 못하고 있다(김안나, 2002). 이러한 문제는 특히 최근 소득의 양극화가 진행되면서 고등교육투자의 양극화가 심화되어 계층 간 빈곤의 대물림으로 이어질 소지가 높다.

이러한 상황에서 대학생에 대한 정부의 재정지원정책은 고등교육의 외부효과와 시장실패에 대한 보완으로서뿐만 아니라 보다 적극적인 고등교육 형평성의 관점에서 접근되어야 할 필요성이 높다. 학생들의 필요에 따라 다양한 재정지원제도를 확충하는 것은 고등교육 기회의 불평등 문제에 접근할 수 있는 정책대안의 하나로 미국, 영국, 일본 등 선진국에서는 최근 저소득계층에 대한 재정지원을 대폭 확대하고 있는 추세이다. 이러한 선진국의 상황과는 달리 최근까지도 우리 정부는 대학교육비를 수혜자 부담 원칙에 따라 학생들에게 부담시켜, 장학금 등 학생단위 지원은 고등교육예산의 3.4% 수준에 그치고 있어, 미국의 17.8%, 영국의 24.7%, 일본의 18.6% 등과 비교할 때 그 비율이 매우 낮다(OECD, 2006). 그중에서도 특히 저소득층에 대한 장학금은 절대적으로 부족하다. 따라서 현재 재정지원제도를 선진국의 수준으로 확대, 발전시키기 위해서는 무엇보다도 재정지원에 필요한 예산을 확충하고 학생들의 경제적 필요를 우선적으로 고려하는 노력을 기울여야 한다.

이를 위해서는 재정지원 신청자의 경제적 필요가 우선적인 기준이 되는 지원체제를 도입할 필요가 있다. 학자금대출을 통한 학비지원은 장학금과 같은 무상 보조와 달리 학생들이 대학졸업 후 상환을 전제로 학비를 대출할 수 있도록 함으로써, 교육비 회수율을 높이고 정부의 재정 부담을 덜어 줄 수 있다. 즉, 학자금대출은 정부가 한정된 재원을 가지고 재정의 효율성을 높이면서 동시에 고등교육 기회 확대에 대한 사회적 수요를 충족시킬 수 있게 하는 정책 방안이다. 특히 우리나라와 같이 대학의 등록금 대비 장학금 비율이 낮고, 저소득계층 학생들을 위한 장학제도가 열악한 경우에 정부의 학자금대출은 유용한 정책 대안이 될 수 있다(김안나, 2002).

이러한 인식에 따라 정부 학자금대출은 2005년 이후 지속적으로 확대되어, 2007년 12월 기준 사업규모는 총 2,188억 원으로, 수혜자가 2005년 2학기의 18만 1,983명에서 2007년 2학기에 30만 6,518명으로 크게 늘어났다(교육인적자원부, 2007). 이처럼 학자금대출이 급속하게 확대될 수 있었던 것은 정부가 학자금대출이자의 일부를 대신 부담해 주던 2005년 이전의 대출 방식을 바꾸어 2005년 이후에는 학자금대출에 대한 지불보증을 해 주고 있기 때문이다.

그러나 대출확대 효과라는 긍정적인 측면에도 불구하고, 최근에 학자금대출의 대손위험이 지적되면서 새로운 대출제도의 효용성에 대한 논란이 제기되고 있다. 즉, 학자금대출이 늘어나면서 그만큼 상환 부담이 늘어나 졸업 후 제때에 대출금을 상환하지 못하는 학생들이 속출할 가능성이 커지고, 이는 고스란히 정부의 부담으로 남게 될 것이라는 우려가 높다. 더욱이 지금처럼 청년실업률이 높은 상황에서 이런 예상은 기우가 아닐 것으로 판단된다. 따라서 현재로서는 학자금대출에 드는 비용과 원금 상환 불이행의 가능성을 동시에 고려하여 재정지원을 가장 필요로 하는 사람들을 위한 보다 비용효과적인 방법이 무엇인가를 찾아야 할 것이다.

정확한 표적화(targeting)는 재정지원정책의 형평성과 관련해서 매우 중요한 전제 조건이다(김안나 · 김정섭, 2006). 대학과 전공 선택, 그리고 학업지속 여부 등에 미치는 재정지원의 영향이, 다른 조건이 동일할 때 월평균 가계소득 200만 원 미만인 집단에서 모두 통계적으로 유의하게 나타나고 있다는 것은 재정지원이 저소득계층 학생들의 대학교육 성과에 보다 긍정적인 영향을 준다는 것을 의미한다. 특히 대출상환의 부담을 고려할 때, 가구의 월평균 소득이 200만 원 미만인 저소득계층에 대해서는 장학금이 보다 적합한 지원 방안이라는 점에서 제도의 전환을 고려해 보아야 한다. 현재 등록금의 지속적인 인상은 저소득계층의 대학진학 의지를 저하시키고 대학선택의 폭을 제한할 가능성이 크기 때문에 이를 방지하기 위한 보다 적극적인 지원책이 필요하다.

참고문헌

교육인적자원부(2007). 교육 민생현안 대책. 국무회의 보고자료. 미간행.

김경근 · 변수용(2006). 한국사회에서의 상급학교 진학 선택 결정요인. 교육사회학연구, 16(4), 1-27.

김안나(2002). 대학생 학자금 융자제도의 효율성과 형평성 분석. 한국교육, 29(2), 455-475.

김안나 · 김성훈(2010). 대학생 선택에 미치는 학자금지원의 영향: 휴학에 대한 영향을 중심으로. 교육과학연구, 41(2). 이화여자대학교 사범대학 교육과학연구소.

김안나 · 김정섭(2006). 농촌출신 대학생 학자금융자 수요 집단의 세분화와 특성분석. 교육사회학연구, 16(1), 51-75.

김안나 · 이병식(2008a). 소득수준에 따른 학생의 고등교육 선택의 차이와 학자금지원의 효과. 교육과학연구, 39(1), 67-84.

김안나 · 이병식(2008b). 학자금대출이 대학 재학기간 연장 가능성에 미치는 영향: 소득계층별 분석. 교육사회학연구, 18(1), 55-73.

백병부 · 김경근(2007). 학업성취와 경제자본, 사회자본, 문화자본의 구조적 관계. 교육사회학연구, 17(3). 101-129.

변수용 · 김경근(2008). 한국 고등학생의 교육결과에 대한 문화자본의 영향. 교육사회학연구, 18(2).

이건만(2006). 문화적 계급지배와 교육불평등: Pierre Bourdieu 문화재생산 이론의 음미. 교육사회학연구, 16(2), 111-139.

이병식 (2003). 대학생 학업중단에 영향을 미치는 대학 기관 특성의 탐색적 분석.교육학연구, 41(2), 135-154.

Andrieu, S. C., & E. P. St. John (1993). The influence of prices on graduate student persistence. *Research in Higher Education, 34*, 399-418.

Astin, A. (2000). *The American Freshmen: National Norms for Fall 2000. American Council on Education*. University of California at Los Angeles.

Bean, J. P. (1990). Why student leave. In *The Strategic Management of College Enrollment*, edited by Hossler, D., et al. San Francisco: Jossey-Bass.

Becker, G. S. (1964). *Human capital: A theoretical and empirical analysis with special reference to education*. NY: National Bureau of Education Research.

Cabrera, A. F., A. Nora & M. B. Castaneda (1992). The role of finances in the persistence process: A structural model. *Research in Higher Education, 33*(5), 571-593.

DesJardins S. L., D. A. Ahlburg & B. P. McCall (1999). An event history model of student departure. *Ecomonics of Education Review, 18*(3), 375-390.

Hossler, D., J. Braxton & G. Coopersmith (1989). Understanding student college choice. In Rethinking Tuition and Student Aid Strategies, *Higher education: Handbook of Theory and Research 5,* edited by Smart, J. C., 231-288. NY: Agathon.

Jackson, G. A. (1978). Financial aid and student enrollment. *Journal of Higher Education, 49*(6), 548-74.

Mumper, M. (1996). *Removing college price barriers: What government has done and whi it hasn't worked.* State University of New York Press.

Murdock T. A. (1989). Does financial aid really have an effect on student retention? *Journal of Student Financial Aid, 19*(1), 4-16.

OECD (2006). *Education at a Glance.* Paris: OECD.

Orfield, G. (1992). Money, equity and college access. *Harvard Educational Review, 62*, 337-372.

Pascarella, E. T. & P. T. Terenzini (1991). *How college affects students.* San Fransisco: Jossey-Bass.

Paulsen, M. B. (1990). College choice: Understanding student enrollment behavior. *ASHE-ERIC Higher Education Report 6.* Washington, DC: The George Washingtion University, School of Education and Human Development.

Paulson, M. B. (2001). The economics of human capital and

investment in higher education. In *The finance of higher education: Theory, research, policy and practice,* edited by Paulsen, M. B. & J. C. Smart. NY: Agathon Press.

Paulsen, M. B. & John, E. P. St. (2002). Social class and college costs. *The Journal of Higher Education, 73*(2), 189-236.

Schapiro, M. O., O'Malley, M. P. & Litten, L. H.(1991). Progression to graduate school from the "elite" colleges and universities. *Economics of Education Review, 10*(3), 227-244.

St. John, E. P., E. H. Asker & S. Hu (2001). The role of finances in student choice: A review of theory and research. In *The finance of higher education: Theory, research, policy and practice,* edited by Paulsen, M. B. & J. C. Smart. NY: Agathon Press.

St. John, E. P., Paulsen, M. B. & Starkey, J. B. (1996). The nexus between college choice and persistence. *Research in Higher Education, 37*(2), 175-220.

Thurow, L. (1975). *Generating Inequality.* NY: Basic Books.

Tinto, V. (1987). *Leaving college: Rethinking causes and links of student attrition.* Chicago: University of Chicago Press.

Weiler, W. C. (1994). Expectations, undergraduate debt and the decision to attend graduate school: A simultaneous model of student choice. *Economics of Education Review, 13*(1), 29-41.

제6장 학생발달에 영향을 미치는 대학의 특성

대학효과에 대한 연구

대학에서 생활하는 동안 학생들은 그들의 경험을 통해서 지식과 기술을 습득할 뿐 아니라 다양한 가치관과 행동 특성을 형성하게 되고, 이렇게 형성된 가치관과 특성들은 졸업 후에도 그들의 전 생애에 통해 영향을 미치게 된다. 학생들의 학습과 발달에 대한 연구는 전통적으로 심리학의 영역으로 생각되어 왔다. 그러나 고등교육 분야에서 학생발달에 대한 연구들은 대학효과(college impact)라는 맥락에서 논의되어 왔으며, 따라서 성격상 심리학보다는 사회학적 가정들에 기초하고 있다.

넓은 의미에서 학생들의 학습과 발달에 영향을 미치는 대학의 효과는 학생들의 개인적 특성과 대학의 환경적 특성 간의 상호작용의 결과라고 볼 수 있지만, 그 강조점에 따라 학생들의 개인적 경험의 특성에 보다 주목하는 대학 내 효과(in college impact)와 대학의 조직적 특성의 차이에 초점을 맞추는 대학 간 효과(between college impact)로 구분할 수 있다(Pascarella & Terenzini, 1991, 2005). 전자의 관점을 취하는 연구들은 주로 학생들의 전공, 정규 혹은 비정규 교육과정, 또래 혹은 교수들과의 상호작용, 다양한 사회 활동 참여 등과 같은 변인들에 초점을 맞추어, 특정 전공 분야 혹은 지역사회 봉사 활동, 다양한 인종과의 접촉 기회, 여성학 수업과 같은 특정 주제의 강의 수강 경험 등이 학생들의 가치관이나 행동특성에 의미 있는 변화를 가져오는 것으로 설명한다(Denson & Chang, 2009; Lambert et al., 2007; Lopez, 2004; Sax, 2000).

한편, 고등교육기관 차원에서 학생발달에 접근하는 후자의 연구들은 대학의 명성이나 입학의 난이도(selectivity), 규모, 설립유형, 설립목표, 인종구성과 같은 구조적 특성에 보다 주목하고 있다. 이러한 관점의 연구들은 고등교육기관의 구조적 특성이 장차 학생들에게 필요한 직업적 준비는 물론 사회의 지도자로 성장하는 데 필요한 지식과 가치관의 습득에 영향을 미친다고 가정하고 있다. 일례로 이 분야의 초기 연구 중 하나인 펠드먼과 뉴콤(Feldman & Newcomb, 1969)의 연구는 설립유형과 규모와 같은 기관의 구조적인 특성에 기인하는 대학의 사회심리적 환경이 학생들의 사회적 가치와 행동특성에 영향을 준다고 보았다.

이러한 연구들을 종합하면, 개념적 혹은 이론적 강조점에 관계없이 대학의 효과는 한마디로 고등교육기관의 특성과 교육 프로그램의 함수로 설명할 수 있다. 대학효과에 대한 연구들은 학생은 물론 사회적으로 유의미한 교육적 결과를 산출하는 데 중요한 정책적 시사점을 제공한다. 지금까지 우리 대학들의 가장 심각한 문제는 학생들의 교육결과에 대한 대학의 책무성 결여에 있다고 생각된다. 한마디로 적당히 가르치고 적당히 배우는 데 안주하는 것이 우리 대학의 학문적 풍토이다. 무엇을 얼마만큼 가르치고, 배워야 하는가에 대해 고민하지 않는 것 같다. 따라서 졸업을 앞두고 학생들은 취업을 위해 영어 공부와 고시 등 자격증 취득에 매달린다. 모든 교수와 모든 학생이 그렇다고 볼 수는 없지만 분명 이러한 현상은 우리 대학사회에 만연해 있다. 이러한 풍토를 개선하지 않고서는 일류를 지향하는 대학 개혁의 시도들은 사실상 무의미하다. 대학 개혁은 학생들의 학습과 발달에 영향을 미치는 요인들을 규명하고 대학교육의 성과를 제고하는 것에서 출발하여야 한다.

대학효과에 대한 사회학적 접근의 특징

앞서 대학효과에 대한 연구들이 사회학적 가정에 기초하고 있다고 기술하였는데, 이는 사회구조가 인성에 미치는 영향을 분석하는 것이 사회학의 핵심 영역이라는 점을 생각한다면 쉽게 납득할 수 있다. 예를 들어, 마르크스는 사회경제적 구조가 개인의 가치와 신념 및 동기에 어떻게 영향을 미치는지에 관심을 가졌고, 베버는 일단 사회구조가 신념체계에 의해 형성되면 다시 여러 세대에 걸쳐 태도, 가치, 신념을 형성한다고 보았으며, 뒤르켕 역시 그의 『자살론』에서 아노미 현상을 설명하면서 개인의 심리에 영향을 주는 사회체제에 초점을 두고 있다(Hurtado, 2007). 이와 같이 개인의 인성적 특성을 사회구조와의 관계 속에서 설명하려 한다는 점에서, 특히 대학의 환경이 학생들의 상호작용, 나아가 행동특성과 가치, 태도 및 인지발달에 미치는 영향을 탐색한다는 점에서, 대학효과에 대한 연구들은 사회학적 전통에 속해 있다고 볼 수 있다.

이러한 접근의 대표적인 학자인 틴토(Tinto, 1975, 1993)는 개인들이 사회의 규범에 통합되지 못할 때 자살률이 높아진다는 뒤르켐의 이론적 가정을 따라 대학생들의 자퇴 현상을 설명하고 있다. 이에 따르면, 학생들의 상호작용이 기관에 대한 학생들의 통합 정도에 영향을 주어 결과적으로 자퇴 결정에 영향을 미치는데, 이러한 상호작용에 영향을 미치는 요인으로 학생의 배경적 특성이나 대학교육의 목적, 그리고 학업에 대한 전념 정도 등도 중요하지만 동시에 대학의 학문적, 사회적 환경이 중요하다는 것이다. 이러한 주장은 비록 학생들의 통합 정도가 학업지속을 보장하는 것은 아니지만 대학에 대한 사회적, 학문적 통합이 학생들의 학업지속에 필요한 전제 조건이 된다는 것을 의미한다.

한편, 학생들의 진로 선택이나 포부 혹은 가치관 형성에 미치는 대학의 규범적 성격을 사회화의 관점에서 설명한 와이드만(Weidman, 1989)은 기관의 규모, 미션, 전공, 학문적 수준 등과 같은 공식적인 측면과 잠재적 교육과정이나 규범, 혹은 학생 상호작용과 같은 비공식적 특성들에 의해 조성되는 대학의 전체적인 환경적 영향에 초점을 두고 있다. 비록 사회화 과정을 규명하기 위해 기관의 규범적 특성이나 상호작용의 성격을 모형화하여 측정하는 것이 복잡하고, 따라서 경험적으로 검증하는 데 한계가 많지만, 단순히 학생들의 상호작용의 빈도를 측정하는 방식에 비해 이론적으로 함의하는 바가 크다.

구조적 관점에서 대학효과를 분석하려는 최근의 연구들은 규모, 설립유형, 명성, 인종 구성, 성비, 지역 등 여러 측면에서 특성이 다른 대학들을 포함한 대규모의 연구를 시도하고 있다. 이러한 연구들은 대체로 기관의 특성에 따라 학생들의 사회적 혹은 학문적 통합 정도가 다르며, 이러한 요인이 학생들의 학업 결과에 영향을 미친다는 것을 밝히고 있다. 예를 들어, 미국 대학을 대상으로 한 연구들에 따르면 사립대학에 다니는 학생들은 공립대학에 다니는 학생들에 비해서 학업중단의 가능성이 적은데, 이는 사립대학의 등록금이 공립대학에 비해 높아 졸업 후 투자에 대한 수익을 실현하려는 욕구가 사립대학 학생들에게 더 높을 뿐 아니라, 다른 한편으로 사립대학이 학생들에게 조직적인 차원(종교적 혹은 고유의 사명 등)에서 기인하는 강한 소속감을 심어 주기 때문이다(Pascarella & Terenzini, 1991).

이 밖에도 대학의 명성 혹은 입학의 난이도, 대학의 규모, 대학 구성원의 다양성, 대학의 분위기와 같은 사회심리적 환경 또한 학생들의 인지적, 정의적 발달에 관련이 있는 것으로 나타나고 있다(Anderson, 1987; Astin, 1975; Chang, 1996; Hurtado, 1994; Hurtado et al., 1999; Rhee, 2001; Stoecker, Pascarella & Wolfle, 1988). 아직까지 이 분야의 연구들이 일관된 결론을 제시하고 있는 것은 아니지만, 더욱 다양화되어 가는 대학의 특성을 고려할 때 이러한 연구들이 함의하는 교육적, 정책적 시사점들은 대학교육의 성과를 제고하기 위한 중요한 단서를 제공할 수 있다. 이러한 맥락에서 이 장에서는 국내 4년제 대학에 재학하고 있는 3학년과 4학년 학생 및 교수들을 대상으로 대학생들의 발달에 미치는 요인들을 규명하고자 한 저자의 연구 결과(김안나 외, 2002; 김안나 · 이병식, 2003)를 소개하고, 그 정책적 시사점과 향후 연구의 발전 방향에 대해 논의하였다.

학생발달에 미치는 대학특성 요인

분석모형

대학생의 발달에 대한 연구에서 많이 활용되고 있는 분석모형은 애스틴(Astin, 1991)의 투입-환경-산출 모형으로 [그림 6-1]과 같이 개념화할 수 있다. 학생발달에 영향을 미치는 요인으로, 먼저 투입 요인은 학생들의 배경적 특성을 나타내는 것으로 일반적으로 성별, 학년, 사회경제적 지위, 재정적 상태, 교육적 포부 수준, 선호하는 전공 및 대학선택 여부, 전공 등을 포함한다. 환경적 요인은 대학기관의 특성, 교육과정과 학생들의 교내 활동 등 크게 세 가지로 구성되는데, 기관의 특성을 나타내는 변인들로는 대학의 소재지 및 설립유형, 그리고 대학의 분위기 등이 포함되며, 교육과정 관련 변인들로는 교수 · 학습 방법 및 강의의 질적 수준, 그리고 학생들의 활동 변인들로는 교수와 학생의 상호작용, 각종 교내 활동과 학생 간 교류 등이 포함된다(Astin, 1993; Dey & Hurtado, 1999; Feldman & Newcomb, 1969; Pascarella & Terenzini, 1991). 본 분석에서도 다른 선행연구와 마찬가지로 이러한 변인들을 주요 변인으로 활용하였다.

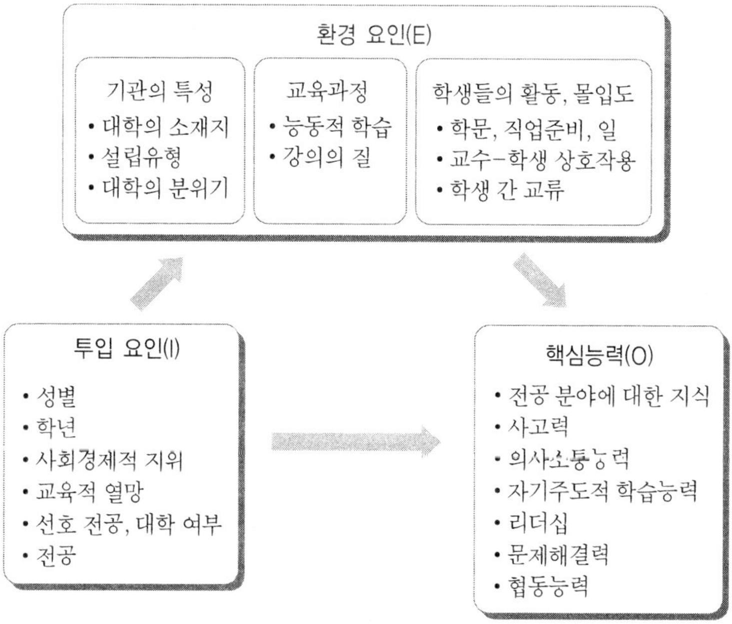

[그림 6-1] 학생발달에 대한 투입-환경-산출 모형

종속변수인 산출 요인으로는 전공 분야에 대한 지식을 포함하여 최근 고등교육에 대한 사회적 요구의 변화에 따라 대학이 육성해야 할 학생들의 핵심능력으로 강조되고 있는 비판적 사고력, 의사소통 능력, 자기주도적 학습능력, 리더십, 문제해결력, 협동능력의 발달 정도를 분석하였다. 이러한 능력들은 인지적 요인은 물론 기술과 태도를 포함하는 다양한 능력 요인들을 포괄하며, 따라서 이에 대한 보다 정교한 개념적 분석이 요구된다. 그러나 여기에서는 이러한 능력들에 대한 이론적 분석보다는 지식기반사회에서 대학교육의 내용으로 강조되고 있는 능력 요인에 대한 논의들에서 공통적으로 강조되고 있는 요인들을 추출하여, 이들 능력의 개발에 영향을 주는 요

인을 분석하는 데 초점을 두었다.[1)]

분석 대상 및 방법

조사대상

본 분석은 국내 4년제 대학에 재학하고 있는 3학년과 4학년 학생 및 교수들을 주 표본으로 하였다. 서울, 경기, 강원, 충청남·북, 경상남·북, 전라남·북, 제주도의 10개 지역에서 국·공립대학 1개교와 사립대학 1개교를 선정한 후, 각 대학별로 인문, 사회, 자연, 공학, 사범 등 5개 계열을 나누고, 각 계열별로 전공을 안배하여 3학년 10명, 4학년 10명씩, 모두 20개 대학에서 2,000명의 학생을 표집하였으며, 계열별로 교수를 각각 10명씩, 대학별로 50명씩 표집하여, 전체 20개 대학에서 1,000명의 교수를 표집하였다. 설문에 응답한 학생은 1,366명(회수율: 68.3%)이고 교수는 318명(회수율: 31.8%)이었다.

변인

회귀분석모형에서 일곱 가지 핵심능력의 개발 정도를 종속변인으로 사용하였으며, 핵심능력의 개발에 영향을 미치는 독립변인들은 연구모형에 기초해서 학생 개인의 배경 요인과 환경 요인 등 23개의 변인들이 사용되었다. 회귀분석에 사용된 종속변인들은 각각의 핵

1) 지식기반사회에서 대학생들에게 요구되는 핵심능력의 개념과 이에 대한 이론적 고찰은 이 책의 제9장에서 다루고 있다.

심능력이 대학교육을 통해 개발된 정도를 학생들의 자기보고에 기초해 측정하였다. 분석에 포함된 독립변인들 중 대학교수와 관련된 몇 가지 변인들은 교수설문자료에서 추출하였으며, 나머지 변인들은 학생설문자료를 기초로 만들었다.

독립변인 중 일부는 〈표 6-1〉과 같이 신뢰도와 요인분석을 통해서 복합측정변인(composite measure)으로 개발하였다.

〈표 6-1〉 복합 변인들의 신뢰도와 요인분석 결과

요인(factor)	세부항목	요인적재값(factor loading)
대학의 분위기:	대학정책 수립에 학생의 관심 반영	.843
개방적	대학정책 수립에 교수의 관심 반영	.811
행정체계	개방적 행정체계	.669
	학생을 위한 서비스체계	.528
		Cronbach α .729
대학의 분위기:	학생의 동아리 활동 활발	.715
활발한 교류	강의실 밖 학생 간 상호교류 많다	.680
		Cronbach α .413
연구에 대한 지향	연구와 교수 중 상대적 관심 분야	.675
	최근 2년간 출판된 논문 혹은 저서 편수	.673
	직업적 목표로서 연구 참여에 대한 중요도	.650
	연구 및 학술저작에 대한 주당 할애 시간	.626
		Cronbach α .559
교수:	학문적 목적 추구의 기회	.684
일반적 사기	봉급 수준과 복리 · 후생	.676
	자율성과 독립성	.645
	대학의 행정 지원	.631
	강의 부담	.577

(계속)

	학생들의 수준	.485
		Cronbach α .657
교수: 동료 관련 사기	다른 교수들과의 관계	.853
	동료들의 학문적 능력	.775
		Cronbach α .649
능동적 학습	그룹 프로젝트	.767
	소규모 협동 수업	.760
	학생들의 프레젠테이션	.651
	학생 상호 간의 평가	.605
	학생들이 개발한 활동, 과제, 시험 등	.586
		Cronbach α .703
강의의 질	교수들의 강의준비 충실	.861
	교수들의 강의 열의가 높다	.858
	분명한 강의목적과 적절한 학생동기 유발	.807
		Cronbach α .793
학문적 활동	교수와 상담	.677
	예습/복습	.600
		Cronbach α .623
직업준비 활동	컴퓨터강좌 수강	.636
	자격증 취득강좌 수강	.598
	외국어강좌 수강	.596
	교수의 강의준비 보조	.459
	취업준비에 대한 주중 할애 시간	.415
		Cronbach α .511
일	대학 이외의 장소에서 시간제 아르바이트	.703
	아르바이트에 대한 주중 할애 시간	.663
	대학에서 시간제 아르바이트	.588
		Cronbach α .370

우선 대학의 분위기와 관련된 것으로는 개방적 행정체계(cronbach α=.73)와 활발한 학생 상호교류(cronbach α=.41) 요인을 추출하였으며, 교수의 연구에 대한 지향 정도(cronbach α=.56)는 연구에 대한 상대적 관심, 연구 활동 시간 등 네 항목, 교수의 일반적 사기(cronbach α=.66) 및 동료 관련 사기(cronbach α=.65)는 봉급 수준 등 각각 여섯 개, 두 개의 항목으로 구성되었다. 능동적 학습(cronbach α=.70)은 평가방법과 교수방법 등 다섯 개의 항목으로 구성되어 있으며 수강하고 있는 교과목들에서 각각의 방법이 어느 정도 활용되고 있는지를 설문한 것이다. 강의의 질(cronbach α=.79)을 측정한 변인은 교수의 강의에 대한 열의와 강의준비도 등 세 개의 항목을 포함하고 있다. 대학생활의 몰입 정도는 각 활동에 대한 주당 평균 할애 시간을 기초로 산출되었으며, 크게 학문적 활동(cronbach α=.62), 직업준비 활동(cronbach α=.51), 교수와의 교류, 학생 상호교류 활동, 그리고 일(cronbach α=.37)로 구분하였다.

독립변인들 가운데 측정 수준이 명명척도(nominal scale)인 변인들, 예를 들면 여학생, 4학년, 학생의 전공영역과 대학의 소재지 등은 해당 변인을 더미변수(dummy variable)로 변환하였다. 즉, 여학생 변인의 경우 기준 범주(reference category)는 남학생이 된다. 따라서 이 변인은 남학생에 비해 여학생이라는 사실이 핵심능력의 개발에 어떤 영향을 미치는지를 나타내는 것으로 해석할 수 있다. 이와 유사하게, 하위 범주가 세 개 이상인 변인들에 대한 해석도 기준이 되는 범주를 기초로 해서 동일하게 하면 된다. 학생의 전공영역의 경우 기준 범주는 인문학(humanities)이며, 대학의 소재지는 서울을 기준 범주로 하였다.

분석방법

본 연구에서 대학생들의 핵심능력 개발에 영향을 미치는 요인들을 검증하기 위하여 중다회귀분석(multiple regression analysis)을 주요 분석방법으로 사용하였다. 구체적으로 설명하면, 각 회귀모형에서 개별 핵심능력(예를 들면, 리더십 등)을 종속변인으로 하고 그에 영향을 미치는 요인들을 독립변인으로 하여 전체적으로 7개의 중다회귀모형을 분석하였다. 그리고 독립변수들 중 복합변인들은 요인분석과 신뢰도 분석을 통해서 신뢰도와 타당도를 확인하였다. 요인분석의 경우는 주성분분석(PC)과 배리맥스회전법(varimax rotation method)으로 각각 사용하였다. 신뢰도 분석은 Cronbach-α로 내적일관도를 측정하였다.

분석결과

핵심능력의 개발 정도

대학생들의 핵심능력 육성에 영향을 주는 요인들을 실증적으로 분석하기 위해 우선, 각각의 능력들이 대학교육을 통해 개발된 정도를 현재 본인의 수준과 입학 당시 수준을 비교하여 응답하도록 하였다. 〈표 6-2〉에서 볼 수 있듯이 평균적으로 학생 응답자들의 약 60%는 대학교육을 통해서 핵심능력이 개발되었다고 생각하였다. 여러 가지 영역들 가운데 전공이론 기초 능력 부문(75.8%)이 가장 많이 개발되었고, 사고력 가운데 예측과 추리력(52.2%)이 상대적으로 적게 개발된 것으로 나타났다. 평균적으로 보면, 리더십 분야가 상대적으로 적게 개발된 것으로 나타났다.

〈표 6-2〉 대학교육을 통한 각 하위능력의 개발 정도 (단위: 명(%))

구분		매우 많이 개발됨	개발됨	합계
전공지식	전공이론적 기초	142(10.6)	877(65.2)	1,019(75.8)
	전공지식의 실용적 적용	129(9.7)	702(52.7)	831(62.4)
사고력	비판적 사고력	102(7.6)	748(56.1)	850(63.7)
	단편적 지식 종합능력	96(7.2)	757(56.7)	853(63.9)
	예측과 추리력	77(5.8)	618(46.4)	695(52.2)
의사소통능력	타인 의견 경청능력	151(11.3)	731(54.5)	882(65.8)
	자기의사 표현능력	138(10.3)	728(54.1)	866(64.4)
	기본 문해력	137(10.2)	677(50.3)	814(60.5)
자기주도적 학습능력	자발적 목표설정, 학습동기	113(8.4)	714(53.2)	827(61.6)
	자신감과 자존감	122(9.1)	656(48.9)	778(58.0)
	정보처리 및 기술활용	107(8.0)	697(51.9)	804(59.9)
	변화 수용, 대처능력	116(8.6)	700(52.0)	816(60.6)
리더십	조직의 비전 제시	55(4.1)	699(51.5)	754(55.6)
	주관과 추진력	89(6.6)	651(47.9)	740(54.5)
	구성원 간 갈등조율	102(7.5)	676(49.8)	778(57.3)
	책임감과 도덕성	105(7.7)	701(51.7)	806(59.4)
문제해결력	문제원인 진단, 분석	75(5.5)	783(57.8)	858(63.3)
	의사결정력	84(6.2)	682(50.4)	766(56.6)
	장애요인 극복능력	84(6.2)	645(47.6)	729(53.8)
	사고의 유연성	98(7.2)	726(53.5)	824(60.7)
	독립심	148(10.9)	673(49.7)	821(60.6)
협동능력	의견교환, 합의점 도출	111(8.2)	799(59.3)	910(67.5)
	타인신뢰, 지원	120(8.9)	685(50.7)	805(59.6)
	다양한 문화, 가치체계 존중	140(10.4)	739(54.7)	879(65.1)

영향 요인에 대한 회귀분석 결과

회귀분석을 통해서 대학생들의 핵심능력의 개발에 영향을 미치는 요인들을 분석한 결과가 〈표 6-3〉에 종합적으로 정리되어 제시되었다. 〈표 6-3〉을 통해서 알 수 있는 바와 같이, 핵심능력의 개발에 영향을 미치는 요인들은 능력별로 다양한 것으로 나타났다.

〈표 6-3〉 핵심능력 개발에 영향을 미치는 요인들: 회귀분석 결과 요약

독립변인	종속변인: 핵심능력(표준화 회귀계수)						
	전공지식	사고력	의사소통	학습력	리더십	문제해결력	협동능력
여학생	0.00	-0.10 **	-0.07 *	-0.06 *	-0.09 **	-0.08 **	-0.01
4학년	0.00	0.03	0.01	-0.01	-0.01	0.02	0.00
사회경제적 지위	0.01	0.00	-0.01	0.00	0.01	-0.02	0.02
재정적 어려움	0.02	0.00	-0.02	-0.01	-0.04	-0.07 *	-0.05
최종학위 계획	0.08 **	0.06 *	0.00	0.02	0.01	0.04	0.03
선호하는 전공	0.11 **	0.03	0.05	0.04	0.02	0.06 **	0.01
선호하는 대학	0.02	0.03	0.04	0.04	0.03	0.02	0.04
전공: 사회과학 계열	-0.01	0.03	-0.03	0.02	0.03	0.04	0.01
전공: 자연과학 계열	-0.04	-0.03	-0.01	0.02	0.02	-0.02	-0.01
전공: 공학 계열	-0.07 *	-0.04	-0.03	-0.02	0.02	0.02	0.03
전공: 사범 계열	0.03	0.03	0.03	0.03	0.06	0.02	0.02
전공: 기타 계열	0.00	0.02	0.00	0.01	0.04	0.03	0.01
사립대	-0.04	-0.02	0.00	0.00	0.00	-0.04	0.00
소재지: 경기	0.03	0.07 *	0.09 **	0.07 *	0.02	0.04	0.02
소재지: 충남	-0.06	0.00	-0.04	-0.06	-0.03	-0.08	-0.07
소재지: 충북	-0.01	-0.04	-0.06	-0.09 *	-0.08 *	-0.07	-0.05
소재지: 경남	-0.01	0.01	-0.04	-0.10	-0.05	-0.09	-0.04
소재지: 경북	0.02	0.06	0.02	0.02	0.03	0.04	0.04
소재지: 전남	0.01	-0.05	-0.05	-0.06 *	-0.03	-0.05	-0.02
소재지: 전북	0.05	0.05	-0.03	-0.01	0.07	0.02	0.09
소재지: 제주	-0.04	-0.02	-0.01	-0.02	-0.02	0.01	-0.03
대학: 개방적 행정체계	0.11 **	0.14 **	0.07 *	0.13 **	0.14 **	0.10 **	0.13 **

(계속)

대학: 활발한 교류	0.07 **	0.08 **	0.10 **	0.11 **	0.05	0.04	0.07 **
교수: 연구 지향	0.05	0.04	0.02	−0.08	0.00	0.00	0.03
교수: 일반적 사기	0.08	0.05	0.06	0.05	0.03	0.05	0.03
교수: 동료 관련 사기	−0.01	0.02	0.02	0.11	0.11	0.12 *	0.04
능동적 학습	0.00	0.00	0.05	0.07 *	0.07 *	0.08 **	0.06
강의의 질	0.12 **	0.13 **	0.10 **	0.15 **	0.12 **	0.20 **	0.19 **
누적 학점	0.08 **	0.04	0.06 **	0.07 **	0.05	0.04	0.01
학문적 활동	0.09 **	0.04	0.01	0.03	−0.01	0.05	0.02
직업준비 활동	0.13 **	0.05	0.11 **	0.15 **	0.12 **	0.14 **	0.12 **
교수−학생 상호작용	0.01	0.03	−0.02	0.00	−0.01	−0.05	−0.08 **
학생 상호 교류	0.00	−0.03	−0.01	0.00	0.05	0.02	0.05
일	−0.03	0.03	0.01	−0.06 *	0.00	0.00	0.01
R2	.15	.13	.09	.18	.14	.17	.15
F	6.17 **	5.14 **	3.65 **	7.69 **	5.87 **	7.19 **	6.05 **
df	34,1204	34,1207	34,1207	34,1207	34,1207	34,1207	34,1207

주 1): ** $p < .01$, * $p < .05$

주 2): 더미변수인 전공 변인의 기준 범주는 인문학이며, 소재지 변인의 기준 범주는 서울로 설정하였음.

종합적으로 보면, 대학생의 핵심능력의 개발은 학생들의 개인 배경 변인들과 같은 투입 요인보다는 대학의 특성이나 학생들의 몰입 등 환경적 요인들이 더 많은 영향을 미치는 것으로 보인다. 특히, 환경 요인들 가운데에서도 대학 행정체계의 개방성과 강의의 질은 모든 핵심능력의 개발에 정적인 영향을 미치는 것으로 나타났다. 즉, 교내 대학정책의 수립에 학생이나 교수들의 관심을 중요하게 고려하는 등 구성원들이 대학 행정체계가 개방적이라고 느낄수록, 그리고 강의의 질적 수준이 높을수록, 학생들은 핵심능력이 더욱 많이 개발되었다고 인식하고 있는 것으로 나타났다. 이는 행정적인 차원에서 기울이는 대학 당국의 노력(개방적 행정체계의 운영)과 교수들의 강의준비도나 강의에 대한 열정 등으로 파악할 수 있는 강의의 질이 주요 능력의 개발에 얼마나 중요한 영향을 미치는가를 보여주는 것이다.

이 밖에도 학생들 간의 상호작용을 장려하는 대학의 분위기, 능동적 교수 · 학습 방법 및 학생들의 대학생활에 대한 몰입이 핵심능력의 개발에 중요한 요인들로 나타났다. 다시 말하면, 대학에서 강의실 밖의 학생들 간의 교류나 동아리와 같은 과외활동이 활발하다고 인식될수록, 그리고 교수 · 학습 과정에 학생들이 보다 능동적으로 참여할수록 핵심능력이 더욱 많이 개발된 것으로 나타났다. 이는 대학생의 발달에 관한 기존의 연구 결과와 마찬가지로 적극적인 참여를 통한 학습(learning by involvement)의 중요성을 확인시켜 주는 것으로 볼 수 있다(Astin, 1993; Pascarella & Terenzini, 1991). 이러한 점에서, 대학들은 학생들이 서로 간의 상호작용을 통해서 보다 활발하게 교류하고 몰입할 수 있는 다양한 기회와 프로그램을 제공함으로써 대학생들의 핵심능력 개발에 기여할 수 있을 것이다.

각 능력 요인의 발달에 대한 학생 배경 요인과 환경 요인의 영향을 세부적으로 나누어 살펴보면 다음과 같다. 우선 학생 배경 요인의 영향을 보면, 학생 개인의 배경 변인들 가운데는 성별, 교육적 열망, 희망하던 전공 여부, 그리고 실제 전공 등이 핵심능력의 개발에 통계적으로 유의한 영향을 미치는 것으로 나타났다. 계획하고 있는 최종학위의 수준으로 측정한 고등교육에 대한 교육적 열망이 크면 클수록 대학교육을 통해서 핵심능력이 더욱 많이 개발된 것으로 인식되고 있었다. 이는 학사학위 이상의 학업을 계획하고 있는 학생들의 경우 전공지식 등과 같은 핵심능력의 개발에 더 많은 노력을 기울이게 되고, 이러한 개인적 노력들이 핵심능력의 개발로 이어질 수 있기 때문인 것으로 보인다.

선택한 전공이 희망했던 전공인 경우 전공 분야에 대한 지식과 문제해결력이 더욱 많이 개발된 것으로 나타났다($t=2.13$, $p<.01$). 반면, 학생들은 대학교육에 드는 비용과 관련하여 경제적인 어려움을 더 많이 겪을수록 문제해결력은 적게 개발되었다고 인식하고 있는 것으로 나타났다($t=-2.26$, $p<.05$).

학생들의 현재 전공의 경우에는, 공학 계열을 전공하고 있는 학생들이 인문학 계열 전공자들에 비해서 전공 분야에 대한 지식이 더 적게 개발되었다고 보았으며($t=-2.20$, $p<.05$), 사범 계열에 속한 학생들이 인문학 계열을 전공하는 학생들에 비해서 리더십 능력이 더 개발되었다고 인식한 것으로 나타났다($t=1.82$, $p<.10$). 이는 사범 계열 전공자들이 교사 지망생으로 교사에 임용된 후 학급 운영 등에 리더십 능력이 필요하기 때문에 이를 위해 이 분야의 능력 개발에 상대적으로 더 많은 노력을 기울였을 가능성을 보여 주는 것으로 해석할 수 있다.

배경 변인에 대한 분석 가운데 설명이 어려운 부분은 여학생들이 남학생들에 비해서 대부분의 능력들(사고력, 의사소통, 자기주도적 학습력, 리더십, 그리고 문제해결력)에 있어서 개발 정도가 덜한 것으로 나타난 점이다. 물론 주요 능력의 개발이 실제적인 발달보다는 개인적인 평가에 기초하고 있기 때문에 실제로 여학생들이 남학생들에 비해서 주요 능력들이 덜 개발되었는지는 추가적인 연구가 필요하다.

다음으로 환경 요인의 영향을 보면, 대학생들의 핵심능력 개발은 환경 요인들의 영향을 크게 받고 있음을 알 수 있다. 그 중에서도 대학의 분위기와 강의의 질, 그리고 학생들의 몰입도 등이 핵심능력의 개발에 상대적으로 큰 영향을 미치는 것으로 나타났다. 개방적 행정체계나 학생들 간의 활발한 교류 등과 같은 대학 전체의 분위기 요인은 거의 모든 핵심능력의 개발과 정적인 관계가 있는 것으로 나타났다. 즉, 교내 대학정책의 수립에 학생이나 교수들의 관심을 중요하게 고려하는 것 등과 같이 대학의 행정체계가 개방적이라고 느낄수록, 그리고 강의실 밖에서 학생들 간의 교류나 동아리와 같은 과외활동이 활발할수록 전공지식과 리더십을 비롯한 대부분의 핵심능력들이 개발되었다고 인식하고 있는 것으로 나타났다.

교육과정과 관련된 변인들을 보면, 강의의 질적 수준이 높을수록 학생들은 모든 핵심능력들이 더 많이 개발되었다고 인식하고 있었다. 즉, 교수들의 강의준비가 철저하고, 강의에 대한 열의가 높고, 학생들의 동기유발을 더욱 많이 유도할수록 전공지식을 포함한 모든 핵심능력들이 더욱 많이 개발된 것으로 나타났다.

학생활동과 관련해서는 강의시간 이외에 교수와 상담을 한다거나 스터디 그룹에 참여하여 수강 교과목에 대한 공부를 더욱 많이 할수록, 혹은 교수의 연구 프로젝트에 참여해 본 경험이 있을 경우, 그리고 외국어, 고시 및 자격증 취득 준비를 위한 취업 관련 준비활동을 많이 할수록 전공지식이 더욱 많이 개발된 것으로 나타났다. 특히, 취업 관련 활동이 많을수록 의사소통능력, 자기주도적 학습력, 리더십, 문제해결력, 그리고 협동능력 등의 개발 정도가 큰 것으로 나타났다.

교수 · 학습 관련 변인들의 경우에는 학생들이 능동적으로 수업에 참여할 수 있는 교수방법, 예를 들면 소규모 협동수업, 그룹 프로젝트, 학생들이 개발한 활동, 과제, 시험 등과 평가방법들(학생들의 프리젠테이션, 학생 상호 간의 평가 등)이 활용된 경우에 학생들은 자신들의 문제해결력, 리더십, 그리고 자기주도적 학습능력이 더 많이 개발되었다고 인식하는 것으로 나타났다. 이런 점에서, 학생들이 적극적으로 참여할 수 있는 교수방법 및 학생들의 능동적인 수업 참여를 장려하는 평가방법들이 창의적이고 주도적인 능력 등을 개발하는 데 매우 중요하다는 것을 보여 주고 있다.

이 밖에도, 강의시간 이외에 동아리 등에서 동료 학생들과의 교류가 많을수록 리더십 능력의 개발이 더 많이 이루어진 것으로 나타났으며, 교수들의 사기 등도 학생들의 핵심능력 개발에 영향을 미치는 것으로 나타났다. 또한 지역에 따라서도 사고력, 의사소통능력, 자기주도적 학습력, 리더십 등과 같은 핵심능력의 개발에 차이가 나는 것으로 나타났다.

연구의 시사점

고등교육을 통해서 육성되어야 하는 능력들은 매우 다양하다. 여기에는 지식과 기술뿐만 아니라 가치관과 태도를 포함한 다양한 요인들이 포함된다. 장차 유능한 민주사회의 시민으로, 나아가 사회의 지도자로 성장해야 할 대학생들에게 적합한 학습기회를 제공하는 것은 무엇보다도 중요한 대학의 역할이다. 그리고 이러한 역할을 보다 효과적으로 수행할 수 있는 대학의 특성을 이해하는 것은 정부나 대학, 그리고 학생들의 교육을 직접 담당하는 교수들이 학습체제의 질을 관리하고 개선하기 위한 방안을 수립하는 데 매우 중요하다.

대학생들의 핵심능력 개발이 그들의 개인적 특성보다는 대학의 특성이나 학생들의 몰입 정도와 같은 조직 환경의 영향을 더 많이 받고 있다는 연구 결과는 대학효과에 대한 기존의 연구들을 지지하는 것이다(Bean, 1980; Cabrera et al., 1993; DesJardins et al., 1999; Tinto, 1993). 특히, 이 연구에서는 환경 요인들 가운데에서도 대학 행정체계의 개방성이나 강의의 질과 같은 대학의 조직 특성 및 교육 프로그램 운영상의 특성이 학생들의 발달에 중요한 영향을 미치고 있음을 보여 준다. 또한 학생들의 상호작용을 장려하는 대학의 분위기, 능동적 교수 · 학습 방법 및 학생들의 대학생활에 대한 몰입이 중요한 변인으로 나타나고 있어 앞서 틴토(1975, 1993) 등이 강조한 통합가설을 뒷받침하고 있다. 이러한 결과에 기초해 볼 때, 대학에서 학생들의 학습과 발달을 촉진하기 위해서는 학생들이 상호작용을 통해서 보다 활발하게 교류하고 몰입할 수 있는 다양한 기회와 프로그램을 제공하고 이를 지원하기 위한 운영체계를 갖추는 것이 무엇보다도 중요함을 알 수 있다.

대학생들은 초 · 중등학생들과 달리 정해진 교육과정 이외에도 다양한 활동들을 통해서 학습할 수 있는 기회들이 많고, 학교의 울타리 밖에서 사회의 다른 구성원들과 교류하거나 해외 연수 등을 통해서 다양한 능력을 개발할 수 있다. 또한 나이가 들면서 자연적인 성숙과정의 일부로 변화가 일어날 가능성도 배제할 수 없을 것이다. 그렇지만 이러한 여러 가지 가능성들에도 불구하고, 대학과 관련된 변인들의 효과에 집중하여야 하는 것은 이러한 요인들이 대학효과를 제고하기 위해 정책입안자들이나 대학 행정가 혹은 교수들이 개선할 수 있고 직접적인 영향력을 미칠 수 있는 통제가 가능한 변인들이기 때문이다.

보다 구체적으로 본 연구의 결과를 바탕으로 볼 때, 대학생들의 발달을 지원하기 위해서는 첫째, 성별 혹은 지역별 능력 개발의 불균형 가능성을 전제로 대상에 따른 능력 개발 프로그램과 교수법 개발 등의 노력이 필요하다. 둘째, 학생들이 적성과 소질에 따라 희망하는 전공을 선택할 수 있도록 하는 제도적인 장치가 마련되어야 함은 물론 전공별 능력 개발의 차이를 보완할 수 있는 프로그램의 개발과 운영이 필요하다. 셋째, 대학의 행정체계를 개방화하고 교내 정책 수립 시 학생과 교수의 의견을 반영하도록 하는 장치를 마련해야 한다. 넷째, 교내에서 교수와 학생, 혹은 학생 상호 간의 교류가 활발하게 이루어지도록 다양한 교과 활동 및 교과 외 활동들을 개발해야 한다. 다섯째, 능동적 교수·학습 방법이 장려되어야 한다. 여섯째, 교수들의 강의능력 제고를 통해 강의의 질이 개선되어야 한다. 마지막으로 학생들이 교내에서 좀 더 다양한 활동들에 몰입할 수 있도록 다양한 프로그램을 개발할 필요가 있다.

향후 연구 전망

미국에서 대학효과에 대한 연구들은 이미 몇 권의 책으로 요약, 정리될 만큼 많이 이루어졌고, 지금도 여전히 가장 활발하게 연구되고 있는 분야 중 하나이다(Feldman & Newcomb, 1969; Pascarella & Terenzini, 1991; 2005). 그러나 현재 대학생 인구가 350만 명이 넘고 대학의 숫자만도 4백 개가 넘는 우리나라에서 이 분야의 연구는 아직까지 미미한 수준이다. 이러한 현실은 우리 사회에서 대학의 의미와 역할이 어떻게 인식되어 왔는지를 잘 보여 준다. 지금까지 대학은 입학이 어려워서 그렇지 일단 입학만 하면 자동적으로 졸업을 할 수 있는 곳으로 간주되어 왔고, 무엇을 어느 정도 가르치고 배웠는가보다는 졸업장을 취득하는 것이 중요하게 인식되어 왔다. 따라서 치열한 입시경쟁에서 드러나는 대학에 대한 사회적 평가 기준도 졸업장의 경제적 가치에 근거한 것일 뿐 대학의 궁극적인 목표인 학생들의 학습과 발달에는 관심을 두지 않았다. 입시정책에만 집중된 대학이나 정부의 정책도 크게 다르지 않다.

그 결과, 대학 규모의 확대와 대학진학 인구의 양적 성장으로 요약되는 우리 고등교육체제의 발전과정은 대졸자들의 높은 실업률과 노동시장에서의 인력수급 불균형 문제를 초래하였고, 이는 다시 기존의 대학 간 서열구조와 학력주의를 강화하는 악순환을 되풀이하게 만들고 있다. 이러한 고질적인 문제의 돌파구는 대학교육의 질적 수준을 높이고, 이를 통해 학생들의 성과로 대변되는 대학의 성과를 제고하는 것에서 출발하여야 한다. 그리고 이를 위해서는 학생들의 학습 성과를 촉진하는 데 영향을 미치는 대학의 환경적 특성을 규명하는 것이 필요하다.

대학의 핵심적인 기능 가운데 하나인 교수와 학습을 효과적으로 수행하기 위한 방안을 강구하는 것은 우리 사회에서 대학교육에 대한 기대와 인식을 전환시키고 급속한 양적 성장 과정에서 파생된 고등교육의 문제를 해결하는 출발점이 되어야 한다. 이러한 맥락에서 대학생들의 학습과 발달에 영향을 미치는 대학의 특성들을 밝히는 것은 우리나라 대학들의 운영과 질적 수준을 제고하는 데 많은 기여를 할 수 있을 것으로 기대된다.

그러나 교수와 학생, 그리고 학생 상호 간의 교류를 촉진하고, 학생들이 학업과 그 밖의 다양한 활동에 적극적으로 몰입할 수 있도록 하는 대학의 환경적 특성이 구체적으로 어떤 것인지를 규명하기 위해서는 보다 대표성 있는 광범위한 표본자료를 수집하고 분석하는 작업이 필요하다. 뿐만 아니라 대학교육을 통한 학생들의 능력 발달이나 가치관과 태도의 변화를 설명하기 위해서는 이와 관련된 종단자료가 구축되어야 한다. 그럼에도 불구하고 아직까지 우리 대학들은 전문적이고 체계적인 학생 관련 자료의 수집과 관리체계가 갖추어져 있지 않다. 일부 이러한 자료들을 가지고 있는 대학의 경우에도 이를 대학 운영을 위해서 체계적으로 관리, 분석하는 예는 보기 힘들다. 최근 일부 국책 연구기관들이 교육부의 위탁으로 대학생 관련 종단자료를 구축하기 시작하였지만, 대학효과에 대한 체계적인 연구를 수행하고, 이를 기초로 학생들의 성과를 개선하기 위한 자료로 활용하는 데는 미흡한 부분이 많은 것이 사실이다.

한편, 이러한 자료의 축적을 전제로 대학조직의 특성이 학생 개인의 학습과 발달이나 학업중단과 같은 의사결정에 미치는 영향을 보다 종합적으로 파악하기 위해서는 개인 차원의 변인과 조직 차원의 변인을 동시에 고려하는 연구모형이 개발되어야 한다. 통계적으로도 다수준 자료분석 방법(Multi-level Data Analysis 혹은 Hierarchical Linear Modeling: HLM)을 활용하면, 이러한 다수준 모형을 보다 정확하게 추정하는 것이 가능하다(Bryk & Raudenbush, 1992).

또한 종단자료의 구축은 대학효과에 영향을 미치는 보다 거시적인 사회 환경의 변화를 이해하는 데 활용될 수 있다. 방대한 전국 규모의 대학 서베이 자료를 구축하고 있는 미국에서는 대학정책이나 사회환경의 변화가 대학효과에 미치는 영향을 설명하기 위한 이론적 모형을 개발하고 있다(Alwin, Cohen & Newcomb, 1992). 이러한 연구들은 1960년대의 인권운동이나 1980년대 정치경제적 보수화 경향 혹은 911 사태 등이 학생들의 가치관이나 태도 형성에 미치는 영향을 분석하기 위해 장기간의 종단자료를 활용한 분석을 시도하거나 시대별로 대학효과에 대한 연구들을 비교하는 메타분석을 하고 있다(Hurtado, 2007).

고등교육 인구의 다양화도 대학 내 상호작용과 대학의 규범에 영향을 미치는 중요한 요인으로 앞으로 대학효과에 대한 연구들이 중요하게 다루어야 할 환경 요인이라 할 수 있다. 미국 대학들의 경우에는 전통적으로 소수인종으로 분류되어 온 흑인이나 히스패닉 학생들의 증가가 학생들의 규범과 학습 성과에 미치는 영향에 주목해 왔다(Allen, 1988, 1992; Astin & Bayer, 1971; Chang, 2002; Chang, Astin & Kim, 2004; Petrson et al., 1978). 학생 구성의 다양성은 비단 인종적인 요인만이 아니라 성별이나 학생 연령 구성의 다양성 등과 같은 문제와도 연결된다. 우리 대학들의 경우에도 학생들의 특성이 더욱 다양화되어 가고 있음을 고려할 때 이러한 요인들이 대학의 조직적 특성에 미치는 영향, 그리고 이를 매개로 학생들의 학습과 발달에 미치는 영향을 분석할 수 있는 연구모형의 개발이 이루어져야 할 것이다.

참고문헌

김안나 · 이병식(2003). 대학생들의 핵심능력 개발에 영향을 미치는 개인 및 환경 요인 분석. 한국교육, 30(1), 367-392.

김안나 · 이병식 · 장수명 · 박남기(2002). 생애능력 형성을 지원하기 위한 고등 교육체제의 질관리 현황과 과제. 한국교육개발원 연구보고, RR2002-19-4.

Allen, W. R. (1988). Black sudents in the US higher education: Toward improved access, adjustment and achievement. *Urban Review, 20*(3), 165-187.

Allen, W. R. (1992). The color of success: African American student outcomes at predominantly White and historically Black public colleges and universities. *Harvard Educational Review, 62*(1), 26-44.

Alwin, D. F., R. L. Cohen & T. M. Newcomb (1992). *Political Attitudes over the Life Span: The Bennington Women after Fifty Years.* Madison: University of Wisconsin Press.

Anderson, K. L. (1987). *Persistence, student background, and integration/ commitment: Variation by definition of persistence and institutional type.* Paper presented at the annual meeting of the ASHE, Baltimore, MD.

Astin, A. W. & A. E. Bayer (1971). Antecedents and consequents of disruptive campus protests. *Measurement and Evaluation in Guidance, 4*(1), 18-30.

Astin, A. W. (1975). *Preventing students from dropping out.* San Francisco: Jossey-Bass.

Astin, A. W. (1991). *Assessment for excellence: The philosophy and practice of assessment and evaluation in higher education.* Phoenix, AZ: American Council on Education/Macmillan Publishing Company.

Astin, A. W. (1993). *What matters in college.* San Francisco: Jossey-Bass Publishers.

Bean, J. P. (1980). Dropouts and turnover: The synthesis and test of a causal model of student attrition. *Research in Higher Education, 12*(2), 155-187.

Bryk, A. S. & S. W. Raudenbush (1992). *Hierarchical linear models.* Newbury Park, CA: Sage Publications, Inc.

Cabrera, A. F., A. Nora & M. B. Castaneda (1993). College persistence: Structural equations modeling test of an integrated model of student retention. *Journal of Higher Education, 64*(2).

Chang, M. J. (1996). *Racial diversity in higher education: Does a racially mixed student population affect educational outcomes?* UCLA unpublished doctoral dissertation.

Chang, M. J. (2002). Preservation or transformation: Where the real educational discourse? *Review of Higher Education, 25*(2), 125-140.

Chang, M. J., A. W. Astin & D. Kim (2004). Cross-racial interaction among undergraduates: Some consequences, causes, and patterns. *Research in Higher Education, 45*(5), 529-553.

Denson, N. & M. J. Chang (2009). Racial diversity matters: The impact of diversity-related student engagement and institutional context. *American Education Research Journal, 46*(2), 322-352.

DesJardins, S. L., D. A. Ahlburg & B. P. McCall (1999). An event history model of student departure. *Economics of Education*

Review, 18(3), 375-390.

Dey, E. & S. Hurtado (1999). Students, colleges, and society: Considering the interconnections. In *American Higher Education in the Twenty-first Century: Social, Political and Economic Challenges*, edited by Altbach, P. G. et al. Baltimore: Johns Hopkins University Press.

Feldman, K. & T. Newcomb (1969). *The impact of college on students*. San Francisco: Jossey-Bass.

Hurtado, S. (1994). The institutional climate for talented Latino students. *Research in Higher Education, 35*(1), 21-41.

Hurtado, S. (2007). Linking diversity with the educational and civic missions of higher education. *The Review of Higher Education, 30*(2), 185-196.

Hurtado, S., J. Milem, A. C. Pedersen & W. Allen (1999). Enacting diverse learning environments: Improving the climate for racial/Ethnic diversity in higher education. *ASHE-ERIC Higher Education Report, 26*(8).

Lambert, A. D., P. T. Terenzini & L. R. Lattuca (2007). More than meets the eye: Curricular and programmatic effects on student learning. *Research in Higher Education, 48*(2), 141-168.

Lopez, G. E.(2004). Interethnic contact, curriculum, and attitudes in the first year of college. *Journal of Social Issue, 60*(1), 75-94.

Pascarella, E. T. & P. Terenzini (1991). *How college affects students: Findings and insights from twenty years of research*. San Francisco: Jossey-Bass Publishers.

Pascarella, E. T. & P. T. Terenzini (2005). *How college affects students (Vol.2)*. San Francisco: Jossey-Bass.

Peterson, M. W., R. T. Blackburn, Z. F. Gamson, C. H. Arce, R. W. Davenport & J. R. Mingle (1978). *Black Students on White Campuses: The Impacts of Increased Black Environment.* Ann Arbor, MI: Institute for Social Research.

Rhee, B. (2001). *A hierarchical analysis of personal and institutional influences on college student departure.* Doctoral Dissertation from the University of Michigan.

Sax, L. (2000). Citizenship development and the American college students. In *Civic responsibilty and higher education*, edited by T. Ehrlich, 3-18. Phoenix, AZ: Oryx Press.

Stoecker, J., E. T. Pascarella & L. Wolfle (1988). Persistence in higher education: A nine-year test of a theoretical model. *Journal of College Student Development, 29*, 196-209.

Tinto, V. (1975). Dropouts from higher education: A theoretical synthesis of recent research. *Review of Educational Research, 45*(1), 89-125.

Tinto, V. (1993). *Leaving college: Rethinking the causes and cures of student attrition (2nd Eds.).* Chicago: University of Chicago Press.

Weidman, J. (1989). Understanding socialization: A conceptual approach. In *Higher Education: Handbook of Theory and Research* 5, edited by Smart, J., 289-322. NY: Agathon.

제7장 고등교육의 보편화와 대학 재구조화

고등교육 보편화 과정의 문제

전후 지난 반세기 동안 세계경제의 성장과 인구증가 등에 힘입어 고등교육은 사상 유례가 없을 정도로 급속히 확대되었다. 우리나라의 경우도 예외는 아니다. 그러나 1980년대 이후 세계경제가 침체기로 접어들면서 상황이 급변하여 선진국의 대학들조차 재정지원의 감축을 경험하였고, 이를 극복하기 위한 구조조정이라는 시련을 경험하였다. 공·사립을 막론하고 자원을 효율적으로 사용하여 고등교육의 효율성과 질을 제고해야 한다는 사회적 요구가 높아지면서 대학 내 조직구조의 변화에 대한 필요성이 제기된 것이다. 이와 더불어 이미 고등교육의 보편화가 상당히 진행된 미국 등 선진국에서는 전통적인 대학 취학인구의 감소와 함께 고등교육에 대한 새로운 수요층이 형성되면서 고등교육기관의 다양화, 다원화가 동시에 진행되었다.

이러한 세계적인 추세와 달리 한국의 대학들은 비교적 최근까지 구조조정에 대한 외부의 압력에서 자유로울 수 있었다. 이는 국민들의 높은 교육열로 고등교육에 대한 수요가 항상 공급을 초과하는 상황에서 정부의 고등교육 확대 정책에 힘입은 것이다. 일반대학의 경우, 1980년대 초반의 대학문호개방정책(졸업정원제 등)과 1990년대 후반의 대학 특성화 · 전문화정책(대학설립준칙주의 등)이 학교 수 및 학생 수의 증가에 결정적으로 기여하였고, 전문대학도 1980년대 이후 학생 수의 비약적 증가를 보여, 1990년대 후반에는 일반대학과 마찬가지로 대학 설립이 용이해지면서 학교 수와 학생 수가 급증하였다(김창환 외, 2002). 그 결과, 잘 알려진 것처럼 현재 일반계와 전문계를 합한 고등학교 졸업자의 대학진학률은 80%를 넘어 세계에서 가장 높은 진학률을 보여 주고 있다.

트로우(Trow, 1974)의 분석에 따르면 고등교육의 취학 정도로 볼 때 우리나라는 불과 2, 30여 년 만에 엘리트 단계에서 보편화 단계로 이행했음을 알 수 있다. 즉, 고등교육기관 취학률은 1980년 이전에는 10% 미만이었으나, 1980년 이후 급격히 증가하기 시작하여 1995년에는 55.1%, 2000년에 79.4%에 도달하였고, 2002년에는 87.0%에 이르는 것으로 나타나서, 불과 20년만에 고등교육의 보편화가 이루어진 것이다(박현정, 2003).

일반적으로 고등교육의 보편화 과정은 취학연령의 15% 이상이 고등교육기관에 취학할 경우 대중화 단계로, 이러한 비율이 50%가 넘을 경우 보편화 단계로 보는 트로우(1974)의 정의에 따라 구분한다. 트로우(1987, 1988)는 이러한 단계이행의 시기에는, 즉 보편화의 진행과정에서는 어떤 사회라도 고등교육에 대한 다양한 갈등과 긴장을 경험하게 된다고 지적하고 있다. 이러한 갈등과 긴장은 대학교육의 목적과 대상, 교육내용과 방법은 물론 대학의 행정조직과 운영체제 전반에 있어서 광범위한 질적 변화를 수반한다. 이러한 변화의 과정은 〈표 7-1〉과 같이 도식화할 수 있다(喜多村和之, 1995).

그러나 고등교육의 확대가 짧은 기간에 급속하게 진행되면서 우리나라 고등교육체제는 트로우가 분석한 고등교육 보편화 과정에서 나타나는 변화의 도식에서 여전히 여러 항목에 걸쳐 엘리트형 또는 대중형 체제의 특징을 복합적으로 유지하고 있다. 이는 현재 고등교육의 목적과 이를 실현하기 위한 체제가 학생 수의 증가와 이에 따른 사회경제적 요구에 맞게 변화되지 못한 상황에서 비롯된 것으로 볼 수 있다. 그 결과, 우리 고등교육은 전반적으로 다음과 같은 문제 상황에 직면해 있다(김안나 외, 2002; 김안나 · 이병식, 2004).

첫째, 대학생들의 기초 학력 저하가 심각한 것으로 지적되고 있다. 고등교육의 보편화에 따라 사회경제적 배경 등과 같은 대학진학인구의 특성이 다양화되고 있는 반면, 이들이 스스로 문제를 설정하고 논리적인 사고와 기본원리를 응용함으로써 스스로 공부할 수 있는 기초 학업 능력은 현저히 저하되고 있다는 것이다. 대학생들의 수능성적 분석결과 또한 이러한 주장을 뒷받침하여 대학 입학정원이 꾸준히 증가하면서 수능성적이 평균적으로 점차 낮아지고 있고, 특히 1996년 이후 급격히 저하된 것으로 나타났다(김안나, 2003).

이러한 대학생들의 학력 저하의 원인에 대해서는 다양한 논의가 가능하다. 한편에서는 그 원인을 일인 일특기 교육을 강조한 1998

〈표 7-1〉 트로우의 고등교육시스템의 단계이행에 수반되는 변화의 도식

고등교육의 단계	엘리트형	대중형	유니버설 액세스형
고등교육의 기회	소수자의 특권	상대적 다수의 권리	만인의 의무
고등교육의 목적관	인격 형성 · 사회화	지식 · 기능의 전달	새로운 넓은 경험의 제공
고등교육의 주요 기능	엘리트 · 재배계급의 정신과 성격의 형성	전문 분화된 엘리트 양성 + 사회지도층의 육성	산업사회에 적응할 국민의 양성
교육과정	고도로 구조화	구조화 + 탄력화	비구조화
교육방법과 수단	개인지도 · 세미나	강의 · 파트타임형	통신 · TV · 컴퓨터
진학 · 취학 유형	중등교육 수료 후 바로 진학, 낮은 탈락률	중등교육 수료 후 바로 진학, 탈락률 증가	성인 · 근로청소년 · 직업 경험자의 재입학 격증
고등교육기관의 특색	수준의 동질성	수준의 다양성 · 종합 교육기관의 증대	극도의 다양성 · 공통의 일정 수준 상실
사회와 대학의 경계	명확한 구분 닫혀있는 대학	상대적으로 희박 열린 대학	경계 · 구분의 소멸 대학과 사회와의 일체화
권력의 소재 및 의사결정의 주체	소규모 엘리트 집단	엘리트 집단 + 이익집단 + 정치집단	일반대중
학생선발의 원리	중등교육 성적, 선발주의, 능력주의	능력주의 + 개인의 교육기회의 균등화 원리	만인을 위한 교육보장
대학 관리자의 특색	비전문 대학인의 겸임	전임화된 대학인 + 거대한 관료 조직	관리전문직

년 교육개혁의 결과로 설명하고 있는 반면, 다른 한편에서는 입시지상주의로 인해 초 · 중등교육이 점수를 올리기 위한 시험 위주의 교육이 될 뿐 사고력이나 특정 전공 공부에 필요한 기초 학력을 배양하는 데 소홀했기 때문이라고 풀이하고 있다(이현청, 2003). 그러나 학력 저하의 원인을 보는 관점과 관계없이 보다 심각한 문제는 대학 관계자들의 문제의식이 대학교육에 있지 않다는 점이다. 즉, 중등단계의 교육 부실을 탓하고 있을 뿐, 학생 수의 증가 및 그 당연한 결과로서 학생 특성의 다양화에 대응하기 위한 대학교육의 변화에 적극적으로 나서지 않고 있다는 것이다.

둘째, 대학의 특성화가 이루어지지 않은 상태에서 대학 간 격차가 확대되고 있다. 우리나라의 고등교육 체제는 급속한 양적 확대 과정에서 대학들이 고유한 목적과 기능을 중심으로 설립, 분화되지 못한 채 단일한 발전 모형을 추구하여 왔다. 이로 인해 수직적으로 전문대학, 대학, 대학원 간에 중복과 모방현상이 일어나고, 수평적으로는 대학 간에 목적과 기능상 차별성이 없어졌다(이종재, 1990). 따라서 기능 수행에 있어서 경직되고 획일적으로 발전하여, 기능 분담에 의한 역할 수행이 이루어지지 않은 채, 거의 모든 대학이 종합대학, 연구중심대학을 지향하여 규모를 확대해 왔고, 학생선발 방식과 교육과정 운영에 있어서도 차별성이 거의 없어 학생 선발 기준이 획일화되고, 획일적인 대학입시는 중등교육의 왜곡과 대학서열화를 초래하였다.

셋째, 고등교육의 보편화는 상대적으로 우수한 학생들이 특정 계열과 학과로 몰리는 현상을 강화하는 경향을 보여 주고 있다. 이는 고등교육을 받는 인구가 증가하면서 대졸자의 취업경쟁이 심화됨에 따른 현상으로 볼 수 있다. 즉, 학생들은 급변하는 산업구조와 노동시장의 변화에 대응하여 졸업 후의 진로를 전공과 대학 선택의 최우선적 결정 기준으로 생각하고 있다는 것이다. 이에 따라 점차 대학교육의 실용성이 강조되고, 전문직업인을 양성하는 대학의 기능이 부각되고 있다. 그 결과 대학에서의 학문의 균형 발전 저해 및 기초과학 연구의 위축에 대한 우려의 목소리가 높다.

넷째, 교육의 여건이 악화되고 정원을 충원하지 못하는 대학이 증가하고 있다. 고등교육의 보편화로 인한 학생 수의 급속한 증가는 교수 1인당 학생비율과 같은 교육여건의 악화를 초래하였다. 전임교원 1인당 재학생 비율은 1970년에 20명 수준에서 1985년에 36명으로 가장 높아졌다가 이후 다시 감소하였음에도 여전히 28명 수준으로 유지되고 있다. 이러한 문제는 수도권의 대학들보다 지방대학이, 그리고 국·공립대학보다 사립대학에서 더욱 심각하여 지방 사립대학들의 경우 교수 1인당 학생 비율이 45명 선으로 OECD 국가들의 평균을 훨씬 웃돌고 있다(박현정, 2003). 또한 2002년의 편제정원대비 전임교원 비율은 57% 정도에 불과하였다. 전임교원의 비율이 낮은 것과 관련하여 대학 강의의 외래 강사 담당비율이 전체적으로 38% 정도에 이르며, 이 중에서 교양과목은 55% 이상을 외래강사에 의존하고 있다.

한편, 그동안 고등교육의 보편화 과정은 진학 인구의 자연적 감소라는 상황에 대한 준비를 하지 못한 채 진행되어 왔다고 볼 수 있다. 그 결과, 이미 일부 대학들이 정원미달 사태를 경험하고 있으며, 앞으로 이러한 상황은 더욱 악화될 것으로 보인다(이병식 외, 2004). 이러한 현상은 지역에 따라 큰 편차를 보이고 있다. 특히, 전라도 지역

대학들의 정원 충원율은 전라남도가 80.7%, 전라북도가 83.9% 등 학생부족 현상이 심각하다(교육인적자원부 · 한국교육개발원, 2003). 이와 같이 정원을 충원하지 못할 경우, 대학의 재정이 학생들의 등록금에 의존하고 있는 우리 대학들의 실정상 교육여건은 더욱 악화될 것이다.

다섯째, 고학력 실업 및 학력과 직업 간, 그리고 전공과 직업 간의 불일치 현상이 심화되고 있다. 현재 우리 경제의 성장속도가 둔화되고, 대외개방과 세계화의 영향 등으로 대졸자의 취업이 노동시장의 조건에 민감하게 반응하게 됨에 따라 하향취업 경향이 심화되고 있고, 이로 인해 대졸자와 경쟁해야 하는 고졸자와 전문대 졸업자의 경쟁력을 약화시켜 이들의 고학력화를 필요 이상으로 유도하고 있다. 한편, 하향취업과 더불어 대졸자의 노동시장 진출의 특성을 보면 전공불일치 현상이 강하게 나타나고 있다. 전공불일치 현상은 대졸자들의 취업률이 낮아지면서 급격히 상승하고 있는데, 이와 같은 전공불일치는 임금에 미치는 효과도 커서, 전공이 불일치할 경우, 첫 직장과 임금에서 상대적으로 낮은 임금을 감수해야 한다. 이는 4년제 대학을 졸업하고도 전공이 일치하지 않는 직업을 선택했을 경우에는 생산성이 떨어질 가능성이 높다고 간주되기 때문이다.

여섯째, 고등교육의 보편화에도 불구하고 형평성의 문제는 여전히 해결되지 않는 모순된 상황이 지속되고 있다. 현재 취학률 면에서 우리 대학은 급속하게 보편화 단계로 이동하였지만, 고등교육의 기회, 대학진학의 요건과 학생의 진학 패턴, 학생선발의 원리, 고등교육의 목적관과 기능, 교육과정 그리고 대학의 운영형태는 아직 엘리트 단계 혹은 대중화 단계의 속성을 그대로 유지하고 있다. 대학

수학능력시험제도로 대변되듯이 고등교육은 여전히 일정한 학력을 갖춘 자만이 그 기회를 가질 수 있는 구조로서 입학이 늦었거나 중단된 성인, 청소년, 직장인들에게는 닫혀 있는 실정이다. 우리나라 30세 이상 연령자의 학력구조를 보면, 학령인구의 높은 고등교육 취학률에도 불구하고, 30세 이상의 성인 중 79%가 고졸 이하 학력자이며, 중졸 이하의 저학력자도 42%나 된다(황홍규, 2002). 이는 이미 성인들에게 대학을 개방한 여러 선진국들과 달리, 물적 자원과 자본은 물론 인적자원의 이동이 자유로워지고 있는 지식기반사회에서 주된 경제 활동층인 성인에 대한 교육이 소홀히 되고 있음을 의미한다.

단기간에 급속하게 진행된 고등교육의 보편화 과정에서 파생된 이와 같은 문제들은 현재 대학을 둘러싼 외부 환경의 변화와 맞물려 우리 고등교육에 어려움을 가중시키고 있다. 고등교육이 이미 보편화의 단계를 넘어 후기중등 지식산업(postsecondary knowledge industry)의 시기로 전환되었다고 한 피터슨 교수의 지적은 우리 대학들의 위기감을 고조시키기에 충분하다(Peterson, 2007). 그러나 속도는 더디지만 변화를 위한 시도들은 이미 시작되었다고 보아도 좋을 것이다. 최근 대학들의 재구조화 시도는 이러한 노력의 단면을 보여 준다.

고등교육 재구조화에 대한 요구

앞서 논의한 문제들은 우리 고등교육체제의 전반적인 재구조화를 요구하고 있다. 고등교육의 재구조화는 학생들의 학습 성과와 같은 교육의 질적 제고 혹은 경쟁력 강화를 위해 전체 고등교육체제 차원과 단위 교육기관, 즉 대학 차원에서 조직 내부 및 대학과 외부 환경 간의 기본적 가정과 활동, 그리고 관계 등을 근본적으로 변화시키는 것이다(Conley, 1997). 따라서 재구조화 과정은 점진적인 개선보다는 급진적 변화를 목표로 하며, 이러한 점에서 조직 내부의 구성원뿐만 아니라 외부 환경과 조직 간의 관계에 미치는 영향이 매우 큰 특성이 있다. 현재 진행되고 있는 재구조화의 현황을 저자가 2003년에 교육인적자원부 정책연구의 일환으로 전국 4년제 대학을 대상으로 실시한 설문조사(71개 대학 응답)와 이를 분석하여 2004년에 발표한 논문 내용에 기초하여 간략히 고찰하면 다음과 같다.

현재와 향후 한국 대학의 유형

대학의 유형을 대학원 중심 대학(3개 전공에서 10명 이상의 박사학위 졸업생)과 학부 중심 대학으로 분류할 경우, 2003년 현재 우리 대학들 중 대학원 중심 대학은 약 36.6%였으며, 학부 중심 대학은 나머지 63.4%로 나타났다. 그러나 향후 어떤 유형의 대학으로 나아가고자 하는가에 대한 질문에 대해서, 대학의 유형을 학부와 대학원 중 어디에 중점(자원 투입 등)을 두느냐에 따라 구분할 경우, 상대적으로 많은 대학들이 실용(산업연계)교육을 중심으로 한 학부(교육) 중심 대학(65.2%)으로 나아가고자 하는 것으로 나타났으며, 11.6%의 대학이 교양교육 중심의 학부 중심 대학으로, 그리고 나머지 23.2%의 대학이 대학원 중심 대학으로 나아가고자 하는 것으로 나타났다.

이러한 추세를 현재의 대학 유형과 비교하여 살펴보면, 현재 학부 중심대학으로 분류할 수 있는 대학 가운데 약 74.4%가 학부의 실용교육 중심으로 나아가려고 하고 있으며, 대학원 중심 대학의 경우도 약 50%의 대학이 실용교육 중심의 학부 중심 대학으로 나아가려고 한다는 것을 의미한다. 이러한 패턴은 최근 들어 대졸자의 취업이 점점 어려워짐에 따라 대학교육의 실용성을 강조하는 추세가 반영된 것으로 해석할 수 있다. 또한 장기적으로도 대학이 사회적 요구에 보다 적극적으로 대응하는 방향으로 나아가려고 하는 것으로 볼 수 있다.

재구조화의 필요성 및 추진 현황

재구조화에 관해 대다수의 대학(85.9%)이 그 필요성에 공감하고 있었다. 대학에서 재구조화를 추진하려고 하는 주된 외부 요인으로는 학생 수의 감소가 가장 많이 지적되었지만, 부분적으로는 시대 변화에 따른 대학교육의 패러다임 변화에 부응하기 위해 재구조화를 추진하고 있다고 설명하였다. 반면, 내부 요인으로는 대학 입학 정원의 감소에 따른 대학재정의 어려움을 극복하기 위해서, 지역산업과의 연계나 사회가 요구하는 전문 인력의 배출을 위해서, 혹은 대학의 경쟁력 강화를 위해서 내부조직 구조개편이 필요하다고 지적하였다. 이와 관련하여 대학의 약 73.2%가 구체적인 재구조화 계획을 수립하여 추진하고 있는 것으로 보고하였고, 재구조화를 위한 계획은 대학 내부적으로 수립(66.7%)하거나 혹은 대학 내부와 외부 전문가의 도움을 받아서 수립(27.5%)하는 것으로 나타났다. 그렇지만 전적으로 외부의 전문가들에 의해 계획이 수립되는 경우(5.9%)는 상대적으로 적은 것으로 나타났다.

재구조화의 추진 시점은 대부분 2001년도 이후에 집중적으로 추진(77.3%)되고 있는 것으로 나타났다. 이는 대학의 재구조화가 본격화된 것이 상대적으로 매우 최근의 경향임을 보여 주는 것이다. 이러한 대학 단위의 재구조화는 주로 대학 본부 차원(79.1%)에서 주도되고 있으며, 일부는 특별위원회 혹은 연구기획팀(16.4%)에서 주도하고 있었다. 그리고 재구조화에 대한 지도 · 감독은 주로 대학 총장(62.7%)과 실(처)장(28.4%)이 책임을 지고 있는 것으로 나타났다. 종합해 보면, 최근 들어 4년제 고등교육기관들은 재구조화를 매우 중요한 과제로 인식하고, 대학 본부 차원에서 재구조화 계획을 수립하여 추진하고 있는 것을 알 수 있다.

재구조화의 영역

대학의 재구조화는 인적자원의 조정을 동반하게 되는데, 향후 대학들이 대학 구성원 가운데 어느 집단의 인원을 어떻게 조정하려고 하는지 조사한 결과, 전체적으로 학부생은 현재 수준을 유지하거나 혹은 줄이려고 하는 것으로 나타났다. 이에 반해, 대학원생과 교수 및 행정직원은 현재 수준을 유지하거나 늘리는 쪽으로 조정하려는 것으로 나타났다. 이와 같은 대학 구성원의 인원조정은 대학의 소재 지역(수도권과 기타 지역)과 향후 대학 유형(교양교육 중심 대학, 실용교육 중심 대학, 대학원 중심 대학)에 따라서 통계적으로 유의한 차이가 있었다. 즉, 수도권 대학의 경우는 대학원생을 늘리려고 하는 데 반해, 다른 지역에서는 현재 상태를 유지하는 것에 더 많은 비중을 두고 있는 것으로 나타났다. 이와 비슷하게, 학부 중심 대학들의 경우에는 대학원생을 현재 수준에서 유지하려고 하는 데 반해, 대학원 중심 대학은 대학원생의 증원에 비중을 두고 있는 것으로 나타났다. 전임교원의 인원조정에 대해서도 수도권과 비수도권 간에 통계적으로 유의한 차이가 있었다. 즉, 수도권 지역의 대학들은 전임교원을 늘리려고 하는 반면, 비수도권 지역 대학들은 전임교원의 증가에 다소 조심스럽게 접근하는 것으로 나타났다.

재구조화의 주요 영역들 가운데 현재 가장 중점을 두고 있는 분야는 학제 · 전공 · 학과 영역(51.6%)이며, 교육과정, 학사조직 · 제도, 그리고 행정조직 · 제도 순으로 중점을 두는 것으로 나타났다. 그리고 향후 5년 안에 중점을 두고자 하는 분야로는 교육과정(50.0%)이 학제 · 전공 · 학과 영역보다 높게 나타나서 교육과정의 재구조화에 대한 필요성을 많이 느끼고 있는 것을 알 수 있다. 그리고 다음으로는 학사조직 · 제도의 재구조화에 중점을 두려고 하고 있으며, 행정조직 · 제도의 재구조화는 우선순위에서 가장 낮게 나타났다. 재구조화의 세부 영역을 살펴보면 다음과 같다.

학제 · 전공 · 학과의 재구조화

학제 · 전공 · 학과의 재구조화와 관련하여 현재 대학에서 중점을 두고 있는 영역은 [그림 7-1]에서와 같이, 산학협력(38.9%)과 학부 · 전공 · 학과의 통폐합(23.8%)으로 나타났으며, 향후 대학에서 중점을 두려고 하는 영역은 산학협력(27.4%)과 새로운 학제 간 프로그램의 개발 · 운영(25.9%)으로 나타났다. 이 분야에서 현재와 향후 5년 내 재구조화 중점 영역을 비교해 보면, 산학협력 분야가 계속해서 우선순위가 높은 중점 영역이기는 하지만, 향후 산학협력 분야는 상대적으로 줄어들고 외국 대학과의 교류 협력과 새로운 학제 간 프로그램의 개발 · 운영에 상대적으로 더 많은 노력을 기울이려는 경향을 보여 주고 있다.

학제 · 전공 · 학과의 재구조화 영역을 대학의 유형별(학부 중심 대학과 대학원 중심 대학) 및 기간별(현재와 향후 5년 내)로 세분하여 살펴보면, 큰 차이는 없으나 평균적으로 볼 때, 현재 학부 중심 대학들

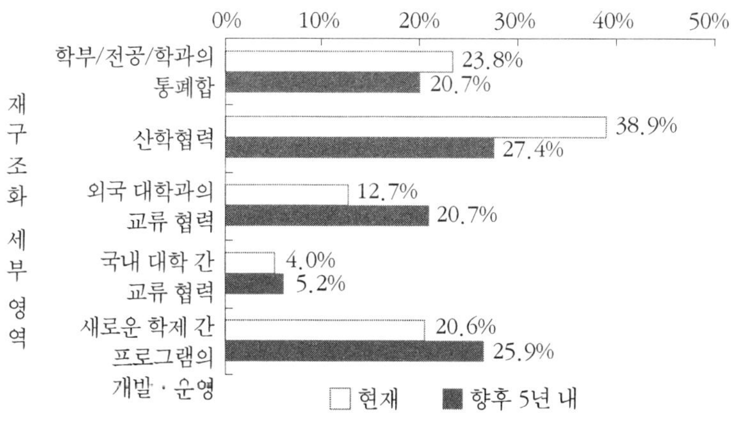

[그림 7-1] 학제 · 전공 · 학과의 재구조화 중점 영역

은 산학협력에 많은 비중(39.0%)을 두고 있지만 향후에는 산학협력의 비중(26.5%)을 줄이고 외국 대학과의 교류 협력(19.3%)과 새로운 학제 간 프로그램을 개발(30.1%)하여 운영하는 것에 상대적으로 많은 노력을 기울이려고 하고 있었다. 이와 비슷하게, 대학원 중심 대학의 경우에도 산학협력에 대한 비중(38.8%)을 줄이고 외국 대학과의 교류 협력(23.1%)에 많은 비중을 두고자 하는 것으로 나타나고 있다.

교육과정의 재구조화

교육과정의 재구조화와 관련해서는, [그림 7-2]에서 볼 수 있는 바와 같이, 현재 중점을 두고 있는 영역이 전공교육(33.3%)과 현장

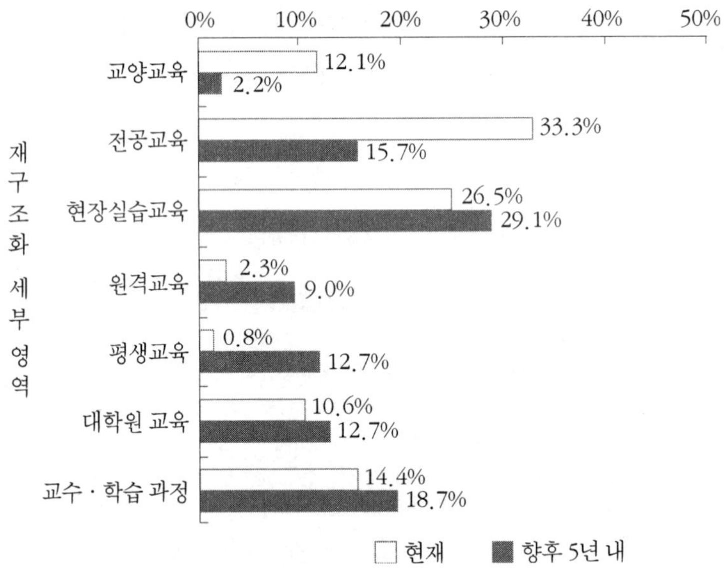

[그림 7-2] 교육과정의 재구조화 중점 영역

실습교육(26.5%)이었으며, 향후 중점을 두려고 하는 영역으로는 현장실습교육(29.1%)과 교수 · 학습 과정(18.7%)으로 나타났다. 교육과정의 재구조화는 현재와 향후 중점을 두려고 하는 영역이 부분적으로 많은 차이를 보이는 것으로 나타났다. 즉, 현재는 전공교육과 교양교육에 상대적으로 많은 역점을 두고 있는 것으로 보이나, 향후에는 이 분야에 대한 비중을 줄이고 평생교육과 원격교육에 중점을 두고자 하는 것으로 나타났는데, 이는 고등교육의 보편화와 정보통신의 발달에 따른 영향으로 풀이된다. 교육과정의 재구조화에서 특히 흥미로운 점은 대학이 추구하고자 하는 유형에서 실용교육 중심이 두드러진 것과 유사하게 현장실습교육을 강조하고 교수 · 학습 과정에 중점을 두어 교육의 질을 개선하려는 하는 것이다.

교육과정의 재구조화 세부 영역을 대학의 유형별로 구분하여 살펴본 결과, 학부 중심 대학들은 현재 전공교육(36.3%)의 재구조화에 많은 비중을 두고 있으나, 향후 5년 내에는 이 분야의 비중을 대폭 낮추고(16.5%), 평생교육(16.52%)과 교수 · 학습 과정(18.8%)에 보다 중점을 둘 계획인 것으로 나타났다. 반면, 대학원중심 대학의 경우에는 향후 원격교육의 비중(12.2%)을 줄이고 대학원 교육에 대한 비중(18.4%)을 늘리려는 것으로 나타났다.

대학 행정조직 · 제도의 재구조화

대학 행정조직 · 제도의 재구조화 영역에서는 현재는 행정체제의 전산화/정보화(31.5%), 조직구조(통폐합 및 신설 등, 26.9%), 그리고 지배구조(의사결정 프로세스 등, 13.8%) 순으로 중점을 두고 있는 것으로 나타났다. 향후에 중점을 두고자 하는 영역도 대체로 비슷하였

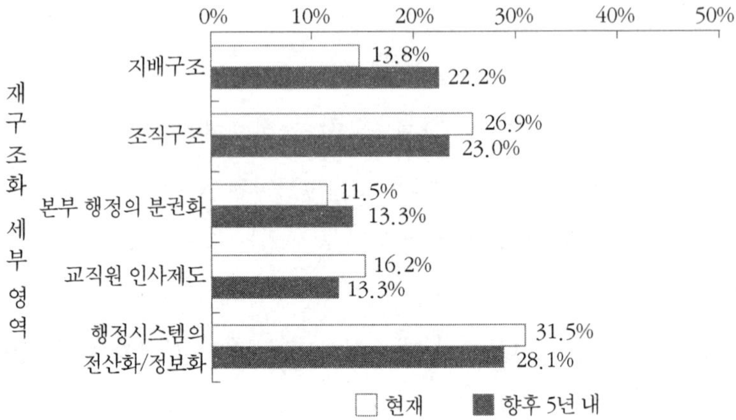

[그림 7-3] 행정조직 · 제도의 재구조화 중점 영역

으나 행정체제의 전산화/정보화(28.1%)와 조직구조(23.0%)에 중점을 두려고 하는 것으로 나타났다. 특히, 재구조화의 세부 영역 가운데 지배구조(의사결정 과정 등 22.2%)에 대한 관심은 앞으로 더욱 커질 것으로 보인다.

대학 유형별 행정조직 · 제도의 재구조화를 살펴보면, 학부 중심 대학의 경우는 현재와 향후 중점 영역이 대체로 비슷하게 나타난다. 한편, 대학원 중심 대학의 경우는 대학의 조직구조나 행정체제의 전산화/정보화는 비중을 줄이는 대신, 지배구조에 상당한 비중을 두고 재구조화를 시행하려는 것으로 나타났다.

학사조직 · 제도의 재구조화

학사조직 · 제도의 재구조화와 관련해서는, [그림 7-4]에서 볼 수 있는 바와 같이, 현재 학사운영(37.8%)의 재구조화에 가장 중점을 두고 있는 것으로 나타났으며, 다음으로 교수업적평가시스템

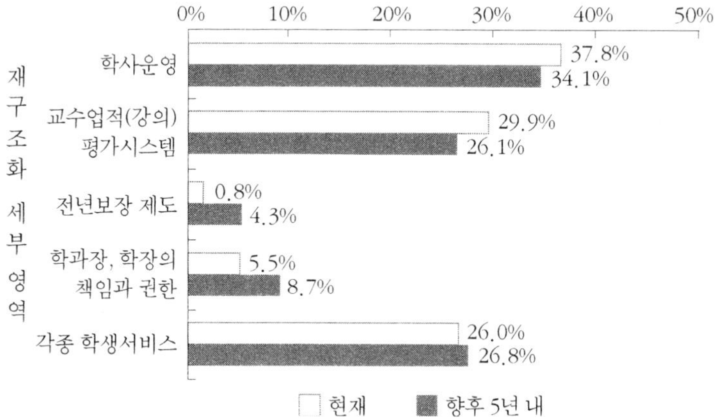

[그림 7-4] 학사조직 · 제도의 재구조화 중점 영역

(29.9%)과 각종 학생서비스(26.0%)에 중점을 두는 것으로 나타났다. 이와 마찬가지로 향후 중점을 두려고 하는 영역도 학사운영과 학생서비스, 교수업적평가시스템으로 나타났다. 학사조직 · 제도의 재구조화는 다른 분야와 달리 현재와 향후 중점을 두려고 하는 영역 간에 큰 차이가 없는 것으로 나타나고 있다.

학사조직 · 제도의 재구조화 중점 영역을 현재의 대학 유형별로 나누어 본 결과는 전체 영역에 걸쳐서 대부분 비슷한 추세를 보이고 있으나, 대학원 중심 대학의 경우는 향후 학과장, 학장의 책임 및 권한과 관련된 영역에 중점을 두고자 하는 것으로 나타났다.

이상과 같은 조사 결과에 비추어 볼 때, 향후 우리 대학들의 재구조화에 대한 전망은 다음과 같이 정리해 볼 수 있을 것이다. 우선 학사운영과 관련하여 첫째, 대학들은 실용중심 교육과정의 도입 · 확대를 통해 사회적 수요에 부응하고자 할 것이다. 실용(산업연계)교육을 중심으로 한 학부(교육) 중심 대학으로 재구조화하는 것은 대졸자의 취업이 점점 어려워지고 있는 최근의 상황에 대비하기 위한 생존 전략이며, 장기적으로도 대학이 사회적 요구에 보다 적극적으로 대응할 수 있는 방안이 될 것이다. 따라서 개별 대학은 산업체 등 민간부문의 유치에 보다 적극적으로 나설 것으로 보이며, 기업과 연계하여 교과과정을 개발하고 학내에 창업지원센터 등의 설치를 확대함으로써 산업체의 요구에 맞게 적응력 높은 인력을 양성하고자 할 것이다.

둘째, 학과 및 전공의 통폐합과 새로운 학제 간 프로그램의 개발이 적극적으로 추진될 것으로 보인다. 현재 학부제의 도입으로 유사학과 및 전공 간의 통폐합이 상당히 진행되고 있다. 그러나 이러한 시도들이 정부의 제도 시행에 따라 개별 대학의 실정에 맞지 않게 이루어지고 있다는 비판 또한 만만치 않다. 대학들은 학부제 시행 차원에서의 학과와 전공 통폐합보다는 대학 실정에 따라 향후 추진하고자 하는 재구조화의 방향에 맞도록 학과와 전공 간의 통폐합을 추진하여야 한다. 이는 또한 지역산업과 연계한 새로운 전공의 신설과 같은 내용도 포함하여야 하며, 이를 위해 새로운 학제 간 프로그램의 개발도 병행되어야 할 것이다.

셋째, 컨소시엄을 통한 협력연구 수행 및 창업지원이 확대될 것이다. 이를 위해서는 대학의 한정된 자원 활용을 극대화하고 사업 추진에 따르는 위험 분배를 위해 연구협력을 위한 컨소시엄의 구성이 필요할 것으로 보인다. 이를 통해 개별 대학들은 경제적 이득을 창출함은 물론 학생 및 교수진의 사업 참여를 통한 교과과정의 현장성을 강화할 수 있을 것이다.

넷째, 고등교육기관과 계속교육기관 간의 연계 및 지역사회 협력이 강화될 것으로 예상된다. 이를 위해서는 고등교육과 계속교육기관의 학점체계에 통합적인 기준을 적용하여 계속교육에서 고등교육으로의 자연스러운 이동이 가능하도록 하여야 한다. 이는 대학이 학생들의 다양한 요구에 유연하게 대응할 수 있는 방안이며, 학생들이 자신의 학업속도를 자유롭게 조절할 수 있다는 장점도 갖는다.

다섯째, 학사지도와 진로지도가 강화되어야 한다. 이는 현재 학부제 도입으로 인한 소속감의 결여, 졸업학점 축소 및 필수 · 선택 폐지로 인한 교육과정 운영의 어려움을 줄일 수 있는 방안이기도 하다. 졸업생의 질에 대한 사회와 기업체의 의구심이 야기되는 상황에서 교양교육과 전공교육의 운영이 내실화될 수 있도록 학생들에 대한 학사지도가 충실하게 이루어져야 한다. 이와 함께 진로지도를 강화하기 위해 학사지도교수의 지속적인 진로상담과 학생 튜터제도 등을 활성화하고 개인별 교육과정의 도입, 전공 선택 과정의 유연화, 상이한 교과 간 복수전공제도 도입 등의 방안을 고려해 볼 수 있을 것이다.

다음으로 대학 행정체제 재구조화의 전망을 보면 첫째, 대학 행정 및 인사관리체계에 기업경영 방식을 도입하는 대학이 확산될 것으로 보인다. 현재 대학에 따라서는 학교 전반에 관한 경영진단을 통해 경쟁력 강화를 위한 연구기획팀을 구성하고 교육과 연구에 필요한 혁신적인 방안을 마련하고 있다. 이러한 방안의 하나로 교수 및 직원에 대한 임금과 보상체계에 민간기업과 같은 성과급제를 도입하는 대학이 증가하고 있다. 이러한 제도의 도입은 교수 및 교직원의 창의적인 참여와 잠재능력을 최대로 끌어내어 교육의 질을 높이고자 하는 목적을 지닌다. 또한 대학의 종합적인 재구조화 계획에 맞도록 교수 인사제도도 과감하게 개선해야 한다. 즉, 새롭게 신설되거나 통폐합되는 전공 및 학과 구조에 맞도록 점진적인 교수인사를 단행하고, 학제 간 프로그램 등을 개발하여 통폐합되는 전공 교수들을 흡수, 활용하는 방안도 모색되어야 한다.

둘째, 정보통신기술의 활용이 보다 광범위하게 확산될 것이다. 정보통신기술은 행정서비스의 효율화와 학생들에 대한 학습지원은 물론 평생교육 및 계속교육에 따르는 다양한 소비자들의 요구에 보다 유연하게 대응할 수 있는 체제를 갖추는 데 유용하게 활용될 수 있다. 또한 행정 절차를 단순화, 투명화하고 대중의 접근을 보다 용이하게 하며 정보서비스의 질을 향상시켜 줄 것으로 기대된다.

셋째, 행정조직의 운영과 행정업무의 효율성에 대한 관심이 증가될 것이다. 대학은 조직의 구성 및 수행하는 업무상 매우 복잡하고 거대한 조직이라 할 수 있다. 이런 대학조직이 효율적인 운영을 통해 교육과 연구를 지원하며 대학의 교육목표를 효과적으로 달성할 수 있도록 하기 위해서는 조직과 업무를 개선할 것이 요구된다. 이는 궁극적으로 대학교육의 경쟁력 제고를 위한 것으로 조직과 업무의 개선에 있어서 가장 중요한 것은 실질적인 업무의 표준화와 정보화를 통한 신속한 업무처리와 정보의 공유이다.

넷째, 대학의 재구조화는 대학 지배구조의 변화를 요구할 것이다. 이를 위해 현재 대학 본부에 집중되어 있는 의사결정권을 단과대학이나 학과 차원으로 이양하는 방안이 고려될 수 있을 것이다. 이와 함께 대학 본부 행정조직과 단과대학 행정조직 간의 업무분장을 통해 업무처리의 전문성을 강화하고 책임행정이 이루어지도록 조직

간의 분권화 수준을 강화하는 방안도 검토되어야 한다. 이와 더불어 이사장 중심의 의사결정 체제를 유지하고 있는 일부 사립대학들의 문제점을 해결할 수 있는 방안도 제시되어야 할 것으로 보인다.

재구조화를 위한 다양한 대학모형의 탐색

앞서 소개한 국내 대학들의 재구조화 현황은 기존 한국 고등교육 체제가 규모 확장 일변도로 성장해 온 사실에 비추어 볼 때, 상당히 현실적인 위기의식을 반영한 것이라 평가할 수 있다. 그러나 클락 커(Clark Kerr, 1993)의 지적처럼 최근 고등교육을 둘러 싼 외부 환경의 변화가 가히 급진적이라는 점을 고려해 볼 때, 앞으로 대학의 변화는 보다 근본적이고 구조적인 성격을 띨 것으로 예상된다. 세계대전 이후 고등교육제도의 팽창을 가능하게 했던 경제적, 정책적 환경은 1980년대를 기점으로 크게 달라졌고, 최근 이러한 환경 변화의 속도는 더욱 빨라져 교육에 대한 근본적인 사고의 전환을 요구하는 상황으로 몰아가고 있는 것이다. 이에 따라 서구의 중세 대학에 기원을 두고 있는 현재 대학은 이제 그 원형을 찾아보기 어려울 만큼 개방적인 조직으로 변모하고 있다.

이와 관련하여 최근 미시건 대학의 피터슨(Peterson) 교수는 대학조직 변화에 영향을 미치는 환경 변화에 초점을 두고 상황이론(contingency perspective)의 관점에서 미국 대학조직의 변화과정을 시대별로 정리한 바 있다. 상황이론은 대학의 변화에 영향을 미치는 외부 환경의 중요성을 강조하여, 대학조직의 변화를 환경 변화로 인한 압력과 도전에 대한 대학의 대응 방식이라는 관점에서 설명한다. 이에 따르면 대학을 둘러싼 외부 환경은 고등교육의 보편화가 진행된 전후 몇 세대 동안은 안정적이고 예측이 가능한 것이었다. 이로 인해 그동안 대학들은 교육과 연구에 대한 독점적 지위를 유지하면서 폐쇄적인 상아탑으로 존재할 수 있었고, 따라서 대학조직의 변화는 부분적이고 점진적인 내부적 개선이라는 특징을 보였다. 그러나 최근 이러한 변화의 성격이 바뀌어 대학의 고유한 기능으로 간주되어 왔던 교육과 연구를 대신하여 수행할 수 있는 새로운 산업들이 등장하고 있고, 대학은 이들과 경쟁하며 다양한 생존전략을 모색할 수 밖에 없게 되었다는 것이다. 버튼 클락(Burton Clark, 1998)의 기업형 대학(entrepreneurial university)은 이러한 변혁의 시기에 등장한 새로운 대학조직 모형의 일례라 볼 수 있다. 이와 같은 상황이론의 관점은 여전히 폐쇄적인 조직으로 남아 있는 한국 대학들의 문제를 이해하는 데 시사점이 크다.

피터슨 교수의 논의에 따르면, 1950~60년대의 보편화 단계 이후 미국의 대학들은 1960~70년대를 거치면서 한편으로는 사회정치적으로 다양한 집단들의 요구를 수용하고 다른 한편으로는 새로운 유형의 후기중등교육기관들—지역사회 대학이나 다양한 영리 추구 대학들—과 공존해야 하는 상황을 맞이하여 대대적으로 변모하게 된다. 더욱이 1980년대를 거치면서 대학들은 학령인구의 감소, 자원의 제약, 정책적 지원의 축소 등과 같은 외부의 압력과 도전에 직면하여 보다 개방적이고 수용적인 방식으로 변화를 모색하게 된다. 나아가 1990년대 중반 이후에는 대학을 둘러싼 환경이 그야말로 예측 불가능하게 격변하면서 고등교육은 소위 후기중등 지식산업으로 편입되게 된다. 지식사회로 지칭되는 21세기는 다양성에 대한 요구, 컴퓨터 통신과 인터넷의 혁신적 발전, 학문적 경쟁력과 생산성에 대한 관심, 새로운 학습시장의 가능성에 대한 탐색, 세계화의 확산, 지속적인 자원의 제약 등과 같은 환경적 도전들에 직면해 있다. 피터슨 교수는 지식산업으로서 대학조직의 특성을 개념화하는 작업이 아직 진행 단계이지만 과거의 전략적 대응방식보다 훨씬 강도 높은 구조적, 제도적 재설계 작업이 이루어질 것이며, 이러한 변화는 시장 지향성으로 특징지어질 것으로 전망하고 있다.

지식산업으로 고등교육을 재정의하는 것은 고등교육이 이미 대학만의 고유한 영역이 아닌 다양한 기관들과의 경쟁과 협력으로 이루어지고 있다는 것을 의미한다. 여기에는 미국에서 이미 널리 확산된 영리대학들뿐만 아니라 기업에서 운영하는 교육훈련 프로그램, 가상대학, 대학 간 혹은 대학과 기업 간의 연합, 합작투자, 국내는 물론 여러 국가에 걸친 교육과 연구 네트워크 등 새로운 형태의 다양한 교육서비스 산업이 포함될 수 있다. 기업형 대학이나 가상 대학(virtual university)은 이미 널리 통용되고 있는 새로운 대학조직 모형의 일부일 뿐이다.

앞으로 고등교육에 대한 산업과 환경의 영향력이 더욱 커질 것으로 예상되는 가운데, 우리 대학들의 현재 위상은 어디쯤인지, 그리고 향후 어떤 변화의 진로를 택할 것인지를 고민해야 할 시점이다. 〈표 7-2〉는 시대별로 환경 변화의 특징과 이러한 변화에 따른 대학의 적응방식 및 이를 반영한 조직 행동의 특성을 잘 개념화하여 보여 주고 있다. 그러나 환경의 변화가 단절적으로 일어나는 것이 아니듯 각각의 조직 모형들은 실제에 있어서는 서로 대체되는 것이

〈표 7-2〉 시대별 조직 모형의 발전

	주요 환경적 압력	제도적 도전	대표적 조직 모형	주요 이론가
		전통적 고등교육에서 대중형 고등교육으로의 변화 시기(1950~1972)		
1950~1964	성장과 확대	방향과 책무성	지역사회 대학 관료주의 모형	클락(1960), 굿먼(1962), 밀레(1962) 코슨(1960), 스트라웁(1966)
		후기중등교육 시대(1972~1995)		
1965~1972	사회 혼란과 소수민족 요구	질서, 통제, 접근기회	사가(Saga) 모형 정치 모형 복합 모형 느슨한 연결 모형 조직적 무질서 모형	클락(1970) 볼드리지(1971) 리와 보웬(1971) 와익(1974) 코헨과 마치(1974)
1972~1985	수요 감소, 경기 후퇴, 긴축 예산	시장 압력, 효율성과 생산성	시장 모형 제도이론 자원의존 모형 기술관료 모형 전략 모형	코틀러(1975) 마이어와 로완(1977) 페퍼와 살란킥(1978) 로렌스와 서비스(1977), 홉킨스와 마시(1981) 피터슨(1980), 켈러(1983), 샤페(1985)
1985~1995	질, 기회, 형평성	효과성, 복장성, 재구조화,	문화 모형	마슬란드(1985), 티어니(1990),

(계속)

		리엔지니어링		버키스트(1992), 피터슨과 스펜서(1993), 짐식과 르이스(1994)
			매트릭스 모형	앨퍼트(1985)
			사이버네틱 모형	번바움(1988)
후기중등 지식산업 시대(1995~2005)				
1995~2005	급격한 변화, 혼동, 높은 기대, 예측 불가능	제도적 재설계	적응 모형	검포트와 스폰(1998) 스폰(1999) 검포트와 퍼서(1999)
		재정의, 방향 재설정, 재조직화, 개선	맥락 모형	피터슨(1997)
	다양성, 컴퓨터 통신, 새로운 시장, 질, 생산성, 세계화, 자원제약		기업 모형	슬로터와 레슬리(1997), 클락(1998)
			가상 모형	카키디와 피터슨(1999)
			연합 모형, 협력 모형, 합작 모형, 네트워크 모형	새로운 모형 개발 필요

주: 피터슨(2007). pp. 152-153에서 인용.

라기보다는 기존의 모형에 새로운 모형이 추가되는 것으로 이해되어야 한다(Peterson, 2007: 177). 예를 들면, 합리주의 모형은 전통적인 관료주의 모형에서 발전된 것이고, 미국의 지역사회 대학 모형은 아직도 폭넓게 적용되고 있다.

피터슨 교수가 정리한 조직 모형들의 상당수는 현재 혹은 향후 한국 대학들의 조직 특성을 연구하는 데 유용한 시사점을 제공해 준다. 이는 세계 대학들과 경쟁하고자 하는 우리 대학들이 처한 환경적 조건이 미국과 크게 다르지 않기 때문이다. 더욱이 한국의 고등교육은 급성장하면서 미국 대학들이 겪은 변화의 과정을 단기간에 압축적으로 경험해 왔기 때문에 다양성을 특징으로 하는 미국의 고등교육체제가 보여 주는 거의 모든 특성들이 동시다발적으로 나타나고 있다. 따라서 변화의 구체적인 방향을 설정하기 어려운 측면이 많은 것 또한 사실이다. 그럼에도 불구하고 최근의 조직 모형으로 올수록 대학들이 외부로부터의 변화 압력에 대해 보다 수용적이고 개방적인 입장을 견지하고 있고, 변화의 폭이 대학조직 내부의 차원을 넘어 경쟁 산업을 포함한 주변 환경과의 관계를 재설정하는 방향으로 나가고 있다는 점은 공통적인 특징으로 주목된다. 그러나 이러한 변화의 과정에서 대학들이 자칫 생존을 위한 경쟁에 매몰되어 본연의 사명과 목적의식을 잃어버린다면 고등교육의 미래는 어둡다. 미국 대학의 상업주의에 대한 경고들이 이를 잘 보여 준다.

대학 재구조화의 쟁점과 전망

대학의 재구조화, 보다 넓은 의미에서 고등교육체제의 재편과정에서 예상되는 문제들은 다양하지만 그 중에서도 대학의 상업화 문제는 대학 본연의 목적에 비추어 논란이 되고 있다. 대학 상업화의 단적인 예는 영리대학(for-profit universities)의 등장에서 찾아볼 수 있다. 영리대학은 대학교육을 통해 이윤을 추구하는 것을 공개적으로 표방하는 대학으로서, 영리대학이 출현한 것은 19세기 급속한 산업발전으로 기술교육에 대한 수요가 늘어나면서부터이다(Breneman, Pusser & Turner, 2006; Goldin & Katz, 1999). 대표적으로 미국의 경우, 영리대학에 대한 공식적인 통계가 수집된 1976년 당시 총 3,046개(4년제, 2년제 포함)의 학위수여 고등교육기관이 있었는데, 그중 55개 기관(4년제: 14교, 2년제: 40개교)이 영리대학이었다고 한다. 그러나 이들 영리 고등교육기관은 2000년 이후 급속히 증가하여 2006년 현재, 전체 4,314개의 미국 고등교육기관 중에 총 약 23%를 차지하고 있다(채재은 · 김안나, 2009).

이와 같이 영리대학들은 교육대상이나 내용 면에서 전통적인 연구 중심 대학이나, 보편적인 교양교육을 강조하는 주립대학들이 제공하지 못하고 있던 '직업기술 분야'에 초점을 맞추어 틈새시장을 확보하면서 발전하기 시작하였다. 그리고 원격교육의 기반이 되는 정보통신기술의 발전과 학생 중심의 대학재정지원의 확대, 대학운영의 효율화를 통한 비용 감축 등도 영리대학의 성장에 기여하였다(Ortmann, 2000). 그러나 무엇보다도 1980년대와 1990년대를 통해 영리대학이 확산될 수 있었던 데에는 고등교육을 포함한 사회문화 전반에 확산된 기업가 정신과 시장 논리가 결정적인 영향을 미쳤다고 볼 수 있다(채재은 · 김안나, 2009).

하지만 이러한 상업화 현상은 비단 영리대학에만 한정되는 것은 아니다. 소위 미국 아이비리그 대학에서도 이미 오래전부터 수익 창출을 위한 다양한 기법을 개발하여 적용하여 왔다. 그 대표적인 예로서, 아이비리그 대학들이 오래전부터 미식축구팀을 육성하기 위해 많은 노력을 기울인 것을 들 수 있다. 하버드 대학의 경우, 1900년대 초에 이미 미식축구팀이 가져다주는 수익에 관심을 가지고 정교수 월급의 2배 이상의 월급을 주고 코치를 영입한 사례가 있다(Bok, 2003). 그러나 1970년 이전까지 전개된 상업화가 대학 캠퍼스 내에서 제한된 것이었다면, 현재 미국 대학사회 전체에서 광범위하게 진행되는 상업화의 크기와 범위는 그 전례가 없는 것이라고 할 수 있다(Bok, 2003).

이와 같이 종전에 교육과 연구라는 공공재를 생산하는 전통적인 비영리 대학에서 상업적 활동이 증가한 원인에 대해 여러 가지 측면에서의 분석이 이루어지고 있다. 우선, 하버드 대학의 총장이었던 데릭 복(Derek Bok, 2003)은 미국 사회 전반에 광범위하게 확산된 '시장의 영향력'을 그 이유로서 지목하고 있다. 즉, 시장의 힘이 대학뿐 아니라 미국 생활과 문화의 많은 영역에 깊게 영향을 미치고 있어서 그동안 시장과는 거리가 먼 상아탑으로 여겨지던 대학마저도 상업화 물결에 편승하고 있다는 것이다.

둘째, 아로노비츠(Aronowitz, 2000)와 같은 비판적 학자들은 대학 상업화의 원인을 '대학의 목적의식 부재'에서 찾고 있다. 이들에 의하면, 대학들이 사회 변화에도 불구하고 '수월성'이라는 막연한 이상을 넘어서는 분명한 미션을 찾지 못했기 때문에, 대학 내에 물질주의가 거침없이 밀려들어올 수 있는 진공상태가 형성되었다는 것이다. 이러한 관점들은 대학 내에서 명확한 가치의식이 흐려지면 돈을 벌려는 충동이 대학 전체에 급속히 퍼지게 되고, 결과적으로 교수들이 고용인 신분으로 전락하게 되어, 대학이 기업 이익에 봉사하는 '지식공장'이 될 것이라고 보고 있다.

셋째, 미국 대학의 상업화는 1970년대 이후 고등교육에 대한 '정부 재정지원의 삭감'에 대한 대학의 반응으로도 이해될 수 있다(Slaughter & Leslie, 1997). 1980년대와 1990년대에 정부 재정지원의 감축으로 대학의 행정가와 교수들은 새로운 재원을 찾게 되었으며, 그 결과 대학들은 교수들의 과학적 발견물들을 판매하여 수익을 올릴 수 있는 방법을 모색하게 되었다는 것이다. 이러한 현상에 대해 비판적인 학자들은 대학의 상업화가 연구자들이 자율적으로 연구를 수행하고, 관계된 모든 사람들의 연구를 증진시키기 위해 연구방법과 발견들을 상호 공유해야 한다는 과학적 탐구의 규범들을 손상시키고 있다고 주장한다.

넷째, '대학 간의 경쟁 심화'로 재정 확보를 위한 대학의 노력에 박차를 가하게 되고, 그 결과 대학의 상업화가 촉진되고 있다고 보는 입장이다. 대학 간의 치열한 경쟁은 고등교육기관 수가 4,000개가 넘는 미국 고등교육체제의 두드러진 특징으로, 대학생 인구의 증가, 대학에 대한 기부의 확산, 학자금 융자 확대에 따른 학생들의 대학선택권 확대, 그리고 U.S. News & World Report의 대학 순위 발표 등은 대학 간의 경쟁을 심화시키는 요인으로 작용하고 있다.

이외에도 대학의 명성을 높이려는 대학 간의 경쟁으로 인하여 대학들의 재원 확충 노력이 가열되고 있다. 이에 따라, 대학 총장의 능력은 경쟁 대학의 총장보다 많은 재원을 확보하는 것으로 평가되고 있고, 기업가 정신이 대학이 추구하는 교육적, 공익적 가치들보다 우선시되고 있다(Bok, 2003).

마지막으로, 1980년 이후 미국 대학의 상업화가 빠르게 진전된 것은 대학의 활동과 그 산물들을 상업화할 수 있는 기회들이 급격히 많아진 것과도 관련이 깊다(Tierney & Hentschke, 2007). 즉, 기업과 사회로부터 상업적 가치가 있는 연구에 대한 요구가 높아지고 있을 뿐 아니라, 점점 더 복잡해지는 사회에 적응하기 위해 새로운 지식과 기술 습득의 필요성이 높아지면서 '성인교육(adult education)'에 대한 사회적 요구가 커지고 있기 때문이다(Breneman et al., 2006). 평생학습사회의 도래에 따라 직장인들의 계속교육에 대한 요구는 늘어나고 있지만, 이러한 요구를 전통적인 대학학령인구(18~24세)의 교육에 중점을 두는 전통적인 비영리대학들이 충족시켜 주지 못하면서 고등교육시장의 수요 변화에 민감하게 대응하는 영리대학들이 증가하게 된 것이다. 이외에도, 시간과 장소의 제약 없이 학습자가 원하는 때에 교육을 받을 수 있도록 하는 '웹기반 정보통신기술'과 이를 교육방법에 접목한 '교육공학'의 급속한 발달도 영리대학의 활성화에 기여하고 있다(Berg, 2005).

이와 같이 고등교육 상업화의 물결은 사회 전반에 있어서 시장(market)의 영향력 증가, 고등교육재정의 한계하에서 대학 간 경쟁 심화, 성인교육 수요 증가와 이를 기술적으로 뒷받침해 주는 정보통신기술의 발달 등과 같은 복합적인 요인에 의해서 그 강도가 높아지고 있다. 이러한 상업화는 정부 재정지원이 감소하는 상황에서 대학 재정을 확충하고, 대학 간 경쟁을 가속화시켜 대학경영과 교육방법의 혁신을 촉진할 수도 있지만, 대학이라는 기관이 사회적으로 존재한 이래 암묵적으로 전제되어 온 공익(public good) 추구를 위한 사회적 역할을 훼손할 수 있다(Kezar, Chambers, & Burkhardt, 2005). 이윤 추구가 강조될수록, 즉각적인 시장 가치가 적은 기초학문 분야에 대한 연구와 교육, 그리고 지역사회에 대한 대학 구성원의 봉사활동이 소홀해질 가능성이 높기 때문이다.

고등교육 상업화의 역사를 살펴보면, 긍정적인 효과들이 과장되고 부정적인 효과들은 과소평가되는 경향이 있음을 알 수 있다. 이는 상업화로 인한 재정의 확충과 같은 이점은 보통 즉각적이고, 구체적이며, 시급한 필요들을 해소하는 데 있어서 매우 유용한 것처럼 보이는 반면, 교수의 학자적 원칙의 손상, 학생교육의 몰가치화, 대학에 대한 사회적 신뢰의 붕괴 등과 같은 상업화가 초래할 위협들은 모두 추상적이고 거리가 먼 일인 것처럼 보일 수 있기 때문이다(Bok, 2003).

특히 미국 대학들과 달리, 시장을 통한 경쟁에 익숙하지 않은 한국의 교육문화 풍토에서 대학의 영리 활동은 고등교육 전반에 대한 일반인들의 인식에 부정적인 영향을 미치기 쉽다. 대학이 교수와 기관의 이기적인 목표들에 헌신하는 조직이 될 경우, 그동안 명목상으로라도 대학공동체가 누려 온 과학적 탐구의 자율성은 더 이상 확보되기 어렵다. 대학이 우리 사회에서 아직까지 일반인들의 신뢰를 받고 있다면, 그것은 대학과 대학의 구성원들이 아직까지 다른 민간 부문보다 훨씬 적은 금전적 보상으로 진리 탐구에 헌신하고 있다는 사회적 신뢰에 기초한다. 이러한 신뢰의 붕괴는 사회적 관점에서도 심각한 손실을 초래할 것이다. 즉, 대학의 본래적 가치에 반하여 대학을 경제적 효율성의 관점에서만 재단하고자 할 경우, 그 결과는 장기적으로 우리 사회 전반에 손실을 가져올 것이라는 사회적 인식의 확립이 필요하다(채재은 · 김안나, 2009).

이러한 점에서 현재 급변하는 환경은 대학에 기회 요인인 동시에 위협 요인이 되고 있다. 기존에 고착화된 고등교육 서열화 체제의 한계를 넘어 변화하는 환경에 적합한 새로운 조직 모형의 실험이 요구되는 한편, 대학이 과연 미래 사회에서도 지속할 수 있을 것인가 하는 불안함 속에서 변화하는 시대에 대비하고 사회 변혁의 주도자로서 역할을 지속하기 위한 변신이 요구된다.

참고문헌

김안나 외(2002). 생애능력 형성을 지원하기 위한 고등교육체제의 질 관리 현황과 과제. 한국교육개발원 연구보고, RR2002-19-4. 서울: 한국교육개발원.

김안나(2003). 대학입학 수능 성적 분포의 변화추이를 통해 본 고등교육의 서열화 구조. 교육사회학연구, 13(3), 65-83.

김안나 · 이병식(2004). 한국 고등교육의 보편화에 따른 대학 재구조화의 현황과 정책 방향. 한국교육, 31(2), 415-440.

김창환 외(2002). 2002 교육통계분석자료집. 서울: 교육인적자원부 · 한국교육개발원.

박현정(2003). 통계로 본 고등교육(2003년 제4권). 통계자료, SM2003-8. 교육인적자원부 · 한국교육개발원.

이병식 외(2004). 대학교육의 국제화 · 선진화 방안 연구. 교육인적자원부 정책연구, 2003-일-23. 서울: 교육인적자원부.

이종재(1990). 한국고등교육의 기능분화에 관한 연구. 서울: 한국대학교육협의회.

이현청(2003). 2005 수능계획안, 대학의 학력저하를 고려하는가. 교육정책포럼, 통권 36호, 6-8. 서울: 한국교육개발원.

채재은 · 김안나(2009). 미국 영리대학 운영실태 및 국내 진출 관련 쟁점 분석. 비교교육연구, 19(1), 59-82.

황홍규(2002). 지식기반사회의 대학의 역할과 기능. 전문대학과 대학교에서의 평생직업 교육체제 구축 및 운영방안, 한국직업능력개발원 공청회 자료집, 9-26. 2002년 11월 26일(화), 세종문화회관 Conference Hall.

喜多村和之. 고등교육의 비교적 고찰-대학제도와 중등 이후 교육의 시스템화. 고등교육의 혁신. 김도수(역) (1995). 서울: 교육과학사.

Alpert, D. (1985). Performance and paralysis: The organizational context of the American research university. *Journal of Higher Education, 56*(3), 241-81.

Aronowitz, S. (2000). *The knowledge factory: Dismantling the corporate university and creation the higher learning*. Boston: Beacon Press.

Baldridge, J. V. (1971). *Academic governance: Research on institutional politics and decision making*. Berkeley, CA: McCutchan.

Berg, G. A. (2005). *Lessons from the edge: For-profit and nontraditional higher education in America*. Westport: Praeger Publishers.

Bergquist, W. H. (1992). *The four cultures of the academy: Insights and strategies for improving leadership in college organizations.*

San Francisco: Jossey-Bass.

Bok, D. (2003). *Universities in the market place: The commercialization of higher education*. New Jersey: Princeton University Press.

Breneman, D., B. Pusser & S. Turner (2006). *Earnings from learning: The rise of for-profit universities*. Albany: State University of New York Press.

Carchidi, D. M. & M. W. Peterson. (2000). Emerging organizational structures. *Planning for Higher Education, 28*(3).

Chaffee, E. E.(1985). Three models of strategy. *Academic management review, 10*(1).

Clark, B. R. (1960). *The open door college: A case study*. NY: McGraw-Hill.

Clark, B. R. (1970). *The distinctive college: Antioch, reed and swarthmore*. Chicago: Aldine.

Clark, B. R. (1998). *Creating entrepreneurial universities: Organizational pathways of transformation*. NY: Pergamon.

Cohen, M. D., & J. G. March (1974). *Leadership and ambiguity: The American college president*. NY: McGraw-Hill.

Conley, D. T. (1997). *Roadmap to restructuring: Charting the course of change in American education*. Eugene, OR: University of Oregon.

Corson, J. J. (1960). *Governance of colleges and universities*. NY: McGraw-Hill.

Goldin, C. & L. Katz (1999). The shaping of higher education: the formative years in the United States, 1890-1940. *Journal of Economic Perspectives, 13*, 37-63.

Goodman, P. (1962). *The community of scholars*. NY: Randon House.

Gumport, P. J. & B. Pusser (1999). University restructuring: The role of economic and political contexts. In *Higher Education: Handbook of Theory and Research 14*, edited by J. C. Smart. NY: Agathon.

Gumport, P. J. & B. Sporn (1999). Institutional Adaptation. In *Higher Education: Handbook of Theory and Research 14*, edited by J. C. Smart. NY: Agathon.

Hopkins, D. S. & W. F. Massy (1981). *Planning models for colleges and universities*. Stanford, CA: Stanford University Press.

Keller, G. (1983). *Academic strategy: The management revolution in American higher education*. Baltimore: Johns Hopkins University Press.

Kerr, C. (1993). Universal issues in the development of higher education. In *Higher education in Indonesia: Education and reform*, edited by J. B. Balderston & F. Balderstone. Berkely: Center for Studies in Higher Education, University of California.

Kezar, A. J., T. C. Chambers & J. C. Burkhardt (2005). *Higher education for the public good*. San Francisco: Jossey-Bass.

Koteler, P. (1976). *Marketing management*. Englewood Cliffs, NY: Prentice-Hall.

Lawrence, G. B. & A. L. Service (1977). Quantitative approaches to higher education management: Potential, limits, and challenge. *AAHE-ERIC Research Report*, 4. Washington, DC: American Association of Higher Education.

Lee, E. C. & F. M. Bowen (1971). *The multicampus university: A study of academic governance*. NY: McGraw-Hill.

Masland, A. T. (1985). Organizational culture in the study of higher education. *Review of Higher Education, 8*(2).

Meyer, J. W. & B. Rowan (1978). The structure of educational organizations. In *Environments and Organizations*, edited by M. W. Meyer & Associates.

Millett, J. D. (1962). *The academic community: An essay on organization.* NY: McGraw-Hill.

Ortmann, A. (2000). Capital romance: Why wall street fell in love with higher education. *Education Economics, 9*(3), 293-311.

Peterson, M. W. (1974). Using contextual planning to transform universities. In *Planning and Management for a Changing Environment*, edited by Peterson, M. W. et al. San Francisco: Jossey-Bass.

Peterson, M. W. (2007). The study of colleges and universities as organizations. In *Sociology of Higher Education*, edited by Gumport, P. J., 147-184. The Johns Hopkins University Press.

Peterson, M. W. & M. Spencer (1993). Qualitative and quantitative approaches to academic culture. In *Higher education: Handbook of Theory and Research,* edited by J. C. Smart, 9, 344-388. NY: Agathon.

Pfeffer, J. & G. R. Salancik (1978). *The external control of organizations: A resource dependence perspective.* NY: Harper and Row.

Simsek, H. & K. S. Louis (1994). Organizational change as paradigm shift. *Journal of Higher Education, 65*(5).

Slaughter, S. & L. L. Leslie (1997). *Academic capitalism: Politics, policies and entrepreneurial university.* Baltimore: Johns Hopkins University Press.

Sporn, B. (1999). *Adaptive university structures.* London: Jessica

Kingsley.

Stroup, H. H. (1966). *Bureaucracy in higher education*. NY: Free Press.

Tierney, W. G. (1990). *Assessing academic climates and cultures*. San Francisco: Jossey-Bass.

Tierney, W. G. & G. C. Hentschke (2007). *New players, different games: Understanding the rise of for-profit colleges and universities*. Baltimore & London: Johns Hopkins University Press.

Trow, M. (1974). Problems in transition from elite to mass higher education. *Policies for Higher Education*. Paris: OECD.

Trow, M. (1987). Academic standards and mass higher education. *Higher Education Quarterly, 41*(3), 268-292.

Trow, M. (1988). American higher education: Past, present, and future. In *State and Welfare USA/USSR: Contemporary Policy and Practice*, edited by Lapidus, G. W. & G. E. Swanson. Berkeley, CA: University of California.

Weick, K. E. (1976). Educational organizations as loosely coupled systems. *Administrative Science Quarterly, 21*(1), 1-19.

제3부

환경과 정책 차원의 연구들

제8장 세계화의 영향과 고등교육정책의 쟁점

세계화의 의미

세계화는 1990년대 이후 국제 정치 · 경제 질서에 대한 담론에서 가장 빈번하게 등장하는 개념이다(Sklair, 1995). 세계화에 대한 논의가 시작된 것은 1960, 70년대로 거슬러 올라간다. 맥루한(McLuhan, 1987)과 같은 사회학자들이 '지구촌 사회'라는 용어를 사용하면서 통신기술의 발달이 대중매체의 영향력을 증대시켜 세계를 문화적으로 더욱 가깝게 하고 있음을 분석한 바 있고, 동시에 경제적 측면에서 다국적 기업의 성장과 국제 무역 및 노동 분업의 확장은 세계체제이론의 등장을 가져오게 하였다. 그러나 세계화가 본격적으로 논의되기 시작한 것은 1990년대 이후라 할 수 있다. 이때부터 세계경제를 규제하는 World Bank, IMF, WTO와 같은 국제기구의 영향력이 더욱 가시화되기 시작하였고, 개별 국가의 경제, 사회, 정치 부문의 자율성과 통치권은 제약을 받기 시작하였다(김안나, 2006).

이러한 배경에서 현재 세계경제의 상호의존성은 과거 어느 때보다 증대되고 있으며, 지속적인 다자간 자유무역협상으로 경제의 지역화와 세계화가 진행되면서 새로운 경제 질서가 형성되어 가고 있다. 새로운 경제 질서는 우선 금융거래의 세계화를 통해 이루어지고 있으며, 생산과 분배 및 소비의 세계화를 특징으로 한다. 거대한 전자금융거래시장이 24시간 가동되고 있고, 모든 무역거래는 직간접적으로 국제 무역의 형태를 띠게 되었다. 거대기업들이 전 세계의 농업과 제조업 부분의 생산을 담당하고 있고, 세계 단위에서의 마케팅과 분배를 책임지고 있다. 이들 거대기업들은 더 이상 다국적 기업이라기보다는 무국적 혹은 초국적 기업으로서의 특성을 지니고 있으며, 국제적 경쟁력을 강화함으로써 이윤을 극대화하는 데 집중하고 있다(Toffler, 1990). 이러한 세계경제의 또 다른 특징의 하나는 제조업 기반에서 지식정보 기반으로 이동하고 있다는 것이다. 지식기반경제는 공장 혹은 농장에서 하던 방식과 같이 정보가 저장되고 통제될 수 없다는 이유 때문에 그 통제 영역을 산업사회와 달리한다. 기술의 발전, 특히 정보통신기술의 발전을 통해 지식기반사회는 국경을 초월해 급속도로 확대되고 있다.

이와 같이 세계화는 새로운 지정학적 개념으로, 영토에 대한 통제력이 시장에 대한 접근과 지식의 생산 및 유통능력, 새로운 기술과 인적자원의 개발 능력보다 중요하지 않은 시대가 되어 가고 있다(Sadlak, 1998). 이러한 변화는 현재 인류의 진보에 대한 신념—21세기 사회가 자유무역체제에 기초한 경제적 상호의존성의 증대, 지식의 중요성의 증대, 정치적 민주화 등과 같은 새롭고 강력한 힘에 의해 형성되어 가고 있다는 신념—과 맞물려 세계화에 대한 낙관적 기대를 확산시키고 있다. 물론 자유무역의 확산과 같이 세계화에 수반하는 일련의 변화들에 대해서는 전혀 상반된 견해들, 즉 세계화 과정이 국가 간의 힘의 불균형 때문에 통합보다는 분열, 보편주의보다는 개별주의, 문화적 동질화보다는 차별화를 초래한다는 비판이 제기되고 있는 것 또한 사실이다(Held & McGrew, 1993). 그럼에도 불구하고 세계화가 보편적인 현상으로 확산되고 있는 것이 현실이며, 이에 따라 각국은 경제적 변화의 요구에 대응할 수 있는 문화적 역량을 육성하는 일에 관심을 기울이고 있다. 이러한 새로운 발전은 지난 200여 년간 민족국가를 단위로 형성된 경제구조의 변화뿐 아니라 국가의 정치 · 문화적 정체성에 있어서도 커다란 변화를 초래하고 있다(Rust & Kim, 1997).

한마디로 세계화란 일련의 경제, 정치, 문화적 요인들이 복잡하게 얽혀 있는 현상을 일컫는 개념이다. 정치, 경제적 측면에서 세계화는 경제적 장벽이 줄어들고 동시에 국제적 교류와 초국가적 상호작용이 증대되는 것을 의미한다(Dolon, 1993). 세계무역 확산의 결과, 국가와 개인들은 정치, 경제적 상호의존성을 더 많이 경험하게 되었다. 그리고 새로운 기술공학은 세계화의 등장에 필수적인 것으로 간주되며, 경계를 넘나드는 경제적 교류는 궁극적으로 돈과 사람, 이미지, 가치, 사상 등이 신속하게 국가의 경계를 넘나드는 세계적인 네트워크를 형성하고 있다. 경제적 힘이 국경을 넘나들고 문화가 새롭게 형성되어 의사소통을 증진시키면서 이러한 상호 교류의 중재자로서 국가의 역할도 변화하고 있다.

이러한 변화가 교육에 어떠한 의미를 가져다주는지 평가하기란 쉽지 않다. 그러나 세계화가 시장을 모방한 경쟁적이고 탈규제화된 교육체제와 함께, 다음 세대의 일꾼들을 무정형의 21세기 노동시장에 맞게 준비시키기 위해 더 많은 압력을 가하고 있음은 명확하다. 세계화에 대한 다양한 이론적 관점이 존재하고 있고, 아직 세계화가 교육에 미치는 영향에 대한 충분한 이론적 논의와 경험적 연구 성과들이 축적되고 있지는 않지만, 신자유주의 관점이 현재 세계 교육정책에 주도적인 영향을 미치는 이념적 근거가 되고 있다는 점은 여러 나라의 교육개혁 동향을 통해 나타나고 있다.

세계화와 신자유주의

신자유주의는 18세기와 19세기의 고전적인 정치, 경제적 자유방임주의의 재현으로 볼 수 있다. 고전적 자유주의에 따르면 사회란 개개인의 합리적 선택이 최적의 사회적 효율성을 이끄는, 선택 주체로서의 원자적 개인의 집합체이다. 사회적 효율성이 1990년대에 가지는 의미는 재화와 서비스, 부의 생산과 분배를 적절하게 조절하는 것을 의미한다. 본질적으로 신자유주의는 자유와 공격적인 개인주의가 짝을 이루는 통제되지 않는 시장을 증대시키려는 것이다. 그들은 국가를 대신하여 자원의 분배자로서의 시장의 우월성을 지지하고, 자본주의 시장이 경제적 효율성을 극대화하며 개인의 자율성을 보장해 주는 중요한 역할을 한다고 강조한다. 그러므로 신자유주의자들에게 있어 무제한적 시장의 확대는 사회 발전의 상징으로 간주된다(김안나, 2003).

코튼(Korten, 1995)에 따르면, 신자유주의자들은 시장주의의 창도자로 자유로운 세계시장이 경제적 효율성을 증대시키고, 소비자의 선택의 폭을 넓혀 주며, 창조적인 직업을 창출한다는 신념에 기초하여 재화의 자유로운 흐름을 방해하는 장벽을 제거하고자 한다. 세계시장에서 국가는 이러한 흐름을 촉진시켜 주는 역할을 하여야 하며, 따라서 국가경제란 더 이상 의미가 없다는 것이다. 더 나아가 신자유주의자들은 보호무역, 조직화된 노동조합, 규격화된 상품의 대량생산, 관료적이고 수직적인 경영, 분절화된 작업방식으로 특징지어지는 포디스트 경제체제 역시 더 이상 유지될 수 없음을 강조한다. 또한 세계적인 경쟁이 기업가들로 하여금 이윤추구를 위해 새로운 시장을 개척하고 임시직, 계약직 노동자들의 노동력을 이용하여 비용의 절감과 노동의 융통성을 확대하고자 하는 기업의 문화를 촉진할 것이라 본다.

이러한 관점에서 볼 때, 역사적으로 자본주의 경제에서 불평등한 이윤 분배를 조정하는 역할을 수행해 온 국가의 역할은 변화되어야 한다. 국가의 개입은 기업들이 교류하고 경쟁하고 투자할 수 있는 자유를 보장해 주는 선에서 이루어져야 한다는 것이다. 이러한 신자유주의의 패러다임 하에서 교육을 포함한 국가 주도 서비스는 시장의 경쟁 논리에 따라야 한다. 이들은 공적 기관을 민영화하고 국가의 통제와 세금을 감축하고, 고비용의 복지국가를 쇠퇴시킴으로써 기업의 수입과 경제적 효율성을 증대시키고자 한다. 이러한 정책들은 기업과 부유한 개인의 세금을 감소시키는 대신 새로운 일자리를 창출할 수 있게 하여 궁극적으로 국가의 효율성을 증대시킬 것이라는 주장이다(Wells et al., 1998).

이와 같은 방식으로 신자유주의자들은 서구에서만이 아니라 IMF나 World Bank의 신자유주의적 통화 정책에 의해 영향을 받고 있는 라틴 아메리카나 아프리카 국가에서 세계화를 정당화하고 있다. 제3세계 국가들이 제1세계 국가들과 은행들에 의존하도록 만든 1980년대 초반의 채무 위기 이래로 IMF나 World Bank의 영향력은 제3세계 국가들에 점차 깊숙이 파고들고 있다. 가령, 라틴 아메리카에서의 IMF 정책은 공공 지출을 줄이도록 하는 데 목적이 있으며, World Bank 역시 무역 장벽을 없애고 시장을 탈규제화하며 정부의 규모를 줄이고 공적 기구들을 민영화하는 것을 장려하고 있다. 요컨대, 신자유주의 패러다임에서는 세계를 넘나드는 자본주의의 팽창을 촉진하고 민간 수준의 교류와 공적 서비스의 제공을 감소시킬 수 있는 정책이 요구된다(Wells et al., 1998).

같은 맥락에서 신자유주의자들은 국가가 관여하는 공교육을 비판하는데, 이는 관료주의적, 규제적, 독점적, 사회주의적인 공립학교 체제가 시장, 경쟁, 탈규제, 개인주의를 강조하는 신자유주의 이데올로기와 정면으로 반대되기 때문이다. 신자유주의적 관점을 교육개혁에 적용해야 한다고 주장하는 사람들은 학교가 국가의 관료주의적 규제에서 벗어나야 할 뿐 아니라 학부모들에게 바우처를 제공하여 그들이 원하는 학교를 선택할 수 있도록 함으로써 학교 간 경쟁을 촉진시킬 것을 주장한다(Chubb & Moe, 1990; Friedman, 1962). 이러한 패러다임에 따른다면, 가난하거나 장애가 심한 학생들을 대상으로 하는 국가 수준의 교육 프로그램들은 학교의 자율성과 책무성을 떨어뜨리고 국가의 재정 부담을 증가시킨다는 점에서 문제의 소지가 있다. 현재 세계적으로 이와 같은 신자유주의 이데올로기가 확산되면서 정부의 간섭을 최소화하는 방식으로 공교육에 대한 재구조화 요구가 높아지고 있다.

고등교육정책에 미치는 영향

분권화와 공공 부분의 개혁을 통한 정부의 생산성 향상, 민영화와 시장화를 통한 지속적인 경제성장, 수요자 중심의 개혁과 결과에 대한 책무성 강화 등으로 요약할 수 있는 세계화 전략은 1980년대 이후 교육 부문에 있어서도 폭넓게 적용되어 세계적인 교육개혁의 흐름으로 확산되고 있다(OECD, 1995, 2001). 특히, 고등교육은 세계화가 보편적인 현실이 되면서 고도의 창조적인 지식과 기술 및 정보처리능력 등을 겸비한 질 높은 경제 활동 인구를 확보하는 것이 재편되는 세계경제 질서 속에서 국가 간 경쟁의 중요한 수단이 되기 때문에 다른 어떤 분야보다도 정책적 관심이 되고 있다(Kerr, 1992; Levine, 1991; van Ginkel, 1995). 이러한 배경하에 고등교육의 국제경쟁력을 높이기 위한 여러 나라의 교육개혁이 광범위하고도 폭넓게 진행되고 있다. 이러한 고등교육 분야의 개혁 특징들은 1990년대 중반 이후 우리 교육개혁에도 뚜렷하게 반영되고 있다. 이는 세계화에 대한 국가의 대응전략이며, 선진국을 비롯하여 점차 영향력이 확대되어 가고 있는 국제기구의 정책을 반영한 것이다(김안나, 2005).

이와 같은 세계화의 영향이 우리 고등교육정책에 구체적으로 가시화되기 시작한 것은 1995년부터이다. 흔히 '5 · 31 교육개혁'으로 불리는 당시 교육정책의 기조는 공급자 중심의 획일화된 교육, 폐쇄적 교육, 규제 및 통제 중심의 교육에서 탈피하여 수요자와 학습자 중심, 다양화된 개방적 교육, 자율과 책무 중심의 교육으로 요약할 수 있다(교육개혁위원회, 1995). 이러한 교육개혁안은 이후의 교육개혁정책의 근간을 제시했다고 평가받고 있다. 특히, 이때 도입된 고등교육 부문의 정책 과제인 대학설립준칙주의, 대학 정원 및 학사운영 자율화, 학부제, 대학재정지원평가 등은 현재까지도 진행되고 있는 대학구조조정과 관련된 주요 내용을 포함하고 있다.

대학설립준칙주의는 대학의 자율화와 다양화라는 원칙에 입각하여 대학설립의 기준을 완화함으로써 특성화된 대학의 설립을 통해 대학교육의 기회를 확대하고, 사회적 인력 수요에 능동적으로 대처하도록 한다는 정책적 목표를 실현하기 위한 것으로 볼 수 있다. 대학설립준칙주의와 더불어 정부는 대학정원의 자율화를 통해 대학정원을 대학이 조정할 수 있도록 하였는데, 1996년에는 대학정원 신청절차를 폐지하여 계열별 총 규모만을 결정 통보하는 포괄승인방식을 도입하였고, 1997년에는 여건을 갖춘 지방사립대학에 대해 증원 규모를 자율화하는 여건 연동제를 적용하였다. 한편, 학사운영 자율화를 위해 최소전공학점인정제, 복수전공제, 전공운영모형의 다양화 등을 중심으로, 학사제도 운영 측면에서 정부가 대학의 자율성을 보장하는 규제 완화와 대학이 학생의 선택권을 보장하는 수요자 위주의 제도 개선이 이루어졌다. 학부제의 도입은 대학이 백화점식으로 학과를 설치 운영함에 따라 고등교육 투자의 비효율성과 경영의 비효율화를 낳게 되고 시설 · 설비의 중복 투자가 조장되고 있다는 판단에서 학생 모집단위를 2개 이상의 학과나 학부 중심으로 모집하는 것을 원칙으로 규정하고 복수전공을 제도화하도록 한 것으로, 1998년부터는 모집단위 광역화를 법제화하였고, 학부제 도입을 장려하기 위해 재정지원과도 연계하였다.

평가와 연계된 대학재정지원방식은 종래 형평성에 입각하여 배분하던 재정지원 사업뿐 아니라 정부의 주요 정책을 추진하는 기제로 정착되었다. 이러한 정부의 재정지원평가는 강력한 행정권한을 바탕으로 대학을 통제하던 방식으로부터 탈피하여 자율화라는 정책기조와 맞물려 대학개혁을 추진할 수 있는 새로운 유인수단으로 도입되었다. 문민정부에 이은 김대중 정부 시절도 사회 전 분야에 걸친 경쟁력 제고 차원에서 구조조정과 시장적 접근이 본격화되면서 효율성 중심의 경제논리가 고등교육 정책결정 및 집행의 동력으로 작용한 시기라 볼 수 있다(신현석, 2004). 특히, 1990년대 후반 이후 정부는 대학개혁을 위한 중요한 정책수단의 하나로 대학의 성과에 대한 평가와 연계한 재정지원정책을 추진하여 왔는데, 여러 구조조정 정책의 실천 여부가 정부의 대학에 대한 재정지원의 기준이 되어 왔음은 물론이고, BK21 사업과 NURI 사업과 같은 교육과 연구기반을 조성하기 위한 대규모 지원사업에 대해서도 재정지원을 차등화함으로써 선택과 집중에 의한 대학의 경쟁력 제고에 주안점을 두고 있다.

고등교육정책의 쟁점

5 · 31 교육개혁안을 시작으로 정부가 고등교육 분야에서 추진하

고 있는 교육개혁의 내용들은 고등교육체제를 시장원리에 따라 개혁하고자 하는 경제적 이념이 깔려 있다. 따라서 고능교육의 수월성, 효율성, 책무성을 높이기 위해 개별 기관 간의 경쟁이 강조되며, 교육을 경제적 합리성의 관점으로 바라보고자 하는 이러한 움직임은 전통적인 공교육 개념은 물론 대학교육의 목적과 운영방식에도 상당한 변화를 초래하고 있다. 한편, 세계화는 고등교육에 대한 시장의 영향력을 증대시킴으로써, 근대국가의 성립 이후 유지되어 온 국가의 교육통치권에 변화를 가져오고, 이는 현재 고등교육에 있어서 자율화, 책무성, 민영화 등과 같은 새로운 쟁점을 불러일으키고 있다(김안나, 2005).

교육에 대한 규제: 자율화 및 분권화의 쟁점

신자유주의에서 강조하는 최소한의 정부개입의 원칙에 따라, 세계화는 국가가 무역의 자유화, 자본의 자유로운 이동, 투기적인 단기 투자, 새로운 시장에 대한 접근을 촉진할 수 있는 환경을 조성할 수 있도록 하는 구조조정을 촉진하고 있다. 따라서 시장에 대한 정부의 통제를 축소하고, 정부의 재정지출을 억제하며, 수출 주도 정책을 지원하는 등의 정책이 도입되고, 이러한 변화에 적응하지 못할 경우 세계시장에서의 경쟁력을 상실하게 된다.

신자유주의적 세계화 논의에서 초국적 기업(TNC)의 개별 국가 경제 정책에 대한 영향력의 증대는 개별 국가의 통치권을 약화시킬 수밖에 없다(Smyth, 1994). 이와 관련하여, 구조조정 정책은 TNC의 이윤과 단기투자수익을 극대화하는데, 이는 특히 개발도상국에서의 부의 재분배와 국내의 기본적인 필요의 충족이라는 정치적 목표들과 상충된다. 그러나 최근까지 한국 경제의 급성장의 예에서 보듯이, 빠른 경제 성장은 신자유주의 이념보다는 국가가 자본의 이동을 통제하고, 형평성에 대한 보장을 강조하고, 보호주의 정책을 유지할 때 가능하였다.

그럼에도 불구하고 세계화에 따른 교육적 변화의 중심 방향은 여타 경제사회 부문의 개혁에서와 마찬가지로 분권화와 탈규제 정책으로 일관되고 있다. 분권화 주장의 핵심은 개별 고등교육기관들이 의사결정에 있어서 보다 많은 자율권을 보장받을 때 교육의 적합성이 높아질 뿐 아니라 결과적으로 교육 결과에 대한 책무성이 높아질 것이라는 가정에 기초한다. 분권화와 탈규제화는 생산성을 향상시키고, 학부모와 학생의 요구에 민감하게 반영하도록 할 뿐만 아니라 해당 지역의 필요를 반영하는 의사결정이 이루어지도록 함으로써, 전체 국가의 인적자원의 질을 향상시킬 것이라는 주장이다.

그러나 경제적 관점에 기초한 분권화와 탈규제화는 국가의 공교육에 대한 기여를 축소시키고 있다(Carnoy, 1993). 우리 교육법은 교육이 사회의 공익을 추구하며, 따라서 모든 학교가 공적 기관으로서 관련 규정에 명시된 설립기준에 부합하여야 한다고 명시하고 있다. 이러한 법률적 틀 아래서, 개별 기관들의 자율성은 제한되게 마련이다. 이에 따라 교육부는 대학의 지배구조에 대한 다양한 규제정책을 지속해 왔다. 이러한 정부의 규제에 따라 사립대학과 국립대학 모두 대학의 운영과 학사관리의 모든 면에서 규제를 받아 왔다. 그러나 현재 교육시장 개방에 관한 논란에서 볼 수 있듯이 정부의 규제가 시장의 요구와 충돌하는 상황들이 등장하고 있다.

외국 대학들은 한국 시장에 대한 자유로운 접근과 각종 규제에 대한 철폐를 요구하고 있으며, 이는 불가피하게 한국 대학에 대한 정부 규제 정책에 있어서도 변화를 수반하게 될 것이다. 경쟁과 분권화, 민영화는 보다 효율적인 대학을 목표로 한다. 그러나 효율성과 경영원칙의 적용은 공익과 사회 혁신, 기본적인 발전을 추구하는 대학의 사회적 목적과 충돌할 수밖에 없다. 이윤을 극대화하는 것이 교육의 목적은 아니며, 기업경영과 시장원리의 도입은 교육기관의 다양한 기능과 상충하는 측면이 있음을 인식할 필요가 있다. 교육의 분권화는 교육의 형평성과 지역 간의 불균형을 초래할 수 있으며, 한국과 같이 고등교육에 있어 지역 간 격차가 큰 상황에서 정부의 획일적인 탈규제정책은 오히려 불평등을 강화할 가능성을 배제할 수 없다.

교육 공급의 주체의 변화: 민영화의 쟁점

근대 국가의 성립과 더불어 국가는 그 목적을 실현하기 위한 수단으로 공교육체제를 형성하였다. 이러한 기반 위에 학교는 가장 보수적이고 표준화된 조직으로 수 세기 동안 지배구조상의 근본적인 변화에 저항해 왔다. 따라서 학교가 시장원리를 따르도록 하는 것은 과거에는 불가능한 것이었다. 그러나 세계화와 이를 가능하게 한 기술의 발전은 전통적으로 보수적인 대학을 포함한 교육조직에 근본적인 변화를 촉발시키고 있다. 이러한 변화의 주요 동인은 교육시장의 개방과 같은 자유무역원칙의 도입, 무제한적인 정보에의 접근, 공급의 다양화 등이다. 이에 따라 기업가와 정책결정자들은 정부가 더 이상 교육을 포함한 공공 부문에 대한 지원을 지속할 수 없음을 주장하고 있다(Mok & Welch, 2003).

민영화를 포함한 신자유주의 이념에 기초한 교육개혁의 흐름에서 사회 복지와 통합 같은 국가의 정치적 목적은 일차적인 관심에서 벗어나기 쉽다. 시장경제체제에서 교육의 목적은 시장경제에 적응력 높은 인력의 효율적인 양성에 초점이 있다. 물론 국가 발전과 인적자원 양성과의 상관관계는 항상 중요하게 강조되어 왔으며, 이러한 관계의 중요성은 사회가 급속하게 변화되는 시기에 보다 강조되었다(Coleman, 1965). 다만, 산업사회에서 교육개혁의 기본 아이디어가 정부에 의해 획일적으로 통제되는 단일한 형태의 교육이 국가 발전에 유익할 것이라는 전제에 기초하지만, 현재와 같은 후기 산업사회에서는 오히려 장애가 되며 자유경쟁의 원칙과 교육 공급 측면에서의 자율화, 개방화가 강조된다는 점이다.

고등교육에 있어 민영화는 서비스의 민영화, 비용분담, 대학의 기업화 등 다양한 형태로 진행되며, 현재 대학 재구조화의 주요 수단이 되고 있다. 민영화 과정에서의 개별 교육기관들 간의 경쟁은 일반 기업 간의 경쟁에서처럼 많은 변화를 가져올 것이다. 우선, 고등교육기관들이 공급자보다는 수요자 중심으로 변화될 것이라는 점을 쉽게 예측할 수 있다. 역으로 대학들이 수요자 중심으로 될 때 기관 간의 경쟁은 더욱 가속화될 것이다. 그리고 수익자 부담의 교육체제하에서는 대학들이 정부의 재정지원을 받기 위해 보다 좋은 성과를 보여 주어야 한다. 대학 간 경쟁을 통한 정부의 재정과 연구비 지원에 있어서의 차등화 전략이 현재 진행되는 고등교육의 재구조화의 주요 정책수단이 되는 것은 이와 같은 맥락에서이다.

그러나 자원과 학생을 둘러싼 고등교육기관 간의 경쟁은 교육을 개인주의와 소비자중심주의로 재구성할 위험성을 내포하고 있다(Aronowitz & Giroux, 1993). 고등교육의 국제화와 개방화는 외국 대학과 국내 대학이 경쟁해야 하는 자유무역체제를 의미하며, 소비자의 구매능력이 그가 어떤 수준의 교육을 받을지를 결정하는 방편이 되고, 따라서 사회정의에 대한 관심은 후퇴하며, 기존의 자원의 불균등한 분배구조가 강화될 가능성이 크다(Ball, 1994). 양질의 교육에 대한 접근기회의 계층 간 불평등은 세계화로 인해 전 세계 교육시장을 상대로 확대되고 있다.

고등교육 시장화의 또 따른 결과는 기업형 대학의 출현이다. 국가는 대학에 대한 지원을 줄이고, 사회경제적 요구에 맞추어 대학의 재구조화를 유인하며, 산업과의 연계를 통한 수익의 창출과 혁신을 요구한다. 기업형 대학들의 특징은 기업과의 긴밀한 파트너십이다. 대학의 경영자나 교수 모두에게 시장성이 중요한 덕목이 되고 있어서 교수들은 외부로부터 펀딩을 유치하도록 강요받고 있고, 학교의 경영자들에게는 기업경영 마인드가 강조되고 있다. 한편, 고등교육과 산업 간의 새로운 파트너십의 결과로 응용학문 중심의 지식 생산양식이 강조된다(Gibbons et al., 1994). 이러한 시장 중심의 조건하에서는 지식, 특히 과학 기술과 혁신 부분에서의 지식이 기업형 연구에 가치를 두어 재구성되고, 시장에서의 상품성으로 평가받게 된다. 따라서 전통적인 학문의 자유, 비판적 사고, 지적 호기심 등은 수익을 창출할 수 있는 활동들과 갈등 관계에 놓이게 된다. 학문적 활동에 대한 보상은 기업과 같은 기준으로 이루어지게 되며, 예산에 대한 책무성의 강조는 조직의 공공선을 지향해야 하는 대학공동체에 대한 관념을 손상시키고 있다.

평가에 기초한 재정지원: 교육 성취도와 책무성의 쟁점

세계화에 따른 고등교육정책 변화의 또 다른 큰 흐름은 정책 형성에 있어서 World Bank와 OECD 같은 국제경제기구들의 영향력이 확대되고 있다는 점이다(Carnoy, 1993). 이들의 개도국 정부에 대한 시각은 부패와 무능이다(Mosley et al., 1991). 따라서 민영화, 탈규제화, 분권화, 세계경제로의 통합을 위한 전략들이 고등교육 재정의 효율성을 확보하고 공적 자금의 지출을 줄일 수 있는 방법이라 권고하고 있다. 그러나 자유무역에 대한 국제적 압력과 함께 정부 예산의 감축이 자동적으로 국가 역할의 축소를 의미하지는 않는다(Kofman & Youngs, 1996).

고등교육 분야에서 정부 재정 효율화의 해법은 비용을 민간에 부담시키는 한편, 교육과 연구의 질에 기초해 대학에 대한 지원을 차등화하는 것이다. 그러나 이러한 정책은 자원의 제약으로 인해 교육과 연구의 여건이 악화되고 있는 한국 대학의 현실을 고려하고 있지 않다. 한국 대학의 경우, 사립대학은 재정의 80%를, 그리고 국립대학은 재정의 45%를 학생 등록금으로 충당하고 있다. 등록금에 대한 높은 의존도는 시장원리의 적용과 현재 한국이 처한 경제적 어려움으로 인해 당분간 바뀌지 않을 것으로 전망된다. 이러한 상황에서 정부는 1990년대 중반부터 대학 간 경쟁을 통해 교육자원 활용의 효율화를 도모하여 교육의 질 제고를 통한 책무성 강화를 전제로 고등교육기관의 자율성 확대와 대학에 대한 평가를 강화하고 있다(김안나 외, 2004). 이에 따라 대학은 시장과 수요자의 요구와 필요에 부응하여 구조조정을 단행하고 있고, 대학간, 교수 간, 학과 간 경쟁은 더욱 심화되어 개인주의적이면서 경쟁적인 문화가 대학에 확산되고 있다.

경쟁은 교육의 수월성 제고를 위해서는 매우 유용한 접근법이라고 볼 수 있다. 상위의 수월성이 강조되며, 경쟁력 있는 부문에 대한 지원으로 인해 창출된 생산성 향상이나 부가가치가 하위 부문으로 전이되어 모두의 이익을 향상시키고 전체적인 발전을 이룰 수 있다고 보는 관점이 지배적이다. 따라서 재능과 능력이 있는 학생들에 대한 선택적이고 효율적인 지원이 정당화된다. 그러나 이와 같이 경제적 관점에서 교육에 접근할 때의 문제점은 첫째, 수월성에 대한 단일한 표준을 제시함으로써, 학생들을 능력에 따라 계열화하고 차별적인 교육경험을 제공한다는 점이다. 둘째, 교육을 상품화하고 과학적 관리를 강화함으로써 교육의 질을 표준화하고 계량화된 평가방법으로 통제하고자 한다. 셋째, 협소한 업적주의에 기초하여 능력이 부족한 학생들에 대한 기대치를 낮추며, 불충분한 교육적 지원이 이루어지는 것을 정당화한다. 뿐만 아니라 현재의 변화들은 학문의 현장성과 실용성을 강조하고, 산업현장에서 필요한 응용학문에 집중함으로써 단기적인 수익에 집착하여 결과적으로 사회과학, 인문학, 문화예술 분야의 위축을 초래하고 있으며, 대학의 교육기능과 연구기능 간의 갈등을 초래하고 있다.

시장은 구조적으로 불평등한 권력관계에 기초한 제도이다(Bakker, 1994). 비록 개인의 업적(merit)에 보상하는 체제로 인식되고 있지만 오랫동안 대학은 남성중심적이고 계급에 기반을 둔 역사를 지니고 있다. 이처럼 불평등한 관계는 현재 세계시장에서 새로운 비교우위를 점하기 위한 대학들 간의 경쟁이 치열하게 진행되고 있는 가운데 전통 대학과 신설 대학 간의 경쟁에서, 그리고 선진국의 대학과 개도국의 대학 간의 관계에서도 마찬가지로 적용되고 있다(Yeatman, 1994).

결론

세계화 영향으로 고등교육 분야에서도 평가에 기초한 재정지원, 질 관리, 책무성 강화 등이 새로운 규제 방식으로 확산되고 있다. 우리 대학들은 정부의 각종 규제 속에서 사회적 변화의 요구에 신축성 있게 반응하지 못한 채 양적인 성장 모델을 추구해 왔다. 그 결과, 외환위기 이후 경제 성장속도의 둔화, 대외개방과 세계화에 따른 노동시장 유연화 등에 효과적으로 대처하지 못한 채 세계 대학들과의 경쟁에 뒤처지고 있다. 이러한 인식에서 최근의 고등교육 개혁은 대학의 사회경제적 기여도를 높이기 위한 다양한 전략들을 중심으로 진행되고 있고, 이러한 정책들이 그간 안일하게 운영되어 온 우리 대학들의 체질을 개선하는 데 가시적인 성과들을 보여 주고 있는 것이 사실이다.

그러나 앞서 논의한 바와 같이 대학개혁 과정에서 대학들이 당면하게 된 다양한 문제들과 이와 관련된 정책의 현안들은 기존의 대학 문제를 해결하기 위해 도입된 정책들이 또 다른 새로운 문제들을 초래할 수 있음을 보여 주고 있다. 현재 자율화, 다양화, 특성화 등을 통한 대학의 경쟁력 제고라는 대학개혁의 대전제에는 대부분의 대학들이 공감대를 형성하고 있다. 그러나 각론으로 들어가 개별 정책들이 추진되어 온 과정을 보면, 당초 정책의 목표와는 다른 결과를 초래하거나, 관련 정책들 간에 갈등이 나타나고 있음을 알 수 있다(김안나, 2005).

그 일차적인 이유는 각 정책들이 우리 대학의 실정을 충분히 고려하지 않고 일관성 없이 추진되어 왔기 때문이다. 정부는 사회와 대학의 현실을 고려하지 않은 채 교육문제를 획기적으로 개선하려는 단기적인 정책을 펴 왔다. 정책은 현실에 근거해야 한다. 따라서 정책을 입안할 때에는 대안보다 현실 분석이 먼저, 그리고 철저하게 이루어져야 한다(오욱환, 1999). 그럼에도 불구하고 그간 많은 정부정책들이 개별 대학의 현실을 무시한 채 획일적으로 추진되어 여러 가지 부작용을 초래하였으며, 그때마다 정책의 대상인 대학들에게 책임을 전가하여 왔다.

일례로 현재 구조조정의 위기에 처해 있는 소규모 신설 대학들은 정부의 대학설립준칙주의에 따른 무분별한 대학 양산의 결과이다. 따라서 현재 노동시장에서의 인력 수요 공급의 불일치 및 이들 대학들의 파산으로 초래될 우리 고등교육체제의 손실은 일차적으로 불과 10년 후의 일을 내다보지 못하고 정책을 입안한 당국의 책임이 크다. 따라서 향후 정책 책임자들은 자신들의 임기 내에 드러날 수 있는 단기적이고 획기적인 변화에 집착하기보다는 객관적인 현실 분석에 기초하여 대학과 국가 발전을 위해 의미 있는 변화를 이끌어낼 장기적인 발전계획에 의거한 정책을 수립하여야 한다.

다음으로 정책의 목표와 수단 간에 모순이 발견되는 경우가 많다는 사실도 간과되어서는 안 된다. 예를 들어 대학 자율화라는 원칙에도 불구하고 대학에 경쟁체제를 도입하기 위해 국가가 대학개혁을 주도하고 있는 상황에서는 정책이 일관성 있게 추진되기 어렵다. 대학평가에 의해 대학 특성화를 유도하겠다는 전략은 일률적인 평가 기준이나 방식의 적용으로 특성화가 오히려 획일화를 조장하는 결과를 가져왔다. 평가와 연계하여 재정지원을 차별화하는 정책은 재정 구조가 취약한 사립대학들에 큰 영향을 미친다. 평가 결과에 학교에 대한 지원을 결부시킨다거나 평가 결과를 공표하여 학교의 대외적인 신임도에 영향을 미치는 경우에 각 대학은 평가에 사활을 걸게 된다. 이에 따라 대학은 자율성을 유지하기 어렵게 되며 평가자들이 제시하는 기준에 학교의 운영과 학사를 맞출 수밖에 없다. 특히 교육부가 권장하는 정책을 채택했는지 여부를 평가기준으로 설정하는 경우, 그러한 권장사항은 실제에 있어서는 강제성을 띤 규제로 작용하게 된다. 뿐만 아니라 대학의 평가기준에 따라 예산지원이 차등 지급되면, 현재 기준으로 어려움을 겪는 대학들은 평가에 불리할 수밖에 없으므로 예산지원도 많이 받지 못하는 악순환이 계속될 수 있다. 따라서 대학평가정책의 기본 방향이 개별 대학의 자율성 신장을 극대화하는 방향으로 재설정되어야 하고, 평가의 기준 및 방법 등도 이러한 방향에 따라 재정립되어야 한다.

그리고 현재 대학에 대한 비판들은 한국 대학교육의 경쟁력이 약한 것이 교육재정의 기반이 취약한 데서 발생하였다는 사실을 간과하려 하고 있다. 우리나라 고등교육의 약 80%를 차지하고 있는 사립대학들의 재정구조가 매우 취약해서 운영 수입의 3분의 2 정도를 학생 등록금에 의존하고 있다는 것은 주지의 사실이다. 이와 같이 재정적인 기반이 열악한 상황에서 대학의 다양화와 특성화를 강조하는 것은 소수 대학에 대한 선택과 집중투자의 논리를 강화할 뿐이다. 이러한 상황에서 단지 대학에 기업 경영의 원리를 도입한다고 해서 재정의 효율성이 담보되고 대학의 생산력이 향상될 수 있을지 의문이다. 이는 오히려 대학의 관료주의 풍토만을 강화할 가능성이 높다.

대학들은 현재 교육 수요자의 요구에 부합하는 방향으로 변화되어야 한다는 데 인식을 같이하고 있으며, 이와 관련하여 현재 교육부에서 추진하고 정책사업들의 기본 방향에 기본적으로 공감하고 있다. 그러나 정부의 대학지원정책이 이상적인 정책적 구상만 있을 뿐 실질적인 지원책이 미흡하다는 데 대다수의 의견이 모아지고 있다(김안나 외, 2004). 따라서 보다 현실적인 지원 대책이 시급하다. 그리고 무엇보다도 고등교육에 대한 투자가 확대되어야 한다. 현실적으로 획기적인 정부 투자 확대가 어렵다면, 대학들이 자체적으로 재정을 확충할 수 있도록 보다 많은 자율권을 주어야 한다. 사립대학의 재정 확보와 관련해서는 국가가 사립대학 운영에 부족한 재정을 보조하는 정책을 추진하든지 아니면, 사립대학들이 재정적으로 자립할 수 있도록 재원 확보에 관련된 각종 규제를 철폐하거나 완화하는 정책 방향을 견지해야 할 것이다.

마지막으로 경쟁의 공정성이 담보되지 않은 상태에서의 경쟁은 생산력을 향상시키기보다는 더욱 소모적인 방향으로 진행될 소지가 높다. 미국과 같이 대학의 설립과 폐지가 상시 일어나고 있는 나라와 달리 정부의 지원이 뒤따르지 않는 대학 구조조정은 대다수의 대학, 특히 사립대학들의 위기로 이어질 것이며, 이는 우리 고등교육체제 전체에 심각한 영향을 줄 수 있다. 정부는 개별 대학의 경쟁력 강화 차원에서뿐만이 아니라 전체 고등교육체제 강화 차원에서 전략을 구상해야 한다. 이를 위해 정부는 이미 상당히 경쟁력을 갖추어 가고 있는 대학에 대해서는 보다 과감하게 자율권을 보장하고, 그렇지 못한 대학들에 대해서는 경쟁에 참여할 수 있는 여건을 형성하도록 지원하는 정책을 구상하여야 한다.

참고문헌

교육개혁위원회(1995). 세계화·정보화시대를 주도하는 신교육체제 수립을 위한 교육개혁방안(Ⅰ). 제2차 대통령보고서.

김안나(2003). 대학입학 수능 성적 분포의 변화 추이를 통해 본 고등교육의 서열화 구조. 교육사회학연구, 13(3), 65-83.

김안나(2006). 교육사회학 연구주제의 탐색을 위한 세계화 이론과 교육연구의 동향 분석. 교육과학연구, 37(1), 29-48.

김안나(2005). 5·31 교육개혁 이후의 한국 고등교육정책의 변화와 쟁점. 교육정치학연구, 12(1), 85-109. 한국교육정치학회.

김안나 외(2004). 고등교육 보편화에 따른 고등교육 재구조화 및 질 제고 방안. 한국교육개발원 연구보고, CR2004-14. 서울: 한국교육개발원.

김안나·이병식(2004). 한국 고등교육의 보편화에 따른 대학 재구조화의 현황과 정책 방향. 한국교육, 31(2), 415-440.

신현석(2004). 대학 구조조정의 정치학: 역사적 분석을 통한 신제도주의적 특성 탐색을 중심으로. 한국교육정치학연구, 11권, 90-120.

오욱환(1999). 미국 고등교육 경쟁력의 배경. 비교교육연구, 9(2), 1-37.

Aronowitz, S. & H. Giroux (1993). *Education still under siege.* Westport, CT: Bergin & Garvey.

Bakker, I. (1994). *The strategic silence: Gender and economic policy.* London: Zed Books and North-South Institute.

Ball, S. (1994). *Education reform: A critical and post-structural approach.* Buckingham: Open University Press.

Carnoy, M. (1993). Multinationals in a changing world economy. In *The new global economy in the information age*, edited by Carnoy, M. et al. PA: Pennsylvania State University Press.

Chubb, J. E. & T. M. Moe (1990). *Politics, markets, and America's schools.* Washington, DC: Brookings Institution.

Coleman, J. (Eds.) (1965). *Educational and political development.* Princeton: Princeton University Press.

Dolon, M. (1993). *Global economic transformation and less developed countries.* CO: Lynne Rienner.

Friedman, M. (1962). *Capitalism and freedom.* Chicago: University of Chicago Press.

Gibbons, M. et al. (1994). *The New production of knowledge.* London: Sage.

Held, D. & A. McGrew. (1993). Globalization and the liberal democratic state. *Government and Opposition, 28*(2), 261-288.

Kerr, C. (1992). *The uses of the university.* Cambridge, MA: Harvard University Press.

Kofman, E. & G. Youngs (Eds.) (1996). *Globalization theory and practice.* New York: Printer.

Korten, D. C. (1995). *When corporations rule the world.* CT: Kumarian Press.

Levine, H. M. (1991). Raising productivity in higher education. *Journal of Higher Education, 62*(3), 241-62.

McLuhan, M. (1987). *Understanding media: The extensions of Man.* London: ARK.

Mok, K. & A. Welch (2003). *Globalization theory and practice.* New York: Printer.

Mosley, P. et al. (1991). *Aid and power: The world bank and policy-based lending 1, Analysis and Policy proposals.* London: Routledge.

OECD (1995). *Governance in transition: Public management reform in OECD Countries.* Paris: OECD.

OECD (2001). *Government of Future.* PUMA Policy Brief. June. Paris: OECD.

Rust, V. & A. Kim (1997). Free trade and education. In *International Handbook of Education and Development*, edited by Cummings, W. & N. McGinn. New York: Pergamon Press.

Sadlak, J. (1998). Globalization and concurrent challenges for higher education. In *The Globalization of higher education,* edited by Scott, P. UK: The Society for Research into Higher Education and Open University Press.

Sklair, L. (1995). *Sociology of the global system* (2nd eds.). Baltimore: Johns Hopkins University Press.

Smythe, J. (1994). *A Policy analysis of higher education reform in Australia in the context of globalization*, *Melbourne Studies in Education*, 35, 39-72.

Toffler, A. (1990). *Powershift.* New York: Bantam.

Hans, V. G. (1995). University 2050: The organization of creativity and innovation. *Higher Education Policy, 8*(4), 14-8.

van Ginkel, H. (1995). University 2050: The organization of creativity and innovation. *Higher Education Policy, 8*(4), 14-18.

Wells, A. et al. (1998). Globalization and educational change. In *International Handbook of Educational Change,* edited by Hargreaves, A. et al. London: Kluwer Academic Publishers.

Yeatman, A. (1994). *Postmodern revisionings of the political.* London: Routledge.

제9장 지식기반사회에서 요구되는 핵심능력의 육성과 측정

지식기반사회에서 요구되는 핵심능력

지식기반사회는 21세기의 가장 중요한 화두가 되고 있다. 이전의 산업사회에서 자본과 노동이 생산의 핵심요소였다면, 지식기반사회에서는 산업 전반에 걸친 지식의 생산·분배·이용이 경제 발전의 원동력이 되어 부를 창출하고 고용을 확대하는 원동력이 된다. 여기서 지식이란 단순히 사실적 지식, 즉 무엇을 안다는 것을 의미하는 것이 아니라, 앎을 바탕으로 무엇인가를 새롭게 창출하고 조직해 체계화함으로써 다시 새로운 것을 창출할 수 있는 능력을 의미한다. 따라서 자본과 노동처럼 소모되는 것이 아니라 지속적으로 축적되어 개인은 물론 기업과 국가의 경쟁력을 좌우하는 지적 자산으로 작용한다.

이 때문에 지식기반사회에서는 특정 분야에 국한된 지식과 정보보다는 다른 분야에도 폭넓게 적용이 가능한 기초능력으로서의 일반 지식과 기술의 가치가 높게 평가되고 있다. 이러한 변화의 징후를 감지한 드러커(Drucker, 1994)와 같은 미래학자들은 지식근로자라는 개념으로 지식사회에서 필요한 새로운 노동자의 조건을 제시하고 있다. 지식근로자에게 요구되는 능력은 소위 보편적 문해력(universal literacy)으로, 특히 수리능력, 과학과 공학에 대한 기초적인 이해력, 외국어 능력, 조직 구성원으로서 효율적으로 기능하기 위한 능력 등이다. 일반적으로 문해의 개념은 1950~60년대까지는 읽기, 쓰기, 셈하기 능력인 3R에 국한되어 사용되었다. 이는 당시 서구유럽에서 저소득계층이나 이민자 집단의 비문해(illteracy)에 대한 관심에서 출발하였기 때문이다. 그러나 차차 학령기에 있는 상당수의 젊은이들도 기초적인 읽기, 쓰기를 하지 못한다는 비판이 제기되면서 일상생활에서 요구되는 기능적 문해(functional literacy)에 대한 정책적 관심으로 발전하게 되고, 이후 1980년대 들어서면서 개인의 직업생활과 관련한 기초기술을 포함하는 것으로 발전하게 된다(Kamp, 1997). 이러한 문해의 개념은 지식기반사회의 확산으로 현재 개인이 속한 사회에서 문화를 이해하고, 정치, 경제, 사회 또는 직업 생활을 영위하는 데 필요한 핵심능력이라는 차원에서 이해되고 있다.

핵심능력(core competence)은 본래 경영 분야에서 사용되던 용어로 기업의 핵심이 되는 기술, 지식, 문화 등 기업조직의 구성원들이 보유하고 있는 총체적인 능력을 지칭한다. 이러한 핵심능력에 관심이 커진 것은 기술과 정보의 빠른 변화로 시장에 대한 예측이 더욱 어려워지고 경쟁이 심화됨에 따라 기업들이 경쟁우위를 확보하기 위해 기업 내부적인 역량에 집중할 필요성이 높아졌기 때문이다. 그러나 급속한 환경 변화는 비단 기업만이 아니라 개인과 국가에도 새로운 도전으로 다가오고 있고, 이에 따라 교육을 통해 전 국민이 사회 변화에 대한 적응력과 경쟁력을 갖추는 데 필요한 핵심능력을 개발하는 것이 국가적인 관심사가 되고 있다. 예를 들어 영국에서는 1990년대 이후 의사소통능력, 수리능력, 정보활용능력, 협동능력, 자신의 학습과 성과를 향상시킬 수 있는 능력, 문제해결능력 등을 지식기반사회에서 요구되는 핵심능력으로 규정하고, 이를 효율적으로 육성하는 데 초점을 두어 학습체제의 개편을 추진하고 있다. 또한 미국에서는 민간과 국가 차원에서 성인의 핵심역량으로 직업기초능력을 강조하고, 이를 기본능력과 직무현장능력으로 나누어 핵심능력의 수준을 측정하고 있다. 한편, 유럽연합에서는 새로운 기초역량이라는 기치하에 디지털 문해(digital literacy), 외국어, 사회적 기능(자신감, 자기주도성, 진취적 기업가 정신), 학습 방법에 대한 학습, 변화에 대한 적응능력, 정보 흐름에 대한 파악능력 등을 주요 핵심능력으로 제시한 바 있다(김안나 · 김남희, 2003). 이와 같은 논의들은 구체적인 내용에 있어서 강조점이 다를 뿐, 모두 일관되게 지식기반사회를 살아가는 현대인들이 갖추어야 할 기본능력에 초점을 맞추고 있다.

이러한 추세는 고등교육에서도 예외가 아니다. 지식과 정보가 높은 부가가치를 창출하는 지식기반사회에서 지식의 생산자로서 대학의 역할은 국가적 차원의 경쟁력 강화를 위해 더욱 강조되고 있고, 산업 및 고용 구조의 변화에 의해 교육과 훈련에 대한 개인적, 사회적 요구 또한 크게 달라지고 있다. 전통적으로 대학교육의 내용은 기초 학습능력과 광범위한 인문학적 교양, 세부 전공지식, 고용과 관련된 전문기술과 지식뿐만 아니라 도덕성과 가치관 등 다양한 분야를 포괄해 왔다. 그러나 최근에는 교육과 직업훈련 간의 경계가 약화되고 있을 뿐 아니라 교육을 통해 육성되어야 하는 능력의 개념도 달라지고 있다(Burton-Jones, 1999). 이러한 변화의 핵심은 현장에서 요구되는 직무수행능력이 강조되고 있다는 점이다. 이에 따라 점차 현장에서의 직무 성과를 예측하기 위해 새로운 능력 개념이 도입되고 있고, 이를 측정하기 위한 검사도구들이 개발되고 있다. 한마디로 지식기반사회에서 요구되는 핵심능력을 중심으로 대학교육에 대한 새로운 질적 기준이 등장하고 있는 것이다(Campbell & Wende, 2000; Center for Quality Assurance in International Education, 2001; Doherty, 1994; Duderstadt, 1999).

핵심능력의 육성에 대한 기업의 요구

앞서 지식기반사회에서는 교육과 훈련의 경계가 약화되고 현장에서 요구되는 직무수행능력이 강조된다고 하였는데, 실제 대학교육에 대한 기업들의 요구를 분석해 보면 지식기반사회에서 강조되는 능력의 특성들이 잘 드러난다. 일례로 지식기반사회에서 고등교육이 무엇을 제공해야 하는가에 대한 호주의 연구에 따르면, 대학 졸업자들의 능력 요건으로 새로운 기술의 습득능력, 의사결정능력, 문제해결능력, 자율적인 작업능력, 전문 분야에 대한 이론적 지식, 의

〈표 9-1〉 대학 졸업자에게 요구되는 능력의 중요도

	기업		대학	
	순위	평균	순위	평균
의사소통 능력(쓰기, 말하기 등)	1	4.20	5	4.05
새로운 기술과 방식의 습득능력	2	4.15	1=	4.25
의사결정 및 문제해결 능력	3	4.11	1=	4.25
지식의 현장 적용능력	4	4.04	6	3.88
전문 분야에 대한 이론적 지식	5	3.94	4	4.13
자율적 작업능력	6	3.70	3	4.19
협동력과 팀워크	7=	3.67	8=	3.63
컴퓨터 활용 능력	7=	3.67	8=	3.63
기업윤리에 대한 이해	9	3.46	7	3.75
일빈 지식에 대한 폭넓은 뒷빋침	10	3.35	10	3.44
직업동기와 포부	11	3.26	11	3.30
일반적 경영 지식	12	3.20	12	2.88
특정한 작업기술	13	3.11	13=	2.63
아시아 언어능력	14	2.91	13=	2.63

출처: http://www.leeds.ac.uk/educol/ncihe/a5_003.htm
주: 5는 매우 중요, 1은 전혀 중요하지 않음.

사소통능력, 지식의 현장 적용능력 등이 중요하게 평가되고 있다(김안나 외, 2002).

한편, 현재 대학 졸업자들의 능력 수준에 대해서는 〈표 9-2〉에서 볼 수 있듯이 대체로 불만족스런 평가를 하고 있음을 알 수 있다. 즉, 새로운 기술의 습득, 전문 분야에 대한 이론적 지식, 컴퓨터 활용 기술 등 일부 영역에 대해서만 보통 수준 정도로 평가하고 있을 뿐, 의사소통능력, 의사결정능력, 문제해결능력, 지식의 현장 적용능력, 협동심과 팀워크, 일반 지식에 대한 폭넓은 이해, 직업동기와 포부 수준, 특정 직업기술 등 전반적인 영역에서 능력 개발 정도가

〈표 9-2〉 대학 졸업자들의 현재 능력 수준

	기업	대학
의사소통 기술(쓰기, 말하기 등)	2.21	2.81
새로운 기술과 방식의 습득능력	3.12	3.00
의사결정 및 문제해결 능력	2.64	2.75
지식의 현장 적용능력	2.47	2.94
전문 분야에 대한 이론적 지식	3.53	3.88
자율적 작업능력	2.77	3.00
협동력과 팀워크	2.79	2.81
컴퓨터 활용 기술 능력	3.25	3.19
기업윤리에 대한 이해	2.08	2.13
일반 지식에 대한 폭넓은 뒷받침	2.56	2.69
직업동기와 포부	2.94	2.90
일반적 경영 지식	2.19	2.44
특정한 작업기술	2.72	2.50
아시아 언어능력	1.77	1.63

출처: http://www.leeds.ac.uk/educol/ncihe/a5_003.htm
주: 5는 가장 높은 점수이고 1은 가장 낮은 점수임.

미흡하다고 평가하고 있었다.

그 결과, 기업들은 〈표 9-3〉에서와 같이 대학교육의 목표로 사고력과 의사결정능력의 학습, 의사소통능력(쓰기, 말하기 등)의 학습, 전문적 기술(이론적 지식)의 습득, 개인적 품행(태도)에 대한 기준 개발, 전문적 기술의 학습, 협동과 팀워크 능력의 학습 등을 강조하고 있었다.

이와 같이 고등교육이 기업의 요구에 민감하게 반응하고 있는 것은 지식기반사회의 도래에 따라 일과 생산조직의 성격이 변화되고 있고, 국가 간 노동시장의 경계가 사라지고 있으며, 계속해서 새로

〈표 9-3〉 기업의 관점에서의 본 대학교육의 목표

	중요도 순위
사고력과 의사결정능력의 학습	1
의사소통능력(쓰기, 말하기 등)의 학습	2
전문적 기술-이론적 지식 습득	3
개인적 품행(태도)에 대한 기준 개발	4
전문적 기술의 학습-실용적 지식	5
협동과 팀워크 능력의 학습	6
일반 학과목에 대한 폭넓은 학습	7
일과 직업 선택에 관한 학습	8
실무 경험	9

출처: http://www.leeds.ac.uk/educol/ncihe/a5_003.htm

운 직업이 생겨나고, 전반적인 기술과 자격 수준이 높아지는 등 환경 변화가 극심하여, 기존의 방식으로는 학습의 성과를 보장할 수 없다고 판단하게 되었기 때문이다. 이러한 사회에서는 학교에서 습득한 지식과 기술의 가치가 급속히 반감되기 때문에 더 이상 교육연한이 인적자본과 동의어가 될 수 없다. 대학생의 핵심능력을 규명하고 측정하려는 시도들은 이러한 맥락에서 비롯된 것으로 볼 수 있다.

고등교육 단계에서 육성되어야 하는 핵심능력

핵심능력의 개념

능력이 무엇인지에 정의하는 것은 쉽지 않다. 보통 사전적으로는

'적절하거나 뛰어난 자격을 갖춘 상태나 질'이라고 설명된다. 그러나 기업에서는 능력을 주로 "업무에서 효과적이거나 우수한 성과를 산출하는 개인의 잠재적인 특성"(Klemp, 1980, p.21) 혹은 "개인이 수행하는 업무에 영향을 주고, 업무 성과와 관련성이 높으며, 조직에서 널리 받아들여지는 성과기준에 대비하여 측정될 수 있고, 교육 훈련과 개발을 통하여 개선될 수 있는 지식과 기술, 태도의 집합체"(Parry, 1996, p. 50) 등으로 정의한다. 이러한 정의의 공통점은 어떤 특정 분야에서 성과를 내는 데 결정적인 차이를 가져오는 특성을 의미한다는 것이다.

이러한 능력 개념을 체계화한 맥클러랜드(McClelland, 1973)는 능력을 "특정한 상황이나 직무에서 정해 놓은 기준에 따라 효과적이고 우수한 직무 수행을 가능하게 하는 개인의 내재적 특성"으로 정의한 바 있다. 이와 같이 직무 수행 중심의 능력 개념이 부각된 이유는 그동안 측정의 용이성 때문에 흔히 능력의 요소로 간주되었던 지식, 지능, 적성 등의 요인들이 능력의 일부분에 지나지 않는다는 인식에서 비롯된 것이다. 즉, 능력은 지식뿐만 아니라 인지적 능력을 개인의 과업 수행과 연결시킬 수 있는 기술 및 태도 등을 포함하는 광범위한 개념이다(김안나 외, 2003).

이러한 능력의 개념을 사회적인 맥락에서 폭넓게 정의한 라이헨과 살개니크(Rychen & Salganik, 2000)는 능력이 지식과 기술 이상을 의미하며, 천성적으로 타고나는 것이 아니라 학습을 통해 습득될 수 있다는 점을 강조하고 있다. 이들에 따르면 핵심능력은 네 가지의 개념적 요소들을 포함하고 있는데 그것은 첫째, 다기능적이라는 것, 둘째, 사회의 여러 분야에 통용될 수 있다는 것, 셋째, 고차원의 복잡한 지적 능력을 필요로 한다는 것, 넷째, 방법적 지식 혹은 지적, 비판적 능력 내지는 의사소통능력, 상식 등과 같은 것으로 구성되는 다국면성을 가지고 있다는 것 등이다. 이러한 특성을 고려해 볼 때, 능력은 어떤 한 분야에 국한된 특정 기능이라기보다는 복잡하고 고차원적인 일반 능력의 하나임을 알 수 있다. 즉, 능력은 단지 어떤 특정 지식이나 태도를 말하는 것이 아니고, 지식, 태도, 기술을 포함하는 복합적인 것이며, 이러한 능력의 획득은 인간의 지적 능력이나 정의적 발달에 모두 관련되어 있다고 볼 수 있다(김안나 · 김남희, 2003).

이러한 능력의 개념은 최근 개인적인 차원에서의 직무능력뿐만 아니라 조직의 생산성 향상에 도움이 되는 핵심역량으로서, 단지 작업 상황에서 요구되는 기능적 의미로 해석하기보다는 지식기반사회에서 개인의 삶을 영위하는 데 필요한 총체적 개념으로 확대되고 있다(유현숙 외, 2002). 지식기반사회에서는 구체적인 사실적 지식보다는 이러한 지식을 지속적으로 축적해 갈 수 있는 지적 능력과 태도가 강조되고 있다. 이는 또한 노동시장의 개방화와 유연성 증대에 따른 산업 · 고용구조의 변화 등으로 직업의 안정성이 떨어지고 이직과 전직이 빈번하게 일어나는 상황에 대한 대처능력을 갖도록 하는 데 필요한 능력이다(DfES, 2002; Drucker, 1994; OECD, 2001). 이러한 맥락에서 비판적 사고력, 문제해결능력, 의사소통기술, 리더십과 같은 기초 소양뿐만 아니라 전문 분야에서의 연구개발능력과 직업적 전문성 등, 기초공통학습단계에서 습득한 기본능력을 심화하고 장차 직업세계에 진입하기 위해 필요한 제반 능력을 스스로 개발해 갈 수 있도록 하는 기본능력이 핵심능력이라고 볼 수 있다.

대학생 핵심능력의 구성 요인

앞서 설명한 능력의 개념을 기초로 대학교육 단계에서 육성되어야 할 주요 능력 요인들을 규명한 최근의 문헌들은 공통적으로 지식, 기술, 태도를 포함하는 포괄적 의미의 능력 개념을 강조하고 있다(Bowen & Bok, 1998; Holzer, 1996; Jones, 1996; Stern & Wagner, 1999). 이들에 따르면, 핵심능력의 구성 요인은 첫째, 학문적 능력(academic competence)으로 의사소통능력, 특정 전공 분야에 대한 지식, 분석력과 문제해결능력, 비판적 사고력, 명확하고 효과적인 문장구성능력, 정보처리능력, 기술활용능력, 지속적인 학습동기 등이 포함된다. 둘째, 전문직업적 능력(professional competence)으로 서로 다른 문화적 배경을 지닌 사람들과 협력하여 일하는 능력, 다른 가치관과 신념을 지닌 사람들과 우호적인 관계를 유지하고 타인의 다양성과 개인차를 인정하는 능력, 변화를 수용하고 적응하는 능력, 경쟁력, 독립심, 창의력, 리더십, 책임감과 직업윤리, 조직문화를 이해하는 능력 등이다. 셋째, 개인적, 사회적 능력(personal, social competence)으로 우정을 쌓고 유지하는 능력, 휴식을 취하고 여가생활을 즐기는 능력, 지역사회 봉사활동에 대한 능동적 관심과 참여, 종교적 가치 등을 포함한다. 이들은 이와 같은 능력들이 실제에 있어서는 통합적으로 작용하며, 지식의 습득은 이러한 능력의 개발을 위해 기초가 되는 것으로서 중요하지만, 한편으로 이러한 지식을 실제 문제에 적용하고 합리적인 판단을 하는 데 활용할 수 있느냐가 중요함을 강조하고 있다(김안나 · 이병식, 2003).

한편, 유능한 전문직 종사자를 육성하는 것을 고등교육의 기본 목표로 보고 있는 스타크, 로더, 그리고 해거티(Stark, Lowther, & Hagerty, 1986) 등은 대학교육 단계에서 육성되어야 하는 전문직업적 능력을 해당 전문직에서 기대하는 지식 또는 기술의 숙달 정도 또는 수준으로 보고, 능력보다는 숙련성을 강조하였다. 이들이 강조하는 여섯 가지 전문직업적 능력은 다음과 같다. 첫째는 개념이해능력(conceptual competence)으로, 이는 이론적이고 전문적인 과학적 지식을 포함한다. 둘째는 기술활용능력(technical competence)으로, 개념이해능력과 밀접하게 관련되며 기초기술(fundamental skills)을 실행하는 능력이다. 기초기술의 실행능력은 심리운동기술(psychomotor skill), 인간관계기술(interpersonal skill), 특수 인지기술(special cognitive skill) 등을 포함한다. 셋째, 관계이해능력(contextual competence)으로 사회, 경제, 문화적 환경에 대해 광범위한 이해를 할 수 있는 능력이며, 이는 전문적 지식을 요구하는 특정 사업장 내에서는 물론 사회적, 자연적 환경의 영향에 대한 이해를 포함한다. 넷째, 대인의사소통능력(interpersonal communication competence)으로 다양한 상징적 수단을 이용해 타인과 효율적으로 의사소통하는 능력이다. 다섯째, 통합능력(integrative competence)으로 개념이해능력, 기술활용능력, 관계이해능력, 의사소통능력을 통합하는 능력을 의미한다. 여섯째, 적응능력(adaptive competence)으로 빠르게 변화하는 과학기술 사회에서 새로운 상황에 적응하는 능력이다. 적응능력은 역동적인 환경에서 업무에 영향을 미치는 환경 변화에 대처하고 미래를 내다보는 문제해결의 양식으로서 통합능력의 연장선에서 이해할 수 있다.

이와 함께 이들은 전문적 태도를 강조하고 있는데, 전문적 태도의 개발은 학생들이 준전문가 또는 전문가가 되기 위한 교육을 받기로 결정하고, 경력 개발을 준비하는 단계에서 시작되는 비공식적 사회화 과정의 일부라고 할 수 있다. 전문적 태도로는 첫째, 경력의 시장성(career marketability)을 들 수 있다. 이는 전문직 준비에 영향을 미치는 광범위한 태도의 산물로서 경력 개발과 관련된 자기반성 등을 포함한다. 둘째, 전문가적 정체성(professional identity)은 해당 직업에서 요구되는 능력과 가치 등을 자신의 역할로 통합하는 수준을 의미한다. 전문가적 정체성은 지식과 기술을 숙달하는 과정과 긍정적인 상관관계에 있다. 셋째, 전문가적 윤리(professional ethics)는 전문가적 행동과 의사결정에 도덕적 판단을 적용할 수 있는 사회적 책임감을 의미한다. 넷째, 업무 수행의 개선을 위한 학문적 관심으로 전문적 지식을 향상시키는 데 필요한 연구를 지원하고, 새 결과물을 실제에 적용하는 태도를 말한다. 다섯째, 지속적인 학습동기로 자신의 전문성 개발에 대한 관심, 관련 지식과 기술을 향상시키려는 자세를 의미한다.

고등교육 단계에서 육성되어야 할 핵심능력이 무엇인가 하는 문제는 궁극적으로 지식기반사회에서 고등교육을 통해 전달해야 하는 교육의 내용이 어떻게 달라져야 하는가라는 문제에 연결된다. 학자마다 강조하고 있는 특성에 다소 차이가 있지만, 이들은 공통적으로 구체적인 사실적 지식보다는 이러한 지식을 지속적으로 축적해 갈 수 있는 지적 능력과 태도를 함양할 수 있도록 교육과정이 변화되어야 한다고 주장하고 있다. 즉, 대학의 교육과정은 전공 분야의 지식 이외에 비판적 사고력, 문제해결능력, 의사소통기술, 리더십과 같이 기초공통학습단계에서 습득한 기본능력을 심화하고, 장차 직업 세계에 진입하기 위해 필요한 제반 능력을 스스로 개발해 나갈 수 있는 능력을 중점 육성해 줄 수 있어야 한다는 것이다.

핵심능력의 측정

능력을 측정하기 위해서는 성공적인 수행을 이끄는 속성을 규명하고 평가하는 과정이 필요하다(McNerny & Briggins, 1995). 따라서 엄밀한 의미에서 핵심능력의 측정은 현실 세계에서 실제로 주어질 과제를 가상하여 그 수행과정을 관찰하여야 한다. 그러나 이런 일은 현실적으로 매우 어렵고 복잡하기 때문에, 그 목적에 따라 주어진 시간과 비용의 범위 안에서 적절한 방법을 찾는 것이 필요하다(Umilker, 1999). 이런 현실적인 이유로 아직까지 각종 표준화된 검사도구들이 이용되는 일이 많다.

한편, 능력은 시대적인 환경 변화와 요구에 민감하기 때문에 오랜 기간 측정도구의 개발과 검증 작업에 매달릴 수 없다는 한계를 가지고 있다. 따라서 가능한 한 실제 상황으로부터 유추된 문제나 과제를 측정 대상자에게 제시하는 것이 중요하다(Umilker, 1999). 그러나 여기에도 어려움은 있다. 이러한 문제는 앞서 능력을 개념화할 때 살펴보았듯이, 능력이 복합적인 성격을 지니기 때문에 하나의 능력이 다른 여러 상황에서 적용될 수 있고, 따라서 주어진 과제나 문제를 해결하기 위해 적용된 지식과 기술, 태도의 조합이 어떤 것인지를 확인하기 어렵다는 데 기인한다(Erwin & Wise, 2001).

이러한 한계를 전제로 능력이란 일반적으로 우수한 수행을 가져오는 개인적 특성으로서 주어진 상황에서 작용하는 지식, 기술, 태도의 집합체로 규정된다. 그리고 그러한 능력 중 행동으로 발현되어 관찰이 가능한 것이 측정의 대상이 된다(Parry, 1998). 능력과 능력 측정의 관계는 [그림 9-1]과 같이 개념화해 볼 수 있다(김안나 외, 2003).

최근 핵심능력에 대한 관심이 높아지면서 영국과 호주 등 일부 국가에서는 핵심능력의 수준을 측정하여 이를 국가 학습목표와 연계하려는 시도를 꾸준히 해 오고 있다. 영국의 경우, 국가적 차원에서 인적자원에 요구되는 주요 능력의 수준을 정하고, 이에 대한 최소 기준을 설정하여 달성하기 위한 전략을 수립하고 있다. 특히, 인적자원 개발의 효율성을 높이기 위한 방안으로 학교교육과정을 포함

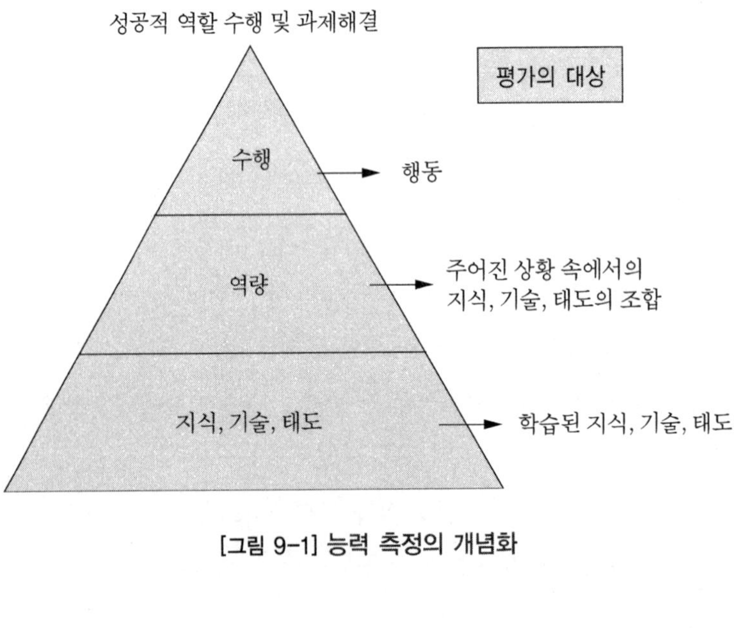

[그림 9-1] 능력 측정의 개념화

한 교육훈련의 내용과 자격제도를 연계하려는 시도를 해 왔고, 그 결과로서 국가 수준의 일원화된 자격체제(National Qualification Framework)를 마련하였다. 영국 국가자격체제의 기본 틀 속에는 각종 자격과 관련되어 있는 기초 직업능력의 개발 및 이를 평가할 수 있는 구체적인 기준들이 명시되어 있다(Department for Education and Skills, 2002).

이러한 국제 경향에 따라 국내에서도 한국형 능력 측정도구를 개발하려는 시도들이 진행된 바 있다(김안나 외, 2003; 유현숙 외, 2002). 당시 측정도구의 구성은 OECD 등에서 활용한 측정도구의 규모와 내용 및 형식을 벤치마킹함으로써, 가능한 범위에서 국제 비교가 가능하도록 측정내용의 유사성을 확보하는 방향으로 능력을 개념화하고 능력의 구성 요인들을 측정하는 문항들을 개발한 것이다. 이렇게 개발된 도구를 활용하여 분석한 결과를 보면, 조사대상인 초등학생, 중 · 고등학생, 대학생과 성인의 핵심능력 보유 수준이 연령이 높아질수록 전반적으로 증가하는 경향을 보이고 있다. 그러나 핵심역량의 수준과 성, 거주 지역, 가구주의 직업, 소득, 학력, 성적 수준 등의 변인과의 상관관계를 보면, 변인에 따라 다양한 특성들이 나타남을 확인할 수 있다. 예를 들어 초등학생들의 경우 여학생의 능력 수준이 남학생보다 전반적으로 높게 나타나고 있는데, 성인들의 경우 이러한 차이가 줄어드는 것으로 나타났다. 한편, 가구주의 직업에 따른 능력의 발달 수준은 화이트칼라 직종과 자영업에 종사하는 사람들의 자녀들이 블루칼라 직종 및 무직자 자녀들보다 높게 나타났고, 본인의 직업에 따라서도 자영업 혹은 화이트칼라 직종에 종사하는 사람들의 능력 수준이 전반적으로 높지만 동일 직종 내에서의 개인별 편차도 큰 것으로 나타났다. 그리고 가구주의 학력, 소득 수준, 본인의 성적 수준과 능력 수준은 정적인 상관관계를 드러내고 있었다. 이러한 결과들은 대상에 따라 보다 중점 육성되어야 할 능력 요인이 무엇인지를 규명하여 학습체제를 개선하는 데 유용한 시사점을 줄 수 있을 것으로 기대된다.

한편, 이 분야에서 선도적인 역할을 하고 있는 OECD는 핵심능력에 대한 이론적, 개념적 토대를 마련하기 위한 노력의 일환으로 DeSeCo(Definition and Selection of Competencies: Theoretical and conceptual foundations) 프로젝트를 수행하고 이에 기초하여 다양한 국제비교연구를 실시하고 있다. 이 프로젝트를 통해 도출된 능력의 개념들은 공통적으로 개인이 삶을 살아가는 데 필요한 사회경제적 요구를 반영하면서, 넓은 의미의 교육적 결과물과 관련된 지식과 기술을 포함한다. 이러한 능력은 학문적인 지식 이상의 범학과적 기술이나 태도를 포함하는 것으로 학교교육이나 훈련만이 아닌 인간의 제 환경(직무훈련, 직업생활, 비공식적 경험)을 통해서 평생 동안 획득되는 것이므로, 경제 영역만이 아닌 인간과 사회의 다양한 국면과 관련된다(Salganik et al., 1999). 이러한 개념적 토대 위에서 OECD는 1990년대부터 국제비교의 목적으로 성인들을 대상으로 하는 측정도구를 개발하여 세계 여러 나라가 참여하는 능력측정조사(Adult Literacy and Life Skills Project)를 실시해 오고 있는데, 2003년부터는 기존의 조사 내용에 문제해결능력(problem solving/practice cognition), 협동(teamwork), 정보통신기술(ICT)의 활용능력 등을 추가하였다.

또한 2009년부터는 대학교육의 성과를 개선하는 데 초점을 둔 고등교육 학습 성과 평가사업(Assessment of Higher Education Learning Outcomes: AHELO)을 실시하고 있는데, 대학생들의 학습 성과 지표의 하나로 일반능력을 중시하고 있다. 일반능력에 포함된 요소들은 비판적 사고력, 분석적 추론능력, 문제해결능력, 의사소통능력 등으로 앞서 고등교육 단계에서 육성되어야 하는 핵심능력으로 강조된 것들이다(OECD, 2009).

향후 전망

능력 측정 연구들은 몇 가지 전제에 기초한다. 우선, 핵심능력의 육성은 다양한 영역에서 요구하는 성과와 정적인 상관관계가 있다는 것이다. 예를 들어 기업에서 조직 구성원들의 핵심능력을 육성할 경우 개인 차원의 직무 성과뿐만 아니라 조직 차원의 생산성이 높아진다는 것이다. 능력과 경제적 성과 간의 상관관계를 분석한 레비와 머네인(Levy & Murnane, 1999)의 연구는 이 가정을 지지하고 있다. 한편, 이러한 가정은 최근 교육 현장에서도 폭넓게 적용되고 있는데, 학교에서 핵심능력을 육성할 때 학업성적과 기타 학교가 요구하는 성과지표에서 우수한 성과를 거둘 수 있다는 것이다. 이러한 주장은 핵심능력의 측정에 관한 연구가 아직까지 제한적임에도 불구하고 기존의 교육과정을 개편하는 근거가 되고 있다.

두 번째 가정은 핵심능력이 양적으로 측정 가능한 개념이라는 것이다. 첫 번째 가정이 전제하고 있는 것처럼 능력이 일반적으로 우수한 수행을 예측할 수 있게 하는 개인적 특성이라고 할 때, 그러한 능력을 정확하게 측정하기 위해서는 실제 상황에서 능력이 행동으로 발현되는 것을 관찰할 수 있어야 한다. 그러나 앞의 [그림 9-1]에서 볼 수 있듯이, 능력은 지식, 기술, 태도의 집합체로서 복합적인 성격을 지니고 있어 특정 상황에 적용된 능력이 무엇인지 진단하기 어렵고, 또한 역으로 행동을 관찰하여 그 행동의 이면에 전제된 능력 요인이 무엇인지를 유추하는 것도 결코 쉽지 않은 문제이다(김안나 · 김남희, 2003). 더욱이 최근 OECD의 고등교육 학습 성과 평가사업에서 시도하고 있는 것과 같은 고차원적인 능력들에 대한 진단은 방법론적인 측면에서 다양한 쟁점을 제기할 수 있다.

그러나 이미 언급하였듯이 핵심능력을 측정하려는 노력은 상당히 오랜 기간 동안 지속적으로 추진되고 있다. 이러한 노력들은 경우에 따라서는 능력에 대한 국가 수준의 표준을 졸업자격과 연계하는 방안을 염두에 두고 진행되고 있다. 이는 핵심능력이 강조되고 있는 지식기반사회에서 능력의 육성을 제도적으로 뒷받침하기 위한 것으로 풀이된다. 한편, 교육과정의 운영 측면에서, 핵심능력의 신장을 위해 정규 교육과정 외에 특별 프로그램으로 철저하게 실생활을 중심으로 하는 학습 모듈을 개발하는 것이 현재 일반적인 경향으로 확산되고 있다. 모듈 형태의 학습은 학습자가 무엇을 알고, 무엇을 할 수 있는지에 초점을 둔 능력 중심의 교육과정이라고 할 수 있다. 모듈의 내용은 학습 결과, 학습의 결과를 성취하기 위해 고안된 활동, 그리고 그 성과를 평가하기 위한 과정 등을 포함한다(Richard, 1990).

그러나 핵심능력이 상당히 포괄적이고 삶의 다양한 국면에서 요구되는 능력이라는 점을 감안할 때, 현행처럼 학과목이 서로 분절되어 교수 · 학습 과정이 이루어지는 상황에서는 그 능력을 향상시키기가 쉽지 않다고 볼 수 있다. 따라서 전공과 교과 간의 장벽을 낮추는 방향으로 교육과정을 재구성하는 방안을 생각해 볼 수 있다. 기존의 교과 위주의 수업을 주제에 따라 간학문적, 범교과적으로 접근하는 경향이 확산되고 있는 것은 이러한 필요성을 반영한 것으로 볼 수 있다.

간학문적 접근은 하나의 학문 구조와 내용에 구속되지 않고 지식을 추구하려는 노력의 결과로서, 특정 학문에 기초한 이론, 방법, 학파에 구속되지 않고 탐구과정에서 나타나는 자기조직적 특성을 갖는다(손홍숙, 2000). 대학의 교육과정에 대한 간학문적인 접근은 학생들이 다양한 문제해결력을 갖출 수 있도록 하고, 새로운 지식의 생성을 촉진한다는 점에서 바람직하다. 그러나 이러한 접근은 각 학문의 개방성을 전제로 할 때에만 가능하다. 교육과정의 변화는 학문 자체의 변화만이 아니라 관련 집단의 이해관계와 지식에 대한 통제 구조의 변화가 수반되어야 하기 때문이다(Bernstein, 1977). 지식기반사회로의 전환에 따라 교육과 학습에 있어서 변화가 불가피한 만큼, 최종 교육단계인 대학에서 학생의 핵심능력이 어떻게 개발되는지에 대한 포괄적인 이해가 필요하며, 특히 학생들의 능력 개발을 직접 담당하는 교수들의 노력이 요구된다.

참고문헌

김안나 외(2003). 국가 수준의 생애능력 표준 설정 및 학습체제 질 관리 방안 연구(II). 한국교육개발원 연구보고, RR2003-15.

김안나 · 김남희(2003). 지식기반사회에서 요구되는 핵심능력(Key Competencies)의 개념과 능력수준의 측정에 대한 연구. 교육과학연구, 34(3), 1-17. 이화여자대학교 사범대학 교육과학연구소.

김안나 · 이병식(2003). 대학생들의 핵심능력 개발에 영향을 미치는 개인 및 환경 요인 분석. 한국교육, 30(1), 367-392. 서울: 한국교육개발원.

김안나 외(2002). 생애능력 형성을 지원하기 위한 고등교육체제의 질관리 현황과 과제. 한국교육개발원 연구보고, RR2002-19-4.

손홍숙(2000). 지식의 변화와 대학의 교육과정. 교육사회학연구, 10(2), 115-135.

유현숙 외(2002). 국가 수준의 생애능력 표준 설정 및 학습체제 질 관리 연구(I). 한국교육개발원 연구보고, RR2002-19.

Bernstein, B. (1977). On the classification and framing of educational knowledge. *Class, Codes and Control 3.* London: Routledge & Kegan Paul.

Bowen, W. & D. Bok (1998). *The shape of the river.* NJ: Princeton Univ. Press.

Burton-Jones, A. (1999). *Knowledge capitalism: Business, works and learning in the new economy.* Oxford: Oxford University press.

Campbell, C. & M. Wende (2000). *International initiatives and trends in quality assurance for european higher education.* Helsinki: ENQA.

Center for Quality Assurance in International Education (2001). *Quality assurance of higher education and professional practice in the global context*(on CD-ROM). Washington, DC: CQAIE.

Department for Education and Skills (2002). *Mapping guidance key/core skills in NVQs/SVQs.* http://www.dfes.gov.uk.

Doherty, G. (1994). *Developing quality systems in education.* London and New York: Routledge.

Drucker, P. F. (1994). *Post-capitalist society.* NY: Harper Collins Publishers.

Duderstadt, J. (1999). The twenty-first century university: A tale of two futures. In *Challenges Facing Higher Education at the Millennium,* edited by Hirsch, W. & L. Weber, 37-55. Phonix, Arizonad: American Council on Education.

Erwin, T. D. & S. L. Wise (2001). Standard setting. *New Directions for Institutional Research, 110*, 55-64.

Holzer, H. (1996). *What employers want: Job prospects for less educated worker.* NY: Russell Sage Foundation.

Jones, E. A. (1996). *Preparing competent college graduates: Setting new and higher expectations for student learning.* San Francisco: Jossey-Bass Publishers.

Kamp, M. (1997). European traditions in literacy research and measurement. In *Adult basic skills: Innovation in measurement and policy analysis*, edited by Tuifnman, A. C., I. S. Kirsch & D. A. Wagner, 139-162. Cresskill, NJ: Hampton Press.

Klemp, G. O. (1980). *The assessment of occupational competence.* Washington, D. C.: Report to the National Institute of education.

Levy, F. & R. Murnane (1999). *Are there key competencies critical to economic success?: An economic perspective.* Paris: OECD.

McClelland, D. C. (1973). Testing for competence rather than for intelligence. *American Psychologist, 28*, 1-14.

McNerny, D. J. & A. Briggins (1995). Competency assessment gains favor among trainers. *HR Focus, 72*(6), 19.

OECD(2001). *Knowledge and skills for life*. Paris: OECD.

OECD(2009). Feasibility study for the Assessment of Higher Education Learning outcomes(AHELO). Progress Report. Unpublished document circalated for the AHELO Meeting.

Parry, S. R. (1996). The quest for competencies. *Training, 33*(7), 48-56.

Parry, S. R. (1998). Just what is a competency? *Training, 35*(6), 58-64.

Richard, B. (1990). Techniques: Developing learning modules for adults. *Journal of Adult Education, 18*(2), 1-5.

Rychen, D. S. & L. H. Salganik (2000). *Definition and selection of key competencies*. INES General Assembly 2000.

Salganik, L. H. et al. (1999). *Projects on competencies in the OECD context: Analysis of theoretical and conceptual foundations*. Swiss Federal statistical Office.

Stark, J., M. Lowther & B. Hagerty (1986). Responsive professional education: Balancing outcomes and opportunities. *ASHE-ERIC Higher Education Report, 3*.

Stern D. & D. Wagner (1999). *International perspectives on the school to work transition*. NJ: Hampton Press, INC.

Umilker, W. (1999). The challenge of competency assessment. *The Health Care Supervisor, 17*(3), 11-17.

http://www.leeds.ac.uk/educol/ncihe/a5_003.htm

제10장 학자금대출제도의 효율성과 형평성

고등교육에 대한 재정지원의 필요성

대학생에 대한 재정지원의 역할은 다양한 관점에서 그 의의를 살펴볼 수 있지만, 크게 고등교육 기회의 형평성 제고를 통한 사회통합에 대한 기여, 학생과 대학의 성과를 개선하기 위한 유인, 전체적인 고등교육 재정투자의 효율성 제고 등으로 구분해 볼 수 있다. 우선, 정부의 학자금지원은 저소득계층의 고등교육 기회를 확대하여 고등교육의 형평성과 사회이동 효과를 제고하기 위한 중요한 정책 수단이 될 수 있다. 1980년에 30% 미만이던 대학진학률이 2006년에는 80%를 상회할 정도로 크게 확대됨으로써 지난 25년간 전체 규모 면에서 고등교육의 기회가 크게 확대된 것이 사실이다. 그러나 여전히 저소득계층의 진학률은 상대적으로 낮다. 1998~2003년의 소득계층별 대학진학률 분석에 따르면, 저소득계층의 대학 학령인구 중 1/3인 33%가 대학진학을 하지 못하고 있고, 이들 저소득층 자녀 10명 중 1명은 경제적인 이유로 대학진학을 포기하고 있는 것으로 나타나고 있다(김안나 외, 2004; 김안나 · 이영, 2008).

한편, 가정의 소득수준은 학생의 대학과 전공 선택, 학업지속 여부, 교육포부 수준, 대학원 진학 등 고등교육과 관련된 일련의 학생 선택과정에 영향을 줄 수 있다(Cabrera, Nora & Castaneda, 1992; Murdock, 1989; Schapiro, O'Malley & Litten, 1991; St. John, Asker & Hu, 2001; St. John, Paulsen & Starkey, 1996; Weiler, 1994). 특히, 최근 비싼 등록금과 낮은 대졸취업률 등으로 인해 대학생들의 휴학이 잦아지면서 대학생들에 대한 재정지원이 학생 개인적으로는 물론 고등교육의 성과를 제고하는 데 중요한 정책적 유인이 될 수 있음이 지적되어 왔다(김안나 · 이병식, 2008a, 2008b). 그럼에도 불구하고 우리 대학들의 등록금 수입액 대비 장학금 비중은 15.5%에 불과하여, 다수 학생의 등록금 마련을 자비에 의존하고 있고, 교내 장학금은 주로 성적우수자에게 지급되어 가계곤란 학생의 수혜비율이 매우 낮다. 특히, 등록금 수입액 대비 학비면제금액 비율을 대학 유형별로 보면, 대학이 11.6%, 전문대학 12.1%로 낮고, 이 중 가계곤란 학생에 대한 면제금액 비율은 대학이 1.86%, 전문대학이 1.10%로 극히 적은 실정이다(교육인적자원부, 2007).

나아가 우리 정부의 고등교육에 대한 재정지원이 대부분 사업단위지원(42%)과 기관단위지원(54.6%)으로 이루어져, 장학금 등 학생에 대한 직접지원은 3.4%로 미미한 수준이기 때문에 전체적인 고등교육 재정투자의 효율성 제고라는 맥락에서 학생단위 재정지원을 확대하는 것이 필요하다(이영 · 김진영, 2006). 이는 대학 간 경쟁을 강화하여 대학 구조조정의 여건을 조성하고, 고등교육비용에 대한 공사 부담의 균형을 찾아가는 방안이 될 수도 있다. 근래에 대학생 학자금대출에 대한 정책적 관심이 높아진 것은 이러한 맥락에서 풀이된다.

경제적 관점에서 볼 때, 교육은 투자행위이며 교육투자의 양은 다른 투자재와 마찬가지로 미래의 기대수익과 현재의 투자비용을 고려하는 가운데 결정된다. 그러나 교육투자는 다른 투자와 구별되는 몇 가지 특수성을 가지고 있다(김안나, 2002; 유시민 외, 1998; Woodhall, 1983; Ziderman & Albrecht, 1995). 첫째, 교육투자는 사적인 투자임에도 불구하고 외부효과를 가진다. 교육의 외부효과 때문에 교육투자를 시장에만 맡길 경우 사회적으로 바람직한 수준보다 적게 투자될 수 있고, 그만큼 사회의 생산성 향상이 저해받을 수 있다. 둘째, 교육투자는 다른 투자와 달리 투자의 회임기간이 길다. 따라서 다른 투자와 비교할 때, 무형의 교육투자를 위해 타인의 자본을 조달하기가 매우 어렵다. 이렇게 되면 교육투자의 기간과 투자량, 그리고 그에 따른 노동력의 질은 개별 가계의 경제력에 의해 결정된다. 이와 같은 교육투자의 특성을 고려하여 많은 나라들이 정부의 재정적 부담과 교육투자의 효율성 문제를 동시에 고려하면서 고등교육의 기회균등을 실현하려는 중요한 정책수단의 하나로서 학자금대출제도를 도입하고 있다.

학자금대출제도의 목적

학자금대출제도는 학생들이 미래에 상환하겠다는 의무를 전제로 학비를 대출할 수 있도록 한 것으로, 장학금과 같은 무상보조제도와 대출제도의 차이점은 후자의 경우 학생들이 대출금을 갚음으로써 정부의 재정 부담을 덜고, 궁극적으로 납세자의 부담을 덜어 준다는 데 있다(Woodhall, 1987). 현재 전 세계적으로 50개국 이상의 나라에서 학자금대출제도를 도입하고 있는데, 학자금대출제도가 정책적 이슈가 되고 있는 주된 이유는 학자금대출이 대학 등록금 인상에 따른 학생과 학부모의 부담을 완화하면서도, 교육비 환수율(cost recovery)을 높임으로써 고등교육 기회를 확대하여 고등교육에 대한 사회적 수요의 증가에 대응하고, 절감된 예산을 교육 이외의 의료비와 기타 공공사업으로 전환하거나 국민기초교육을 강화하는 데 활용할 수 있기 때문이다(Psacharopoulos et al., 1986). 학자금대출제도 운영의 정책적 목적과 유형은 국가마다 상이하지만, 크게 다섯 가지 유형으로 구분할 수 있다(김안나, 2005; Ziderman, 2003). 이러한 목적들은 제도의 설계와 실행, 그리고 대출을 위한 재정의 안정적 운영에 영향을 준다.

고등교육을 위한 재원의 확충

현재 정부의 예산은 제한된 반면, 고등교육제도가 확대되면서 세계의 대학들이 재정적인 어려움을 겪고 있다. 대학재정의 어려움은 첫째, 정부가 추가적인 자금지원을 하더라도 교육의 질을 유지하기 위한 대학의 비용을 감당하지 못할 것이라는 점에 기인하다. 둘째, 고등교육을 포함한 전반적인 정부 지출의 삭감으로 인해 공립대학들이 이를 대체할 자금을 구해야 한다는 점이다. 셋째, 많은 국가들이 고등교육보다는 투자의 효용을 높이기 위해 기초교육에 더 많은 재원을 집중하고 있다는 사실과 관련되어 있다.

여러 나라에서 학자금대출제도는 대학의 등록금 인상을 통해 대학의 재정적 부담을 덜어 주기 위한 목적에서 도입되었다. 실제 정부 예산의 축소로 인해 새롭게 등록금 제도를 도입하거나 인상하는 나라들이 늘어나고 있는 상황이다. 그러나 학생이 부담해야 하는 비용이 증가하는 데에 따르는 정치적, 사회적 반발 또한 크기 때문에 정부가 은행에 지불을 보장해 주는 학자금대출제도가 등록금을 현실화하면서도 학생들의 부담을 완화해 주는 대안으로 확대되고 있다. 이러한 목적에서 실시되는 융자제도는 대체로 시장과 같은 이자율로 저소득계층뿐만 아니라 모든 사람이 활용할 수 있도록 제공되고 있다.

고등교육 기회의 확대

각국의 정부는 입학정원의 확대를 통해 증가하는 고등교육에 대한 사회적 수요에 부응해 왔다. 교육 확대에 대한 사회적 수요가 증가함에 따라 공적자금 지출의 증대가 요구되고 있지만 국가 예산의 제약으로 많은 나라에서 학생 수의 증가에 따른 정부 예산의 추가지원이 충분히 이루어지지 못하고 있다.

공적자금의 지출을 최소화하기 위해 여러 나라에서 사립교육기관의 설립을 장려하고 있는데, 원칙적으로 사립학교의 성장을 통해 대학제도의 팽창을 유인하는 민간 부문의 학생지원에 대해서는 보조금이 지급되어서는 안 된다. 따라서 사립학교 학생들을 위한 재정지원은 국공립학교에 제공하는 것보다 더욱 비용효과적인 대학 팽창의 방법이 될 수 있다. 이러한 학자금대출제도는 개인의 비용부담을 줄이는 데 핵심적인 역할을 할 수 있으며, 특히 사립대학의 교육이 소수의 부유층에게만 한정되지 않도록 하는 데 기여할 수 있다.

저소득계층의 교육기회 확대

저소득계층의 청소년들이 의무교육 이후에도 지속적인 교육을 받을 수 있도록 하는 것은 대부분의 나라에서 중요한 정책적 과제가 되고 있다. 이들을 위한 학자금대출은 다른 대출과 달리 정부의 재정지원이 포함되어야 한다는 점에 광범위한 합의가 이루어져 있다. 이러한 지원은 등록금과 생활비뿐만 아니라 자녀의 대학진학에 따라 가계소득이 감소함으로써 부모의 반대와 교육을 통한 혜택이 확실하지 않다는 위험 등을 상쇄할 수 있어야 한다.

저소득계층의 교육기회를 확대하는 전통적이고 가장 효과적인 방법은 등록금과 생활비를 포함하는 장학금을 제공하는 것이었다. 그러나 널리 활용되고 있는 대학의 장학제도는 대체적으로 많은 비용이 소요된다. 장학금보다 대출제도를 활용하는 것은 가난한 학생들의 교육에 대한 접근성을 높일 뿐만 아니라 장기간에 걸쳐 대출금을 회수하여 공적자금의 지출을 줄이거나 최소화시킨다. 또한 이러한 사회적 목적을 위한 학생대출은 좀 더 부유한 학생들의 등록금으로 증가된 수익을 통해 가난한 학생들에게 장학금을 제공하는 것을 간접적으로 지원하기도 한다.

국가 전략 분야의 인력 수급

학자금대출제도는 특히 이공학과와 같이 국가적으로 인력이 필요한 분야에서 수학하려는 학생, 또는 도서 벽지와 같은 외지에서 근무하기를 자원하는 의사나 교사와 같이 사회적으로 필요한 분야나 위치에서 일하고자 하는 학생들을 지원하는 것을 목적으로 한다. 학자금대출제도는 이러한 대상을 위해 특별히 설계될 수 있다. 이러한 학자금대출제도는 정부의 보조금이 없는 일반적인 대출 프로그램을 통해서도 제공될 수 있다.

학생의 재정 부담 완화

대학생들의 재정 부담을 완화하기 위한 목적에서 실시되는 대출제도는 선진국에서 많이 볼 수 있다. 등록금이 상대적으로 적은 경우에도 고등교육을 위한 비용은 대부분의 가정에 상당히 큰 재정적인 부담을 준다. 학생들이 학교에 다니는 동안에 드는 생활비는 물론이고 잠재적인 소득의 상실을 감안하면 고등교육에 드는 비용은 등록금의 수준을 훨씬 넘는다. 특히 학생이 집을 떠나 다른 지역에 있는 대학에 다니는 경우 이러한 부담은 더욱 커질 수밖에 없다.

대학생들은 학업과 일을 병행할 수 있지만, 이러한 경우에 재정적인 부담은 학생의 학업 수행에 부정적인 영향을 줄 수 있다. 따라서 학생들의 재정 부담을 줄이기 위한 대출은 원칙적으로 모든 학생들에게 제공되어야 한다. 이러한 목적에서 운영되는 학자금대출제도는 학생들의 고등교육 참여를 높일 뿐만 아니라 이들의 재정적인 자립도를 높이는 데도 기여할 수 있다. 이는 기본적으로 고등교육의 비용을 수익자 부담의 원칙으로 해야 한다는 점과 학생의 책임을 증가시켜 학업의 충실도를 높일 수 있다는 전제에 기초한다.

이상에서 살펴본 바와 같이 학자금대출의 목적은 다양하며, 따라서 다양한 대출제도의 효과를 평가하는 기준 또한 한 가지가 될 수 없다. 앞서 설명한 처음 두 가지 목적으로 운영되는 학자금대출제도의 성과에 대한 판단에는 재정적인 효율성이 평가의 주안점이 될 것이다. 특히 대출금의 회수율은 중요한 요인이 된다. 반면에 저소득계층의 대학진학률을 제고하기 위해 대출제도를 운영하고 있다면 실제로 가난한 사람들이 제도의 혜택을 보고 있는지가 중요한 평가기준이 될 것이다. 마찬가지로 인력 수요와 관련된 대출제도에 대한 평가는 학생들이 사회적 수요가 높은 분야에 등록하고, 졸업 후 이러한 분야에 취업했는가에 성공 여부가 달려 있으며, 학생들의 재정부담을 완화하기 위한 목적에서 운영되는 대출제도는 재정 부담의 완화로 학생들의 고등교육에 대한 참여와 학습 성과가 높아졌는지에 주안점을 두고 있다.

그 목적이 무엇이든 학자금대출제도가 유지되기 위해서는 대출된 금액이 전액 회수되어야 한다. 그러나 대부분 개발도상국가들의 경험을 보면, 대출제도에 정부 보조금을 과중하게 지출하고 있고, 결과적으로 정부 보조금은 학생들에게 대출한 학자금의 일부만을 회수하는 결과를 초래하고 있다. 이러한 보조금은 일종의 장학금과 같은 성격을 띤다(Johnstone, 1986; Ziderman & Albrecht, 1995). 학생들에 대한 재정지원에서 일반적인 시장금리로 제공된 대출과 완전한 장학금은 연속선의 양 끝 점으로, 보조금이 지급된 대출은 그 중간 지점에 위치하는 것으로 생각할 수 있다. 대출에 대한 보조금이 늘어날수록 장학금의 성격이 강해진다. 여기서 정책적 쟁점은 대출에 드는 행정적인 비용과 원금 상환 불이행의 가능성을 동시에 고려하여 학생들을 지원하는 가장 비용효과적인 방법이 무엇인가를 판단하는 일이 될 것이다.

학자금대출제도의 발전과정

우리나라에서 처음으로 학자금대출에 대한 법률적 근거가 마련된 것은 1961년 4월 법률 제 603호에 의거, '대학장학금법'이 공포된 데 이어 1962년 3월, 대여장학금법 시행령 및 대여장학금법 시행세칙이 각각 공포됨으로써 교육법에 규정된 장학제도를 구체화하게 되면서부터이다(김안나, 2002). 1962년에 화폐개혁으로 대여장학금이 일시 중단되기도 하였으나, 이 법에 따라 대학원을 포함한 대학과 실업고등전문학교 그리고 실업계 고등학교에 재학하는 학생들이 경제적 사정이 여의치 못하여 학업이 곤란한 때에 학자금을 대여하기 위해 3억 5천만 원을 국고예산에서 계상하도록 하였고, 대여 절차에 관한 자세한 내용을 규정하였다. 이 법은 1969년 11월에 '대여

장학금법 시행령'으로 보완되어 오랫동안 많은 학생에게 혜택을 주어 왔다.

2009년에 한국장학재단이 설립되어 정부에서 지원하는 각종 학자금대출제도가 통합되기 전까지 정부가 지원해 온 대학 학자금대출은 제도를 운영하는 기관을 중심으로 볼 때 크게 여섯 가지 정도로 분류해 볼 수 있다. 교육인적자원부의 학자금융자 이자보전 제도, 한국학술진흥재단의 무이자 학자금 대여, 공무원 연금관리공단의 학자금 대부 사업, 사학연금관리공단의 학자금 대여 제도, 노동부의 근로자 학자금 대부 및 근로복지공단의 대학 학자금 대부 사업 등이 이에 해당된다.

이 중 가장 지원 규모가 큰 교육인적자원부의 학자금대출제도는 1975년에 처음으로 도입된 후, 1985년에 대학생과외 금지조치 보완책으로 확대되었다. 정확한 명칭은 '대학생 학자금 융자 이자보전 제도'로 금융기관을 통하여 학자금을 저리로 융자해 주고 이자액의 일부를 국고에서 보전하는 방식으로 운영되었다. 이 제도는 학비 마련이 어려운 대학생들이 학비가 없어 학업을 중단하는 일이 없도록 지원하고자 하는 목적으로 실시되었다. 제도 시행시기별로 보면, 1985년 2학기부터 과외금지조치 보완책으로 확대되었다가 1986년 6월 대학생 과외허용조치 및 경제수준 향상 등의 이유로 대출규모가 축소되었다. 그러나 이후 학자금 인상에 따른 대출수요 증가로 대출규모를 확대하였으며, 특히 1997년 외환 위기와 같은 사회경제적 여건의 변화에 따라 수요가 급증하였다.

당시 교육인적자원부의 학자금대출은 이를 위한 재원을 각 금융기관의 자체 자금으로 하고, 대출대상은 학사과정 및 대학원과정 신입생과 재학생으로 하였다. 대출금액은 등록금 범위 내에서 입학금, 수업료 및 기성회비를 포함하고 보증보험 취급 은행에서는 보험료도 포함하였다. 이자는 10.5%로 이 중 학생 부담이 5.75%이고, 그 차액만큼, 즉 4.75%를 정부가 국고에서 부담하였다. 대출의 종류로는 장기융자와 단기융자가 있으며, 장기융자의 경우 원금을 재학기간 거치 후 7년간 균분 상환하며(군복무 및 미취업 시 연장 가능), 이자는 매월/매 3개월/매 6개월 납 중 선택하도록 하였다. 그리고 단기융자의 경우 대출 다음 달부터 2년 이내에 원금을 균분 상환해야 하고, 이자의 상환방식은 장기융자와 같게 하였다. 선발기준은 실직자 자녀 및 가정 형편이 어려운 학생을 우선으로 하며, 장학금 수혜자의 경우에는 장학금을 제외한 액수만큼을 지급하였고 연대보증인을 세우도록 하였는데, 보증인이나 담보능력이 부족하여 학자금대출을 받을 수 없는 경우, 2000년 7월에 도입된 학자금 융자 신용보험제도(보증보험증권)를 이용할 수 있도록 하였다.

전체 학자금대출제도를 통해 대출을 받은 학생은 2004년 기준 59만 3,613명으로 전체 4년제 일반 대학생을 기준으로 볼 때 약 25%에 해당하며, 4년제 대학과 대학원을 포함한 학생의 약 22%에 해당한다. 당시 학생 1인당 평균 융자액은 약 276만 원이고, 이러한 액수는 대체로 등록금과 수업료 등을 포함하며, 기숙사비, 책값, 교통비 등 생활비는 포함되어 있지 않았다. 그러나 이러한 학자금대출 수혜비율은 전체 대출규모 면에서 선진국의 수준에 크게 못 미치는 것이고, 특히 저소득계층의 대학(원)생을 대상으로 하는 교육인적자원부의 이차보전제도의 경우, 대출의 규모와 조건을 학생들에게 실질적인 도움이 될 수 있도록 보다 다양화할 필요가 있음이 지적되어 왔다(김안나 외, 2004).

기존 제도의 문제점은 주로 이차보전방식에 따른 학자금대출제도가 자금조달과 위험관리를 전적으로 금융기관에 의존함으로써 안정적인 공급 기반이 취약할 뿐 아니라, 회수가 불가능한 재정 부담이 누적적으로 증가할 수 있고, 대출대상, 대출한도 및 대출기간 등 상품구조가 대단히 제한적이라는 점에 기인한다. 학자금대출의 상품구조가 제한적인 이유는 예산상 제약으로 인해 이차보전방식의 학자금대출 공급규모를 크게 확대할 수 없기 때문이다. 이러한 문제에 따라 2005년 이후 정부는 기존의 이차보전방식과 함께 정부보증 학자금대출제도를 도입하여 종전의 이차보전방식에 비해 수혜학생을 2배 이상 증가(2005년 1학기에 11만 2천 명에서 2006년 1학기에 25만 6천 명)시켰다. 그리고 현재는 한국장학재단에서 기존의 제도를 통합하여 일반상환학자금대출, 농촌출신대학생학자금융자, 취업후학자금상환제도 등을 운영하고 있다. 취업후학자금상환제도는 대출의 규모를 정액제 방식에서 지원자의 대학 등록금 전액을 충당할 수 있는 수준으로 조정하여 국공립대학과 사립대학, 그리고 2년제와 4년제 대학 간에 등록금의 차이는 물론 전공별로도 등록금의 차이가 큰 현실을 고려할 때 합리적인 방안이라 볼 수 있다. 특히, 소득이 발생하는 시점부터 원리금을 분할하여 상환하도록 한 것은 호주와 뉴질랜드 등의 소득연계학자금대출제도(income contingency loans)를 도입한 것으로 현재와 같이 대졸자들의 취업이 어려운 상황에서 필요한 조치라 할 수 있다.

학자금대출제도의 재정 효율성

학자금대출제도의 성패는 궁극적으로 학생들에게 대출된 융자금이 환수되는가의 여부에 달려 있다. 과거 많은 개발도상국들이 낮은 환수율에 기인한 제도의 실패를 경험한 바 있다(Ziderman, 1999). 따라서 학자금대출제도가 성공적으로 운영되도록 하기 위한 조건들에 대한 이해가 선행되어야 한다. 이를 위해 우선 2005년에 새 제도가 도입되기 이전까지 운영되었던 우리나라 학자금대출제도가 수혜자의 관점에서 대출의 범위와 상환 부담이 적정한지, 그리고 정부 입장에서 비용 부담이 어느 정도이고, 정부 예산 규모에 비추어 감당할 만한 것인지를 분석하였다. 본 내용은 2000년 통계자료를 활용하여 자이더만과 알브레히트(Ziderman & Albrecht, 1995)가 사용한 방법으로 분석한 저자의 논문(김안나, 2002)과 책(Kim & Lee, 2000)에 소개된 것이다.

학자금대출의 조건

대출규모

기존 여섯 가지 대출제도를 모두 포함한 전체 학자금대출 규모는 2000년에 약 9천 700억 원이다. 교육인적자원부의 학자금대출은 정부지원 학자금대출제도 가운데 가장 규모가 커서 전체 융자 규모의 46%에 달한다. 다음으로 공무원 연금관리공단에서 공무원 자녀를 대상으로 하는 학자금대출이 규모 면에서 두 번째로 크며 전체의

40%를 차지하고 있다. 전체 여섯 가지 대출제도를 통해 대출을 받은 학생은 48만 8,900명으로 전체 4년제 일반 대학생을 기준으로 볼 때 약 30%에 해당한다. 이러한 수혜자 수는 미국에 비해 크게 적은 것으로 미국의 경우 약 45%의 학생들이 학자금대출제도의 혜택을 보고 있다(김안나, 2002).

학생 1인당 평균 대출액은 200만 원, 학술진흥재단 대출의 경우 이의 약 절반 정도이다. 이러한 액수는 대체로 등록금과 수업료 등을 포함하며, 기숙사비, 책값, 교통비 등 생활비는 포함되어 있지 않다. 자료의 제약으로 상환율은 교육인적자원부와 한국학술진흥재단 대출의 경우에만 정확한 수치를 확인할 수 있다. 다른 대출들은 교육인적자원부와 같이 10% 정도로 추정하였다. 이러한 추정은 대강치(conservative estimate)로 실제 연체율은 보다 낮을 것으로 기대된다. 연체율 계산은 전체 상환금(원금과 이자)에 대한 연체금액의 비율을 계산한 것이다.

상환조건

학자금대출의 이자율은 0%부터 5.75%까지이다. 이자율이 가장 높은 것은 교육인적자원부 학자금대출로 전체 10.5%의 이자에서 4.75%를 정부가 부담하고 나머지를 학생들이 부담하도록 되어 있다. 학술진흥재단, 공무원 연금관리공단, 사립학교교원연금관리공단은 이자가 없고, 노동부의 근로자 학자금대출은 1%의 이자를 부과하고 있다. 근로복지공단의 경우 거치기간 중에는 1%, 상환기간 동안에는 5%로 하고 있다. 실제 이자율 계산은 명목이자율(nominal interest rate)에서 2000년 소비자 물가지수(Consumer Price Index)

〈표 10-1〉 2005년 이전 학자금대출제도의 특성과 범위

융자 프로그램	교육인적 자원부	학술진흥 재단	공무원연금 관리공단	사립학교 교원연금 관리공단	노동부	근로복지 공단	합계
신규 대출액규모(10억)	454.7	29.6	391.5	55.7	34.6	1.5	967.6
수혜자 수(천 명)	215.0	25.8	201.2	27.5	18.6	0.8	488.9
1인당 대출액(천 원)	2,115	1,147	1,946	2,025	1,863	1,821	2,002
전체 대출 대비 비율(%)	46%	4%	40%	7%	4%	0%	100%
연체율(%)	10%	14%	10%	10%	10%	10%	10%
표준이자율(%)	5.75%	0.0%	0.0%	0.0%	1.0%	1.0%(거치) 5.0%(상환)	2.7%
실제 이자율(%)	3.45%	−2.3%	−2.3%	−2.3%	−1.3%	0.7%	0.4%
최대 상환기간(년)	7	8	4	4	4	4	5.5
정부이자보조(융자대비%)	19%	49%	45%	45%	41%	23%	32.7
정부이자보조+연체(융자대비%)	27%	56%	51%	51%	47%	30%	39.7%
정부이자보조+연체+행정비용(융자대비%)	36%	67%	60%	60%	56%	37%	48.8%

를 뺀 값으로 2.3%였다. 평균 상환기간은 4년이고, 교육인적자원부와 학술진흥재단은 보다 길어서 7년에서 8년까지이다. 보다 긴 상환기간은 이자율이 시장 이자율보다 낮기 때문에 보다 많은 액수의 무상지원(subsidy)을 의미하게 된다.

학생들의 대출 상환 부담

각 대출 프로그램에 대한 수혜자의 상환 부담을 계산하기 위해 대학 졸업자의 초기 임금과 상환액을 단순 비교하였다. 상환액은 학술진흥재단 융자의 경우 1인당 50만 원이고, 근로복지공단은 210만 원에서 240만 원이다. 학술진흥재단의 상환액이 적은 것은 대출액 자체가 적고 상환기간이 길기 때문이다. 교육인적자원부는 120만 원에서 160만원, 나머지 융자들은 200만 원이다. 대학 졸업자들의 초기 임금을 대략 140만 원으로 계산할 때, 상환금은 임금의 약 14% 정도가 되고, 이 정도의 부담은 감당할 만하다고 판단된다.

그러나 문제는 상환 부담액이 어느 정도인가보다 학자금대출 액수가 고등교육을 받는 데 충분한가라는 것이다. 모든 정부지원 학자금대출이 등록금 범위 안에서 이루어지는데, 실제 학생들이 대학을 졸업하기까지는 이보다 훨씬 많은 비용이 소요된다. 특히, 교육인적자원부와 학술진흥재단의 학자금대출의 경우, 가난한 학생들을 대상으로 시행되고 있음에도 불구하고 이들이 학업을 지속하는 데 필요한 학비 이외의 비용은 대출 범위에 포함되지 않고 있다는 것은 기존 대출제도가 이들의 교육기회 확대에 실질적으로 기여하는 데 한계가 있음을 보여 준다.

정부의 비용

이자율이 시장보다 낮고 상환 불능자가 발생하는 것을 고려하면, 학생들의 전체 부담 부분은 적어지는 반면, 정부의 비용 부담은 커진다. 학자금대출제도의 재정적 효과성(efficacy)은 기본적으로 상환율(전액 상환되는가의 여부)에 달려 있다. 따라서 정부가 학생에게 대여한 액수와 상환된 액수를 비교하는 것이 대출효과성의 지표가 된다. 알브레히트와 자이더만(Albrecht & Ziderman, 1991)에 따르면, 대출금액의 환수는 첫째, 잠재적 장학금(hidden grant)의 액수, 둘째, 연체에 따르는 상환 손실 부분, 셋째, 행정비용 등 세 가지 변수에 의존한다. 시장의 명목이자율보다 낮은 이자율을 적용한다면 학생들은 그 만큼의 지원을 더 받는 것으로 볼 수 있다. 정부의 입장에서 비용은 이자차액보전액(이차보전금)과 연체비용 및 학자금대출제도를 운영하는 행정비용을 포함한다.

이러한 비용을 고려할 때, 정부의 지원 규모는 이자율과 상환기간에 따라 달라질 수 있다. 대출제도를 지속 가능하도록 하기 위해서는 무상지원 부분을 최소화하여야 한다. 그러나 이렇게 할 때 고려해야 할 것은 형평성에 대한 문제로 위험 감수 집단(risk averse group)에 대한 효과가 어떻게 달라질 것인가 하는 점이다. 이러한 문제점은 여러 경험적인 연구들에서 증명되었다. 일례로, 스웨덴의 학자금대출은 소득이 낮은 집단의 고등교육 기회를 확대하는 데 실패한 바 있다(Albrecht & Ziderman, 1991).

이를 보완하여 소득수준이 낮은 학생들에 대한 위험 부담을 최소화하기 위해 대부분의 국가들이 대출에 대한 보조를 실시하고 있다.

이런 융자보조제도가 20개국 이상에서 실시되고 있으며, 정부 보조율은 13%에서 많게는 91%이고 평균적으로 50% 정도이다. 그러나 보조가 너무 클 경우, 많은 개발도상국의 경험에서 나타나듯이 대출제도 자체의 유지가 어렵게 된다. 이에 따라 이러한 위험 감수 부담을 효과적으로 줄일 수 있는 방법으로 특정 해에 상환 부담을 줄이고, 상환을 소득과 연계하며, 상환 제한선을 두고, 소득이 감소할 때 면제규정을 두는 등 다양한 상환제도가 도입되고 있다.

이차보전액 비율의 산정은 대출금의 현재 가치에서 상환액을 뺀 값의 융자금의 현재가치에 대한 비율로 계산하였다. 정부의 이차보전액(interest subsidy)에 상환불이행에 따르는 비용(default cost)을 더한 값은 이차보전액의 현재 가치에 상환 불이행에 따르는 손실금액을 더한 값에 대한 융자금의 현재 가치의 비율로 계산하였다. 마지막으로 정부 이차보전액과 연체비용에 행정비용을 더하는 것(연체와 행정비용으로 인한 정부의 손실 부분)은 이 세 가지 정부 부담 비용의 현재 가치에 대한 융자금액의 현재 가치의 비율로 계산하였다.

정부의 이차보전에 따르는 예산 부담은 이자율이 낮고 상환기간이 길수록 커진다. 이자율이 높은 교육인적자원부의 학자금대출은 이차보전에 따른 부담이 가장 적어 19%이며, 학술진흥재단을 포함한 나머지 융자제도의 경우 40%가 넘는다. 융자규모에 따른 가중치 평균은 33%로 미국, 영국, 노르웨이, 퀘벡 등 선진국과 비슷한 수준이다(Albrecht & Ziderman, 1991). 그러나 프로그램에 따라 이자 부담 비율이 달라 일부 프로그램들은 선진국의 전형적인 예보다 높거나 혹은 낮다. 융자 보조에 따른 정부의 손실 부분은 대출조건에 달려 있다. 한국의 경우, 연체나 상환회피 등의 문제는 심각하지 않다.

왜냐하면 대출액 규모 자체가 적어 학생들의 상환 부담이 크지 않기 때문이다. 또한 시중 은행을 통해 융자하기 때문에 전체적인 행정비용과 관리비용이 최소화되고 있기 때문이다.

융자기간이 짧을수록 융자제도의 자체 재정 충당기능은 원활해진다. 그러나 학생들은 당연히 대출기간이 긴 것을 선호하며, 특히 졸업 후 취업을 하지 못했을 때는 어려움이 더하다. 행정관리자들에게 어렵고 비용이 많이 드는 것은 높은 연체율과 더불어 적은 융자액을 회수하는 데 오랜 기간 동안 많은 비용을 들여야 한다는 점으로, 특히 학생들은 이동의 폭이 넓기 때문에 이들을 추적 회수하는 데 비용이 많이 든다.

여섯 가지 융자제도에 대한 학생들의 부담과 정부의 부담을 계산해 본 결과, 학생들이 지불해야 하는 이자율이 시장이자율보다 낮고 일부는 상환하지 않기 때문에 학생들은 단지 일부만을 부담하며, 정부는 이런 부담 외에 행정비용 등을 지불해야 함을 알 수 있다. 정부 부담률을 계산하기 위해 알브레히트와 자이더만의 방식대로 이차보전액에 원금과 관련된 비용을 계산했을 때, 정부 부담은 융자액의 40%로 나타났다. 즉, 정부는 이차보전액과 상환불이행에 따르는 비용을 합쳐 학생들이 대출한 융자금액의 40%를 부담한다. 행정비용에 대한 자료의 부족으로 알브레히트와 자이더만이 사용한 것과 같이 매년 융자금액의 2%로 추정하였다. 이때 전체 정부 부담 비용은 약 50% 정도이고, 이는 정부가 융자금액의 50%를 부담하는 것을 의미한다. 여섯 가지 프로그램 중 예산 부담이 가장 큰 것은 공무원연금관리공단과 교육인적자원부의 학자금대출이다.

이러한 계산에 기초해 한국 대학 학자금대출의 교육비 환수율을

〈표 10-2〉 학자금대출제도 운영에 따른 정부 부담

(단위: 십억 원)

융자 프로그램	교육인적 자원부	학술진흥 재단	공무원연금 관리공단	사립학교 교원연금 관리공단	노동부	근로복지 공단	합계
평균 이차보전 비용 (전체 비용에서 차지하는 %)	44.9 (27%)	9.0 (5%)	92.2 (55%)	15.0 (9%)	7.7 (5%)	0.2 (0.1%)	169.0 (100%)
이차보전액+연체비용	67.6	11.2	113.3	18.4	9.7	0.3	220.4
이차보전액+연체 부담+행정비용	78.3	12.1	123.5	20.1	10.6	0.3	244.9

다른 나라의 경우와 비교하면, 학자금대출에 따른 교육비 환수율 수준은 대부분의 개발도상국 수준을 훨씬 능가하고 선진국 수준과는 비슷하다. 낮은 실제 이자율과 높은 연체율로 대부분의 개발도상국들의 교육비 환수율은 15~30%에 불과하다(Ziderman & Albrecht, 1995). 우리나라 교육비 환수율이 선진국과 유사하다고 하더라도 정부 재정에 대한 부담은 정부 예산에 비교해 학자금대출 부담이 너무 클 경우 문제가 될 수 있다.

〈표 10-2〉에 따르면, 정부의 학자금대출 이차보전액이 1,700억 원이고 이차보전액과 연체비용을 포함할 경우 2,200억원이며, 여기에 행정비용까지 합하면, 2,450억 원이다. 2000년에 한국 GDP가 517조 천억 원이고 정부 예산이 127조 4,420억 원임을 감안할 때, 학자금대출에 따르는 이차보전비용은 GDP의 0.03%, 정부 예산의 0.13%가 된다. 이는 미국의 GDP 내비 학사금내출 비율이 0.21%, 정부 예산 대비 비율이 1.11%임과 비교해 적은 액수이다. 즉, 미국과 비교할 때 GDP와 정부 예산 대비 융자규모는 미국의 1/7~1/9의 수준에 불과하다. 따라서 학자금대출제도를 위해 정부의 예산을 증액하는 것이 가능하다고 판단된다. 증액된 예산은 학자금대출의 범위(coverage)를 높이는데, 특히 가난한 학생들의 교육기회를 확대하는 데 사용될 수 있을 것이다.

형평성 관점에서 본 학자금대출제도의 문제점

정부의 학자금대출정책은 고등교육의 외부효과와 시장실패에 대한 보완으로서뿐만 아니라 고등교육 기회균등 실현이라는 형평성의 관점에서도 분석되어야 한다. 한국 교육정책은 시기적절한 인력수급 계획과 인적자본에 대한 투자 등 경제적 관점에서 볼 때 성공적이라고 평가할 수 있다. 우선, 초등학교 기초교육을 확대하고 보편화 단계에 이르러 중등교육을 확대한 이후 강조점을 고등교육으로 이동시킨 것은 국가 경제발전 전략과 일치하는 정책이었으며, 대신에 고등교육에 있어서 학생과 학부모의 교육비 부담으로 높은 교육비 환수율을 유지할 수 있었다(Kim & Rhee, 2007). 이러한 교육확대 정책은 세계은행이 권장하는 개발도상국의 교육확대 전략이기도 하다(World Bank, 1986). 그러나 고등교육 투자의 높은 사부담 비율은 고등교육에 대한 계층 간 불평등 문제와 연계하여 재검토되어야 한다.

일반적으로 학생들의 고등교육으로의 이행은 부모의 교육 수준, 직업지위, 소득수준, 가족의 사회적 자본과 정적인 상관관계를 갖는다(Blau & Duncan, 1967; Collins, 1979; Lipset & Bendix, 1959; Sewell et al., 1969). 이러한 요인들은 또한 중등교육 단계에서 학교의 계열 선택에 영향을 준다. 방하남과 김기헌(2001)의 연구에 따르면, 가정 배경이 고등학교로의 이행에 있어서 유의미한 영향을 미치고 있다. 즉, 부모의 사회경제적 지위와 교육 수준이 낮을수록 실업계 고등학교에 진학하는 비율이 높다. 이 연구가 30세 미만 청년층을 대상으로 분석한 것이라는 점에 비추어 볼 때, 비교적 교육기회가 확대된 최근에도 가족의 사회경제적 차이 혹은 계층적 차이가 여전히 존재하고 있음을 알 수 있다. 특히 실업계 고등학교 진학자들의 경우 여러 배경 변인 중에서도 부모의 소득수준이 진학에 미치는 효과가 크다는 연구 결과는 경제적 자본이 대학진학에 미치는 효과가 사회적 자본보다 높지 않다는 연구 결과와 관련하여 시사점이 크다. 이는 소득수준이 낮은 학생들은 이미 고등학교 단계에서부터 대학진학의 계획을 포기하고 있음을 뜻한다.

경제성장 속도에 맞추어 고등교육이 급속히 확대된 한국 사회에서 교육체제는 경쟁적 계층상승이동(contest mobility)에 대한 터너(Turner, 1960)의 가설을 지지하는 것처럼 보인다. 그러나 전형적인 학력중심 사회(credential society)(Collins, 1979)인 한국 사회에서 교육적 불평등은 고등학교로의 이행과 대학으로의 이행 경로에서 다양한 방식으로 나타나고 있고, 결과적으로 계층 간 학력 격차가 줄어들고 있음에도 불구하고 교육 및 사회경제적 성취의 계층 간 차이를 완화시키지는 못하고 있다. 학생들의 필요에 따른 장학금과 학자금대출제도는 이와 같은 고등교육 기회에 있어서의 불평등 문제에 접근할 수 있는 하나의 대안으로 생각할 수 있다. 재정지원 방안으로서 학자금대출은 고등교육 기회 확대를 위해 필요한 재원을 보다 폭넓게 동원할 수 있는 방안이면서 동시에 학생들의 행동특성에 영향을 줌으로써 고등교육을 보다 비용효과적으로 유인하는 방법이기도 하다.

앞서 학자금대출제도에 대한 재정 분석을 통해 학자금대출제도가 확대될 여지가 있음을 확인하였다. 융자 수혜율의 확대와 함께 형평성 관점에서 중요하게 지적되어야 할 문제는 학자금대출을 꼭 필요로 하는 학생들이 융자의 혜택을 보고 있는가 하는 점이다. 즉, 학자금대출이 이를 가장 절실히 필요로 하는 집단에게 지원되도록 융자의 목표와 대상집단의 설정이 제대로 되었는가(targeting)라는 관점에서 평가하여야 한다.

정부는 대학교육비를 수혜자 부담 원칙에 따라 학생들에게 상당 부분 부담시켜 왔다. 이는 중앙정부가 재정적인 책임을 완전히 떠맡을 수 없다는 정책적 고려와 함께 국공립대학에 편중되어 있는 지원에 따른 사립대학들의 불만을 해소하기 위한 방안으로 이용되었다. 한편, 정부는 수익자 부담원칙을 강조하면서도 대학의 등록금 인상에 대한 적정 수준을 제시하고 재정관리지침에 따르도록 하는 등 예산편성의 통제권을 꾸준히 행사하고 있다. 이러한 정책은 1980년대 중반 이후 국공립대학에 대한 지원이 상대적으로 줄어들도록 하는 반면, 학생 부담을 증가시켜 왔다(김홍식 · 임학빈, 1999). 또한 사립대학의 경우 2000년에는 대학 등록금 인상률이 4.93%, 2001년에는 5.90%, 2002년에는 6.57% 등 등록금 인상률이 지속적으로 상승되어 왔고, 사립대학의 운영 수입에서 등록금이 차지하는 비율이 1997년 67.55%, 1998년 67.49%, 1999년 66.85%, 2000년 69.40% 등 등록금 의존 비율이 높다(한국사학진흥재단, 2002). 현재 대학들, 특히 사립대학들의 재정 여건을 고려할 때, 등록금 수준을 현실화하려는 움직임은 가난한 학생들을 위한 지원의 필요성을 한층 높여 주고 있다.

2001년 현재 국공립대학에 재학하는 대학생들의 41.1%, 사립대학의 경우 29.7%가 다양한 기준의 교내 및 교외 장학금을 받고 있다. 그러나 장학금의 규모가 작아서 장학금의 액수를 등록금과 비교할 때, 국공립대학의 장학금 총액은 등록금의 18.5%만을, 그리고 사립의 경우 11.3%만을 충당할 수 있다. 뿐만 아니라 장학금 지급은 성적을 기준으로 이루어지는 경우가 대부분으로 경제적 형편이 어려운 학생들에게 실질적인 도움을 주는 데는 한계가 있다.

이런 상황에서 학자금지원 대상집단 설정의 문제를 개념적으로 도식화하면 [그림 10-1]과 같다. 그림의 D 영역에 속하는 학생들은 학자금지원제도의 목적에 비추어 대상집단이 아님에도 불구하고 지원을 받고 있는 집단이다. 그리고 B와 같이 대상이면서도 현재 지원제도의 혜택을 받고 있지 못한 집단이 존재한다. 다음으로 현재 경제 형편상 고등교육기관에 취학하지 못한 저소득계층 중에 진학을 희망하는 집단 C를 상정해 볼 수 있다. 형평성 측면에서 학자금지원정책은 어떻게 D집단에게 주어진 지원 혜택을 전환하여 B를 지원하고, 나아가 C집단의 진학을 유도하도록 하는가의 관점에서 평가되어야 한다. 이러한 개념 모형을 학자금지원정책을 수립하는 데 적용하기 위해서는 각 집단의 비율에 대한 현황 조사가 이루어져야 한

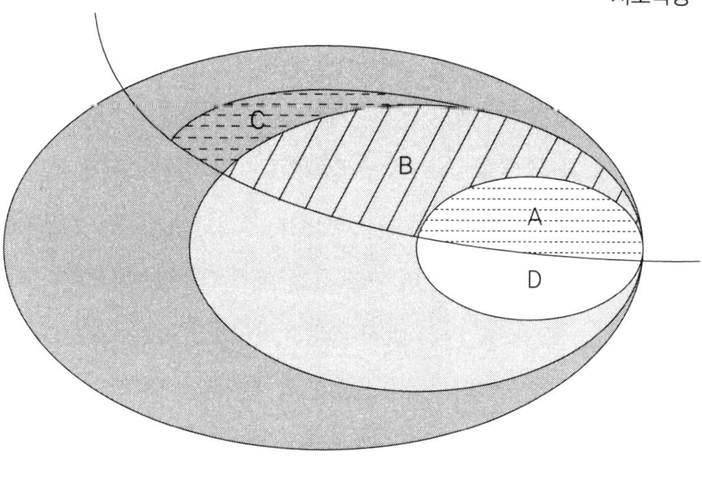

- 비진학 인구
- 학생: 학자금 융자 비수혜자
- 학생: 학자금 융자 수혜자

A: 융자 대상집단: 수혜자
B: 융자 대상집단: 비수혜자
C: 융자 대상집단: 잠재적 취학인구
D: 융자 대상 제외 집단: 수혜자

[그림 10-1] 학자금대출제도의 대상집단 설정 모형

출처: 김안나(2002). p. 471.

다. 그러나 지금까지 대학생들에 대한 학자금지원은 학생들의 경제적인 필요를 고려하여 지원 방안을 차별화하기보다는 정해진 예산과 기금의 범위 내에서 한정적으로 운영되어 왔고, 또한 지원대상의 표적화(targeting)를 위한 기초 자료와 연구가 부족했던 것도 사실이다. 이러한 점에 착안하여 향후 보다 체계적인 학자금지원정책을 수립할 수 있도록 학자금지원 대상자의 수와 소요예산을 추정한 김안나와 이영(2008)의 연구에 따르면, 잠재적인 대학생에 대한 지원은 고려하지 않고 현재 대학생에 대한 지원을 늘리는 방식으로 전환할 경우, 연간 총 1조 원의 재원이 소요되는 것으로 추정되었다. 한편, 현재 대학생이나 잠재 대학생의 30%에게 제안된 지원 방식을 적용할 경우 연간 총 1.8~2조 원(=1.5+0.27 또는 1.5+0.40)이 소요될 것으로 추정되었다. 그리고 현재 대학생이나 잠재 대학생의 60%에게 제안된 지원 방식을 적용할 경우, 연간 총 3.5~3.8조 원의 재정 소요가 발생할 것으로 추정되었다. 마지막으로 현재 대학생이나 잠재 대학생의 60%에 지원을 행하고 이러한 지원이 장기화되어 저소득층의 대학생 자녀 수도 고소득층 대학생 자녀 수 수준으로 증가하는 경우, 이러한 정책 전환에는 20년 이상이 소요될 것으로 보이며 연간 총 5.1조 원이 소요될 것으로 예측되었다. 이와 같은 재원을 확보하기 위해서는 무엇보다도 고등교육 예산의 3.4% 수준에 그치고 있는 학생단위 지원을 선진국 수준(OECD 평균 16.6%)으로 확대하여야 한다.[2)] 이를 위해 고등교육 예산의 증액 부분을 학자금지원 예산을 증액하는 데 우선적으로 배분할 필요가 있다. 학생에 대한 직접지원은 지원효과를 보다 쉽게 확인할 수 있고 학생의 선택을 받기 위한 대학 간의 경쟁을 촉발할 수 있어 향후 대학자율화 확대의 정책기조와도 방향이 일치한다.

둘째, 대학의 재원을 다원화할 수 있는 정책들을 적극 도입하여야 한다. 미국의 경우 기부금은 대학들의 경쟁력 강화를 위한 가장 중요한 재원이 되고 있다. 기부금을 통해 얻은 수익은 대학 장기발전 계획에 따라 다양한 분야의 교육 프로그램에 지속적으로 활용되며, 캠퍼스 내 각종 교육시설 및 교육환경 개선을 위해 사용되고 있다. 또한 장학금 혜택을 증가시킴으로써 우수한 학생을 선발하고 지원하며, 연구지원 및 연구센터 증축 등에 사용되고 있다. 최근 하버드 대학과 같은 미국의 명문 사립대학들이 우수한 인재를 유치하기 위해 등록금을 인하하고 저소득계층의 학비를 전액 면제하는 등의 과감한 정책을 도입할 수 있는 것은 재정에 대한 자신감에 기초한다. 우리나라의 경우 아직 기부문화가 정착되어 있지 않지만 대학재정의 확대를 위해 기부금에 대한 강한 유인을 제공하는 방안들이 검토되어야 할 것이다.

셋째, 또 다른 재원 확보의 방안으로 국가장학기금 조성에 민간의 참여를 독려하여야 한다. 미국의 경우 대기업과 사회단체 장학기금이 활성화 되어 있다. 일례로, 빌 게이츠 장학재단은 1999년부터 미국 내 흑인, 인디언, 아시아계, 라틴계 등 소수민족 출신 학생 중 성적이 우수한 학생에게 주는 장학금으로 연방정부의 Pell Grant[3] 조건에 부합하는 자에게 2019년까지 총 10억 달러를 지원한다는 계획이다. 현재 한국장학재단이 설립되어 장학기금을 통합 운영하고 있

2) 미국 17.8%, 영국 24.7%, 일본 18.6%임.

3) 미국 연방정부에서 직접 지원하는 보조금으로 학생의 경제능력, 재학소요경비, 등록형태에 따라 지원액이 결정되며, 상환 의무가 없다.

지만 아직까지 기업의 대규모 장학사업 참여가 제한적으로 이루어지고 있다. 따라서 민간의 참여를 유인하여 국가 학자금지원제도의 틀 내에서 활용할 수 있는 방안들을 모색하여야 한다.

참고문헌

교육인적자원부(2007). 교육민생현안 대책. 국무회의 보고자료. 미간행.

김안나(2002). 대학생 학자금 융자제도의 효율성과 형평성 분석. 한국교육, 29(2), 455-475.

김안나(2005). 대학 학자금 융자제도의 활성화를 위한 신용보증 및 유동화 방식의 정책효과 분석. 한국교육, 32(1), 123-143.

김안나 · 이병식(2008a). 소득수준에 따른 학생의 고등교육 선택의 차이와 학자금 지원의 효과. 교육과학연구, 39(1), 67-84. 이화여자대학교 사범대학 교육과학연구소.

김안나 · 이병식(2008b). 학자금대출이 대학재학기간 연장 가능성에 미치는 영향(소득계층별분석). 교육사회학연구, 18(4), 55-73.

김안나 · 이영(2008). 대학생 학자금지원 확대를 위한 재정소요 추정. 교육과학연구, 39(2), 177-196. 이화여자대학교 사범대학 교육과학연구소.

김안나 외(2004). 인적자원투자 촉진을 위한 대학(원)생 학자금 융자제도 활성화 연구. 인적자원개발 정책연구, 2004-8. 교육인적자원부.

김홍식 · 임학빈(1999). 대학등록금 책정모형의 개발과 적용. 회계연구, 4(1), 193-223. 대한회계학회.

방하남 · 김기헌(2001). 기회와 불평등: 고등교육 기회에 있어서 사회계층별 불평등의 분석. 제3회 한국노동패널 학술대회, 18-44. 서울: 한국노동연구원.

유시민 외(1998). 학자금 대부제도 규정 시안 연구. 서울: 교육부. 미간행.

이영 · 김진영(2006). 대학 재정 확충 방안: 재정규제 완화를 중심으로. 정책연구 보고서. 교육인적자원부.

한국사학진흥재단(2002). 대학재정. http://ns.sahak.or.kr/trust/fees

Albrecht, D. & A. Ziderman (1991). Deferred cost recovery for higher education: Student loans schemes in developing countries. *World Bank Discussion Papers*, 137. Washington DC: The world Bank.

Blau, P. M. & O. D. Duncan (1967). *The American occupational structure*. New York: John Wiley and Sons.

Cabrera, A. F., A. Nora & M. B. Castaneda (1992). The role of finances in the persistence process: A structural model. *Research in Higher Education, 33*(5), 571-593.

Collins, R. (1979). *The credential society: Historical sociology of education & stratification*. New York.

Johnstone, D. B. (1986). *Sharing the cost of higher education: Student financial assistance in the United States, the United Kingdom, France, Germany and the federal republic of germany*. New York: The College Board

Kim, A. & B. Rhee (2007). Meeting skill and human resource requirements. In *KOREA as a Knowledge Economy*, edited by Suh ,J. & D. Chen, 107-133. Washington, DC: The World Bank.

Kim, A. & Y. Lee (2000). *Student loan schemes in the republic of Korea: Review and recommendations*. Bangkok UNESCO.

Lipset, S. M. & R. Bendix (1959). *Social mobility in industrial society*. London.

Murdock, T. A. (1989). Does financial aid really have an effect on student retention? *Journal of Student Financial Aid, 19*(1), 4-16.

Psacharopoulos, G. et al. (1986). *Financing education in developing countries*. Washington DC: The World Bank.

Schapiro, M. O., M. P. O'Malley & L. H. Litten (1991). Progression to graduate school from the "elite" colleges and universities.

Economics of Education Review, 10, 227-244.

Sewell, W. H., A. O. Haller & A. Portes (1969). The Educational and early occupational attainment process. *American Sociological Review, 34*(1), 82-92.

St. John, E. P., E. H. Asker & S. Hu (2001). The role of finances in student choice: A review of theory and research. In *The Finance of Higher Education: Theory, research, policy & practice,* edited by Michael, B. P. & J. C. Smart. Agathon Press.

St. John, E. P., M. B. Paulsen & J. B. Starkey (1996). The nexus between college choice and persistence. *Research in Higher Education, 37*(2), 175-220.

Turner, R. (1960). Sponsored and contest mobility and the school system. *American Sociological Review, 25*, 855-867.

Weiler, W. C. (1994). Expectations, undergraduate debt and the decision to attend graduate school: A simultaneous model of student choice. *Economics of Education Review, 13*(1), 29-41.

Woodhall, M. (1983). *Student loans as a means of financing higher education*. Washington DC: The World Bank.

Woodhall, M. (1987). *Lending for learning*. Commonwealth Secritariat.

World Bank (1986). *Financing education in developing countries: An exploration of policy options*. Washington DC: The World Bank.

Ziderman, A. (1999). *The Student loan scheme in Thailand: A review and recommendations for efficient and equitable functioning of the scheme*. UNESCO- Bangkok, July.

Ziderman, A. (2003). *Student loans in Thailand: Are they effective, equitable, sustainable?* Bangkok: UNESCO.

Ziderman, A. & D. Albrecht (1995). *Financing universities in developing countries*. Stanford Studies of Education and Public Policy. London: The Falmer Press.

제11장 고등교육의 형평성과 입시정책

고등교육의 다양성과 형평성

고등교육에서 다양성(diversity) 논쟁이 촉발된 것은 미국의 소수집단 우대정책(affirmative action)이 폐지되면서부터이다. 1950년대 이후 성장과 확대 정책의 기조를 이어 가던 미국의 고등교육은 1960~1970년대 흑인과 여성들의 인권운동 확산을 계기로 사회적 약자에게 가산점을 주는 소수집단 우대정책을 대학입학정책에 적용하게 된다. 그러나 적극적 불평등 정책으로도 일컬어지는 이 정책은 끊임없이 법정 소송의 대상이 되었고, 2003년 미시간 법대의 소송에서 인종이 입학사정에서 고려시항이 될 수 없다는 판결이 내려지게 되면서 전기를 맞게 된다. 이어 공교육과 취업에서 인종별 우대정책을 금지하는 법안이 캘리포니아를 비롯한 여러 주로 확대되면서 소수집단 우대정책은 여러 주에서 폐지된다.

이에 따라 SAT나 고등학교 성적에 기초한 대입전형방법은 흑인과 히스패닉 학생들의 대학진학률을 급격히 감소시키고 있어 고등교육의 형평성에 대한 새로운 논란이 되고 있다(Burton & Ramist, 2001; St. John et al., 2001; Zwick & Sklar, 2005). 일례로 미국에서 수십 년 동안 대입전형 요소로 가장 많이 사용되어 온 SAT 점수는 [그림 11-1]과 같이 지속적으로 집단 간 큰 격차를 보여 왔다. 클락, 마도스, 그리고 쇼어(Clark, Madaus & Shore, 2005)에 따르면, 이와 같은 표준화된 시험성적만으로 대학입학을 결정한다고 가정할 경우 인종별 대학진학의 기회는 현격하게 달라진다. 즉, 입학 커트라인을 흑인과 백인 학생의 전체 평균으로 정할 경우 흑인 학생이 지원자의 절반에 해당할 경우에도 합격자는 27%에 그치게 된다. 일류학교로 갈수록, 그리고 흑인 학생들의 지원이 적을수록 이러한 경향은 심화되어, 커트라인을 두 집단 전체 평균보다 표준편차 1만큼 높게 두고 같은 수의 흑인 학생들과 백인 학생들이 지원하는 것으로 시뮬레이션을 해 보면, 흑인 지원자의 비율이 50%일 경우 합격자 비율은 6%에 불과하고, 커트라인을 같게 하여 흑인 지원자 비율을 보다 현실적인 15%로 했을 때, 합격자 중 흑인 학생의 비율은 1%로 떨어진다.

이러한 집단 간 학업성취도의 차이는 역사적으로 그리고 현재에도 지속되는 교육적, 사회적 불평등에 기인한다는 견해가 지배적이지만, 고등교육에서 다양성의 의미와 가치를 다시 정립하는 계기가 되었다. 즉, 대학입학 기회의 배분에 있어서 인종과 같은 요인들을 고려하는 것은 제도적 불평등의 결과를 보상한다는 차원이 아닌 공공선의 차원에서 새롭게 접근되고 있다. 비록 학업성취도 측면에서

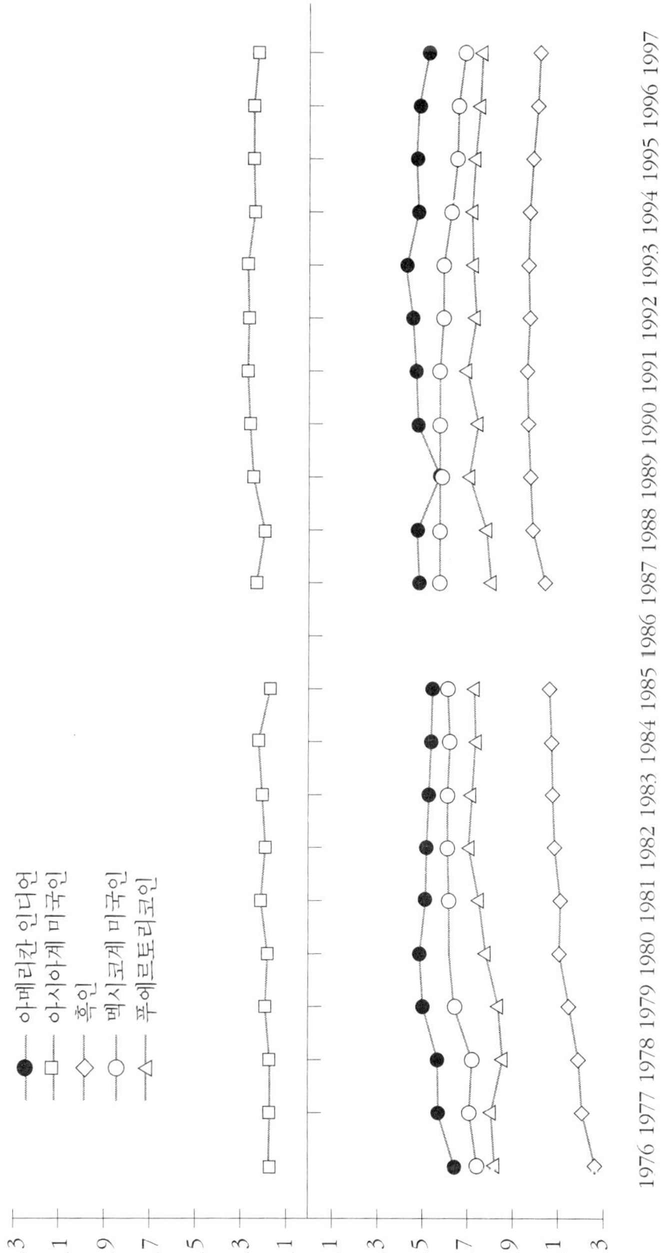

[그림 11-1] 고3 SAT-I 수학 성적의 인종에 따른 집단 차이의 변화 추이

기준에 미달한다 할지라도 인종이나 계층적으로 다양한 배경을 지닌 학생들을 입학시키는 것은 주류 집단을 포함한 대학의 전체 구성원에게 보다 풍부한 교육적 경험을 제공할 수 있고, 나아가 이들을 사회의 지도자로 육성하여 대학의 사회적 목표를 실현하고 사회의 인적자원을 효과적으로 활용할 수 있다는 측면에서 전체 사회에 이득이 된다는 것이다.

이와 같이 볼 때, 대학에서 학생 구성을 다양화하는 것은 고등교육 기회의 형평성을 확대하는 방안일 뿐 아니라 고등교육의 성과를 제고하고 사회적 효용을 높이는 방안이 될 수 있다. 최근 우리 대입정책에서 다양성에 대한 기준들이 강조되고 있는 것은 이러한 맥락에서 긍정적으로 평가될 수 있을 것이다. 그러나 다양성을 목표로 하는 정책들이 시험성적이나 다른 수월성에 대한 객관적인 기준들에 과도하게 의존하게 될 경우 고등교육의 형평성은 오히려 훼손될 수 있다.

다양성을 추구하는 입시정책

전형적인 학력중심 사회인 한국 사회에서 교육적 불평등은 고등교육으로의 이행 경로에서 다양한 방식으로 나타나고 있다. 학력사회에서 높은 지위집단은 교육을 통한 차별화 전략으로서 교육에 대한 지속적인 투자를 하게 되고, 이는 낮은 지위집단의 지위상승이동에 대한 열망과 교육투자를 증대시킨다. 이러한 요인들은 한국을 고학력사회로 유인하여, 2008년 현재 우리 고등학교 졸업생들의 대학

진학률은 84%로 세계에서 가장 높다. 이러한 상황에서, 교육을 통한 계층화 현상은 대학진학 여부보다는 대학 간 서열에 따른 질적 계층화로 특징지어진다고 볼 수 있다. 이러한 경쟁구조 속에서 주요 대학들의 학생선발 방식은 교육과 사회적 형평성에 중요한 영향을 미치게 된다.

우리 대입전형은 크게 일반전형과 특별전형으로 구분되어 왔다. 특별전형의 경우 사회적 형평성을 제고하기 위한 '차등적 보상기준'의 적용이 가능한 정원 내 특별전형과 고등교육법 시행령 제29조 제2항에 따른 정원 외 특별전형이 있다. 그리고 정원 내 특별전형은 사회기여자전형, 소년소녀가장전형 등 자격기준, 전형대상, 선형방법 등을 대학이 자율로 정하도록 되어 있다. 한편, 농어촌전형, 실업계전형과 같은 특별전형은 정원 외로 운영되고 있다. 이러한 특별전형들은 계층, 지역, 고교 계열 등에 따른 교육격차에 대한 보상이라는 의미를 갖는다(박병영, 2008). 즉, 대학에 입학하기 이전에 초·중·고등학교 교육을 통해 누적된 교육기회와 결과의 불평등을 보상하기 위한 전형방법이다.

특별전형을 통해 수월성과 다양성의 두 가지 기준을 동시에 고려하는 이유는 대학이 학문적 수월성을 제고하여야 할 뿐 아니라, 사회적 약자의 교육기회를 확대하여 고등교육의 형평성을 증진하고 사회통합에 기여해야 한다고 보기 때문이다. 대학교육이 사회이동에 미치는 영향이 큰 우리 사회에서 이와 같은 대학의 역할은 특히 중요한 의미를 갖는다. 그러나 최근 대입전형에 대한 정책적 관심은 사회적 약자를 고려하는 특별전형보다는 학생들의 다양한 특기와 재능을 강조하는 다양성 정책으로 이동하고 있다.

이러한 맥락에서 최근에 우리 대학들은 대학이나 학과의 교육목표와 특성에 맞는 학생들을 선발하기 위해, 입학전형방법의 다양화를 시도하고 있다. 이러한 노력의 일환으로 여러 대학에서 입학사정관제도가 새로 도입되었으며, 입학사정에서 학생들의 다양한 특성들을 고려할 수 있도록 새로운 전형 요소와 방법을 도입하고 있다. 이에 따라 고교 시절에 다양한 학교활동에 참여한 학생들에게 가산점을 주거나 특정 교과 영역에 재능이 있는 학생들을 별도로 선발하기도 한다. 이러한 변화는 그동안 대입제도가 여러 차례 변화되어 왔음에도 불구하고, 여전히 과열 입시경쟁의 폐해가 극심할 뿐 아니라, 수능과 같은 성적 자료에 의존하는 기존의 방법으로는 미래사회에 필요한 인재를 육성하는 데에도 한계가 있다는 점에 비추어 볼 때 바람직한 변화라고 볼 수 있다.

객관적 시험 위주의 대입전형방법이 갖는 한계는 대학생들의 학업성취도에 대한 전형요소들의 예측력을 분석한 기존의 연구들에서도 잘 나타나고 있다. 즉, 그동안 학생부점수(내신)와 수능점수의 반영비율을 두고 대학과 정부 간의 마찰이 빚어지는 등 대입전형방법에 대한 논란이 커지면서, 전형유형이나 전형요소와 대학생 학업성취도의 관계를 분석한 대부분의 연구들이 수능보다는 학생부점수가 대학에서의 학업성취도를 예측하는 데 보다 타당한 자료라는 것을 보여 주고 있다(강상진, 2001; 김지하 · 정동욱, 2007; 박성수, 2007; 박홍선 외, 2005; 부재율, 2007; 지은림, 2001). 그러나 김지하와 정동욱(2007)에 따르면, 2년제와 4년제 대학진학 여부, 상위권 대학과 비상위권 대학 진학 여부와 같은 대학진학 결정에 미치는 영향력은 수능점수가 학생부점수보다 큰 것으로 나타나고 있다. 이는 대학입학사정에서 수능점수의 비중이 보다 크다는 것을 의미한다. 이러한 결과는 2006년 입학생의 자료를 2008학년도의 전형방법을 적용하여 수능점수의 영향력의 변화를 살펴본 부재율(2007)의 연구에서도 나타난다. 즉, 2008학년도에 수능의 반영비율을 줄이고자 했던 교육부의 의도에도 불구하고, 실제로는 수능의 영향력이 커졌다는 것이다. 이러한 결과들은 대학생들의 학업성취도를 가장 잘 예측할 수 있는 전형자료가 고등학교 학생부성적임에도 불구하고, 대학들이 수능성적에 보다 의존하고 있음을 보여 준다.

한편, 박홍선 등(2005)은 모집시기별 학업성취도의 차이를 분석하기 위해, 2000년부터 2003년까지 한국외국어대학의 신입생 학업성적을 추적 조사하였다. 이 연구에서는 수시입학생의 학업성취도가 정시입학생들에 비해 떨어지는 경향이 나타나고 있고, 이러한 현상이 전공과목이 많은 3, 4학년에서 두드러지게 나타나고 있었다. 그러나 이 분석에서는 수시입학생들의 입학전형요소로 TOEFL과 TOEIC 성적이 활용된 점을 유의하여 볼 필요가 있다. 이와 관련하여, 고등학교 학생부성적을 전형요소로 사용한 2002년의 외대 프런티어 전형에서는 수시모집 학생들이 정시모집 학생들보다 학업성취도가 높은 것으로 나타나고 있다. 이러한 결과는 학생부점수가 수능점수보다 대학생들의 학업성취도를 예측하는 데 보다 타당한 자료라는 다른 연구의 결과와 일치하는 것으로 해석할 수 있다.

이상과 같은 기존 연구 결과들은 대학들이 전형요소를 보다 다양화하는 것이 합리적이라고 판단할 수 있는 근거를 제시해 준다. 그러나 아직까지 우리 대학들의 입학전형 다양화 논의에서 '다양성'에 대한 정의는 명확하지 않다. 즉, 다양한 특성을 지닌 학생들을 선발할 수 있는 전형방법의 다양화 방안이 논의되고 있지만, 정작 학생들의 다양성에 대한 정의는 모호하다. 특히, 대학들이 사용하는 개념에 사회, 경제, 문화적으로 다양한 배경을 지닌 학생들의 특성에 대한 고려와 이해는 대체로 빠져 있다. 따라서 대부분의 주요 대학들이 교육과학기술부에서 제시하는 대입전형 가이드라인에 따라 일부 정원 외 입학생을 받아들이는 것 이외에는 소외계층의 교육기회를 확대하기 위해 주도적으로 입시정책을 개선한 예를 찾아보기 어렵다.

더욱이 입학전형을 다양화하여 다양한 특성을 지닌 학생들을 선발한다 할지라도 이들의 소질과 적성에 맞는 교육 프로그램이 개발, 운영되고 있지 않은 실정이기 때문에 이러한 정책의 효과를 기대하는 것은 어려운 실정이다. 다음에 소개하는 김안나와 김성훈의 연구(2009a, 2009b)는 전형유형 및 출신 고교 유형과 대학생들의 학업성취도 사이의 관계를 통해 현재 추진되고 있는 입학전형 다양화 정책의 문제점과 한계를 보여 주고 있다.

다양성 정책이 형평성에 미치는 영향

사회통합전형의 영향

사회통합전형은 농어촌학생특별전형, 사회기여자우대전형, 소년소녀가장특별전형, 실업계고교특별전형, 특수교육대상자특별전형 등과 같이 사회경제적으로 불리한 여건에 있는 학생들의 고등교육

기회를 확대하기 위한 전형방식을 통칭한다. 사회통합전형으로 입학한 학생들이 대학에서 성공적으로 학업을 수행할 수 있는지 여부는 이 제도의 목표와 취지가 실현되고 있는지를 평가하는 중요한 기준이 될 수 있다.

사회통합전형으로 입학한 학생들의 학업성취도를 판단하기 위해 이들의 평균학점을 다른 전형유형으로 입학한 학생들의 학점과 비교해 보았다. 분석에 사용된 자료는 2006년부터 2008년까지 서울에 있는 여자종합대학 한 곳에 입학한 학생들의 입학전형자료이다. 학업능력을 통제하기 위해 학생부점수를 통제변수로 하여, 전형유형이 학점에 미치는 영향을 분석한 결과는 〈표 11-1〉과 같다.

모형 1은 전형유형 변수들만 독립변수로 사용한 모형으로 사회통합전형 입학생의 평균학점이 입학연도와 상관없이 일반전형 입학생의 평균학점보다 낮게 나타나고 있다. 다음으로 모형 2는 전형유형 외의 다른 변수들을 통제변수로 사용한 모형인데, 분석결과는 사회통합변수의 영향이 사라짐을 보여 준다. 통제변수 가운데 통계적으로 의미 있게 평균학점에 영향을 미치는 것은 2007년과 2008년 입학생의 학생부점수 변수, 2007년 입학생 아버지의 전문직변수, 2007년과 2008년 입학생의 특목고변수 등으로, 이러한 결과는 사회통합전형변수가 평균학점에 미치는 영향력이 학생부점수, 전문직, 특목고변수의 영향에 의한 것일 수 있음을 의미한다.

그러나 사회통합전형 합격자를 입학전형 총점으로 하위 50%와 상위 50%로 나누어 분석한 모형 3에서는 다른 변수의 통계적 유의미성은 모형 2와 같지만, 2008년 입학생의 하위 사회통합변수가 의미 있는 부적 영향력을 나타내고 있다. 이것은 다른 변수들을 통제

〈표 11-1〉 평균학점에 대한 회귀분석 결과

독립변수	2006년 입학생			2007년 입학생			2008년 입학생		
	모형 1	모형 2	모형 3	모형 1	모형 2	모형 3	모형 1	모형 2	모형 3
전형 방법									
(기준: 일반)									
학업우수자	.018	0.022	0.023	.063*	−0.075†	−0.075†	.204***	0.029	0.000
특정영역우수자	−.038	−0.009	−0.011	.036	0.068	0.068	.098*	0.093	0.103†
학교활동우수자	−.010	0.013	0.015	−.007	−0.146	−0.146	.055	0.068	0.066
사회통합	−.149*	−0.013		−.237***	−0.050		−.299***	−0.009	
하위 사회통합			−0.077			−0.055			−0.395*
상위 사회통합			0.045			−0.047			0.201
학생부점수		0.000	0.000		0.001**	0.001**		0.001***	0.001***
아버지 직업									
(기준: 비전문직)									
전문직		−0.007	−0.007		0.074*	0.074*		−0.006	−0.004
자영업		0.052	0.052		0.050	0.050		0.061	0.067
기타 직업		0.042	0.039		0.008	0.008		−0.010	0.001
무직		0.154	0.156		0.128	0.128		0.036	0.018

(계속)

아버지 학력									
(기준: 고졸 이하)									
대졸		0.042	0.040		−0.020	−0.020		0.009	0.009
대학원졸		0.044	0.043		−0.055	−0.055		0.074	0.073
출신고교 유형									
(기준: 일반 고교)									
특목고		0.016	0.017		0.128***	0.128***		0.189***	0.203***
기타 고교		−0.112	−0.098		0.054	0.054		−0.017	0.039
출신고교 지역									
(기준: 수도권)									
지방 광역시		−0.022	−0.022		−0.008	−0.008		0.031	0.031
기타 지방		−0.035	−0.036		0.018	0.018		0.074	0.048
상수	3.230***	3.065***	3.071***	3.182***	2.744***	2.744***	3.118***	2.748***	2.705***
결정 계수	.0027	.0125	.0129	.0087	.0235	.0235	.0182	.0427	.0487
사례 수	2885	1633	1633	2809	1356	1356	2807	1316	1316

주 1: 상수, 결정 계수, 사례 수 외의 수치는 회귀 계수임.

주 2: † $p<.1$, * $p<.05$, ** $p<.01$, *** $p<.001$.

해도 사회통합전형 합격자 가운데 입학전형 총점으로 볼 때 하위 50%는 일반전형 합격자보다 평균학점이 낮다는 것을 뜻한다.

출신고교의 영향

사회통합전형과 마찬가지로 출신고교 유형이 대학생들의 학업성취도에 미치는 영향을 살펴보았다. 여기서 고려한 출신고교 유형은 일반계 고등학교와 특수목적 고등학교로, 특목고는 과학고, 외고, 예술고, 자사고로 다시 분류하였다. 분석결과를 보면, 학기가 지날수록 출신고교 유형에 관계없이 평균학점이 높아지는 가운데, 전체적으로 특목고 출신이 일반고 출신보다 학점이 높게 나타났다. 그러나 2006년 입학생이 3학년이 된 2008년 2학기의 학점을 보면, 특목고 출신의 학점이 일반고 출신의 학점보다 오히려 낮아서 대학에서의 학업성취도에 미치는 특목고의 긍정적인 영향이 시간이 지날수록 약해지고 있었다.

출신고교 유형의 영향력을 구체적으로 살펴보기 위해 다른 변수를 통제한 상태에서 전체 평균학점과 학년 평균학점에 출신고교 유형이 미치는 영향력을 분석한 결과는 〈표 11-2〉와 같다. 모형 1의 분석결과를 보면, 특목고변수의 영향력이 2006년 입학자에서는 나타나지 않고, 2007년 입학자와 2008년 입학자에서는 나타나고 있다. 이러한 경향은 다른 변수를 통제한 모형 2에서도 비슷하게 나타난다. 2008년 말 현재 2006년 입학자는 3학년, 2007년 입학자는 2학년, 그리고 2008년 입학자는 1학년이라는 점을 감안하면, 이러한 분석결과는 대학의 저학년 때는 특목고의 효과가 유지되지만, 고학년 때는 특목고 효과가 사라진다는 점을 뜻한다. 대학생들이 저학년 때는 영어와 같은 기초과목을 더 많이 수강하고, 고학년 때는 전공과목을 더 많이 수강한다는 점을 고려하면, 이러한 분석결과는 특목고에서 이루어지는 교육의 효과와 한계를 보여 준다고 할 수 있다. 특목고 교육은 대학교 기초과목 수강에는 효과를 나타내지만, 더 깊은 이해력과 창의력이 필요한 전공과목 수강에는 그다지 효과를 나타내지 못한다는 것이다.

〈표 11-2〉의 모형 3은 모형 2의 특목고를 네 유형으로 세분화한 모형이다. 분석결과를 보면, 일반고와 비교하여, 자사고는 세 개 연도 입학자 모두에서 평균학점에 의미 있는 영향력을 미치지 못하고, 예술고는 2008년 입학자에서만, 과학고와 외고는 2007년 입학자와 2008년 입학자에서만 영향을 나타내고 있다. 2006년 입학자에서는 네 유형의 특목고 모두 의미 있는 영향을 보여 주지 못하고 있다.

종속변수를 학년 평균학점으로 바꾸어 분석한 결과는 〈표 11-3〉과 같다. 모형 1, 2의 분석결과 역시 특목고 변수의 영향력이 1학년과 2학년에서는 나타나지만 3학년에서는 나타나지 않고 있다. 모형 3도 〈표 11-2〉의 모형 3과 같은 결과를 보여 준다.

이러한 결과를 종합하면, 특목고가 대학 학업성취도에 미치는 영향은 주로 과학고와 외고의 영향이라고 볼 수 있다는 점을 알 수 있다. 과학고와 외고가 대학 학업성취도에 미치는 영향을 논의할 때 한 가지 쟁점이 될 수 있는 것은 과학고와 외고의 설립 취지가 대학 학업성취도로 연결되는가 하는 점이다. 만일 과학고와 외고의 설립 취지가 효과적으로 현실화된다면, 자연 계열로 진학한 과학고 출신과 인문사회 계열로 진학한 외고 출신의 대학 학업성취도가 높게 나

〈표 11-2〉 전체 평균학점에 대한 회귀분석 결과

독립변수	2006년 입학생			2007년 입학생			2008년 입학생		
	모형 1	모형 2	모형 3	모형 1	모형 2	모형 3	모형 1	모형 2	모형 3
출신고교 유형									
(기준: 일반고)									
특목고	.0182	.0181		.0484	.1413***		.0914**	.2103***	
과학고			−.0098			.2363*			.4470***
외고		.0420		.2006***		.1730**			
예술고		−.0012		.0655		.2475***			
자사고		−.0149		−.0113		−.2939			
학생부점수		.0006**	.0005**		.0008**	.0007**		.0007***	.0007***
아버지 직업									
(기준: 비전문직)									
전문직		−.0037	−.0041		.0703	.0647		−.0024	.0004
자영업		.0511	.0511		.0443	.0466		.0754	.0739
기타 직업		.0051	.0021		.0020	−.0060		.0481	.0503
무직		.1756	.1777		.0930	.0981		.0180	.0093

(계속)

아버지 학력									
(기준: 고졸 이하)									
대졸		.0437	.0444		−.0141	−.0085		.0075	.0136
대학원졸		.0405	.0405		−.0384	−.0335		.0706	.0835
출신고교 지역									
(기준: 수도권)									
지방 광역시		−.0166	−.0168		−.0146	−.0217		.0339	.0333
기타 지방		−.0338	−.0293		−.0083	−.0145		.0668	.0646
상수	3.2277***	2.9994***	3.0159***	3.1888***	2.8956***	2.9353***	3.1263***	2.7519***	2.7216***
결정 계수	.0002	.0119	.0123	.0011	.0184	.0227	.0032	.0398	.0472
사례 수	2,794	1,592	1,592	2,709	1,323	1,323	2,700	1,281	1,281

주 1: 상수, 결정 계수, 사례 수 외의 수치는 회귀 계수임.

주 2: * $p < .05$, ** $p < .01$, *** $p < .001$.

〈표 11-3〉 학년 평균학점에 대한 회귀분석 결과

독립변수	2006년 입학생			2007년 입학생			2008년 입학생		
	모형 1	모형 2	모형 3	모형 1	모형 2	모형 3	모형 1	모형 2	모형 3
출신고교 유형									
(기준: 일반고)									
특목고	.0769***	.1280***		.0406*	.0599*		−.0095	.0455	
과학고			.1982**		.0917		.1223		
외고		.1645***		.0941**		.0963			
예술고		.0794*		.0063		−.0247			
자사고		.0121		.0800		.0061			
학생부점수		.0006***	.0006***		.0005***	.0005**		.0008***	.0008***
아버지 직업									
(기준: 비전문직)									
전문직		.0150	.0139		.0288	.0283		−.0092	−.0077
자영업		.0448	.0453		.0590*	.0614*		.0458	.0483
기타 직업		−.0061	−.0093		.0019	−.0005		.0648	.0624
무직		.0872	.0845		.1754*	.1772*		.0953	.0957

(계속)

아버지 학력									
(기준: 고졸 이하)									
대졸		.0038	.0061		.0125	.0154		.0346	.0392
대학원졸		.0316	.0335		.0102	.0123		.0127	.0149
출신고교 지역									
(기준: 수도권)									
지방 광역시		.0235	.0198		−.0623*	−.0676*		−.0497	−.0555
기타 지방		.0276	.0257		−.0249	−.0345		−.0784	−.0864
상수	3.1643***	2.8859***	2.8951***	3.2755***	3.0549***	3.0913***	3.3453***	2.9966***	3.0330***
결정 계수	.0029	.0217	.0235	.0009	.0099	.0111	.0001	.0186	.0211
사례 수	8,112	4,174	4,174	5,186	2,781	2,781	2,431	1,422	1,422

주 1: 상수, 결정 계수, 사례 수 외의 수치는 회귀 계수임.

주 2: * $p < .05$, ** $p < .01$, *** $p < .001$.

〈표 11-4〉 과학고 또는 외고 출신의 평균학점에 대한 회귀분석 결과

독립변수	2006년 입학자	2007년 입학자	2008년 입학자	1학년	2학년	3학년
진학 유형(기준: 비동일 계열)						
동일 계열	−.1230	−.2039*	.1173	−.1129	−.0994	−.0299
학생부점수	.0008	.0002	.0008	.0005	.0003	.0011
아버지 직업(기준: 비전문직)						
전문직	−.0131	.0517	−.2280	−.0773	.0424	.1200
자영업	.0959	.0136	−.2027	−.0118	.0478	.1513
기타 직업	−.0435	−.1174	−.0426	−.0744	.0684	−.0211
무직	.0262	.3482	−.2777	−.0926	.3081	.0559
아버지 학력(기준: 고졸 이하)						
대졸	.3743*	−.1178	.0767	.0598	.0640	.2443
대학원졸	.1875	−.0860	.0549	.0522	−.0499	−.0016
출신고교 지역(기준: 수도권)						
지방 광역시	.0841	.0189	−.1127	.0358	−.0401	−.0353
기타 지방	.0262	.0692	.0677	−.0156	−.0148	.0365
상수	2.7799***	3.5285***	2.9614***	3.2050***	3.3146***	2.8181***
결정 계수	.0681	.0589	.0518	.0238	.0239	.0825
사례 수	185	165	178	525	330	158

주 1: 상수, 결정 계수, 사례 수 외의 수치는 회귀 계수임.

주 2: * $p < .05$, ** $p < .01$, *** $p < .001$.

타나야 할 것이다.

〈표 11-4〉는 이러한 분석결과를 보여 준다. 과학고 출신과 외고 출신만을 분석할 때, 과학고 출신이 자연 계열로 진학하거나 외고 출신이 인문사회 계열로 진학하는 것은, 2007년 입학자에서 부의 영향이 나타난다는 점을 빼면, 전체적으로 대학 학업성취도에 영향을 주지 않는다. 이러한 분석결과는 과학고와 외고의 특성화가 별로 이루어지지 못했으며, 따라서 과학고와 외고의 교육내용이 설립 취지에 충분히 부합되는지를 검토할 필요가 있다는 점을 시사한다.

연구의 시사점

최근 우리 대학들은 경쟁적으로 입학사정관제도를 도입하고 있다. 이 생소한 제도를 대학들이 도입하고자 하는 것은 일차적으로 교육과학기술부의 정책 방향과 재정지원에 따른 것이라 할 수 있다. 그러나 과열된 입시경쟁으로 인한 고교교육의 파행을 바로잡고, 국민들의 사교육비 부담을 완화시키며, 대학의 설립목적과 교육목표에 맞게 학생들을 선발, 교육해야 한다는 당위성에 대한 대학의 인식과 사회적 공감이 뒷받침되고 있는 것 또한 사실이다.

그럼에도 불구하고 그동안 지필검사 위주의 전형제도에 의존해 온 우리 대학들은 구체적으로 입학전형의 다양화가 무엇을 의미하는지, 구체적인 방법이 무엇인지, 그리고 그 결과가 대학교육에 어떤 변화를 가져올 것인지에 대해 아직 막연한 상태이다. 이런 상태에서 최근까지도 대학입시에서 특수목적 고등학교 출신 학생들을 우대했다는 논란이 끊이지 않고 있다. 대학들이 특목고 출신 학생들을 선호하는 이유는 이들이 일반 고등학교를 졸업한 학생들보다 학업능력이 높을 것이라 기대하기 때문이다. 그러나 이러한 논란에도 불구하고, 특목고 출신 학생들이 대학에서 어떠한 학업성취도를 보이는지에 대한 실증적인 연구는 찾아보기 어렵다. 이는 지금까지 한국 대학들이 우수한 학생을 유치하는 데만 관심을 쏟을 뿐, 대학이 어떻게 교육적 차이를 만들 수 있을까 하는 문제를 고민하지 않았음을 반증한다.

사회통합전형으로 입학한 학생들이 일관되게 학점이 낮게 나타나는 것은 다양한 사회문화적 배경을 지닌 학생들에게 고등교육의 기회를 공평하게 제공한다는 취지와 달리 대학에서 이들을 위한 실질적인 지원이 이루어지고 있지 않다는 것을 의미한다. 학생부성적과 같이 대학생들의 학업성취도에 영향을 미치는 변인들을 통제한 경우에도 사회통합전형으로 입학한 학생들의 학점이 낮은 것은 이 연구에서 설명되지 않은 여러 요인의 영향에 의한 것으로 볼 수 있다. 이러한 요인으로는 대학의 특성이나 대학 내 상호작용 혹은 사회경제적 환경 요인 등을 생각해 볼 수 있을 것이다(Astin, 1993; Grubb, 1996; Hurtado & Carter, 1997; Tinto, 1987). 또한 대학에서의 재정지원 요인도 학업성취에 영향을 미치는 중요한 요인으로 알려져 있다(Paulsen & St. John, 2002; St. John, Asker, & Hu, 2001). 따라서 이들의 학업성취도가 낮은 원인에 대한 보다 심층적인 연구와 함께 이들을 정책적으로 지원하려는 대학의 노력이 병행되어야 할 것이다.

한편, 출신고교 유형에 따라 대학생들의 학업성취도에 차이가 있는지, 구체적으로 외고나 과학고와 같이 최근 입학경쟁이 치열한 특목고 출신 학생들과 일반 고등학교 출신 학생들의 대학 학업성취도를 비교해 본 결과, 저학년에서는 특목고 출신 학생들이 일반고 출신 학생들보다 학점이 높지만, 학점에 미치는 특목고의 긍정적인 영향이 학년이 높아지면서 점차 약해진다는 것을 알 수 있었다. 이러한 결과는 학점에 영향을 미칠 수 있는 다른 변수들을 통제하였을 때에도 마찬가지인 것으로 나타났다.

대학의 저학년에서는 특목고의 효과가 유지되지만, 고학년에서는 그 효과가 사라지는 이유가 무엇인지에 대해서는 보다 심층적인 연구가 필요할 것이다. 그러나 대학생들이 저학년 때는 영어와 같은 기초과목과 교양과목을 더 많이 수강하고, 학년이 높아지면서 전공과목을 더 많이 수강한다는 점을 고려할 때, 특목고의 영향력이 학년이 높아지면서 약해진다는 연구 결과는 일반적인 예상과는 달리, 특목고에서 이루어지는 교육의 효과와 한계를 보여 주는 것이라고 할 수 있다.

또한 특목고 출신 학생들이 동일 전공계열로 진학하였을 경우에도 더 높은 학업성취도를 보여 주고 있지 않다는 결과는 특목고나 자사고의 설립이 고교평준화로 인한 교육의 획일화를 보완하기 위한 대안이라는 주장에 반론을 제기한다. 앞서 지적한 대로 외고나 과학고와 같은 특목고들이 특정 분야에 소질이 있는 인재들을 조기에 발굴하여 창의성을 계발하고 국가에서 필요한 인력을 양성할 목적으로 설립된 것이라면, 고교 시절 이들이 받은 교육의 효과가 높은 대학 학업성취도로 연결되어야 한다. 그러나 과학고나 외고 학생들이 동일 계열의 전공을 선택하였을 경우에도 전체적으로 대학 학업성취도에 유의미한 영향을 주고 있지 않다는 것은 이러한 특목고 설립 취지가 실현되고 있지 못하다는 점을 보여 준다.

결론적으로 대학입시에서 불거진 특목고 우대 논란은 특목고 학생들이 대학에서 학업성취도가 더 높을 것이라는 검증되지 않은 사실을 바탕으로 한 것이라 볼 수 있다. 특히 자사고는 분석한 모든 연도 입학자의 평균학점에 의미 있는 영향을 미치지 못하고 있다. 이는 자사고에 입학하기 위한 경쟁이 치열한 데 비해, 자사고에서 받은 교육의 효과가 대학에서 높은 학업성취도로 이어지지 못하고 있다는 것을 의미한다.

결론

한국 사회에서 대학입시는 모든 교육문제의 근원인 것처럼 인식되어 왔다. 이는 그만큼 대학진학, 특히 명문대학에 진학하는 것이 개인의 일생을 좌우한다는 생각이 만연하기 때문일 것이다. 이에 따라 그동안 여러 차례 대입제도가 변화되어 왔지만, 여전히 과열 입시경쟁의 폐해가 극심하다. 더욱이 최근에는 대입경쟁의 양상이 특목고에 진학하기 위한 경쟁으로 이어지고 있다. 이는 특목고 진학이 본래의 취지와 달리 명문대학 진학을 위한 수단으로 변질되고 있음을 의미한다(김경근, 2002; 성기선, 2005; 오정란, 2007).

1974년에 고교 평준화 정책이 도입된 이후 한국의 고등학교는 크게 일반계와 실업계로 구분되어 왔다. 최근에 실업계 고등학교 학생들의 대학진학 수요가 급속하게 증가하고 있지만, 이와 같이 분화된 고교체제에서 실업계 진학은 대학진학에 부정적인 영향을 미치고 있다. 이것은 실업계를 진학하는 학생들의 개인적 특성의 차이에도 기인하겠지만, 이들의 가정 배경과 학교에서의 교육경험의 차이가 미치는 영향도 큰 것으로 알려져 있다(김경근 · 변수용, 2006). 오늘날 이와 같은 고교체제의 분화가 대학진학에 미치는 영향이 특히 특목고나 자사고를 중심으로 나타나고 있다. 김성식과 류방란(2008)에 따르면, 고등학교 진학경로에 미치는 가정 배경 요인의 영향력은 개인의 노력이나 성취 수준을 통제한 후에도 나타나고 있다. 특히 특목고나 자사고 진학에 미치는 가정 배경의 영향력은 개인의 노력이나 학교 경험의 효과보다 크게 나타나고 있다. 이는 고교체제의 질적 분화를 통한 계층 간 교육기회의 불평등이 대학진학 기회의 불평등으로 이어질 수 있음을 의미한다. 즉, 새로운 고교체제의 분화가 새로운 대학진학의 경로를 만들고 있다고 볼 수 있다.

아직까지 특목고나 자사고 학생의 비율은 매우 낮은 편이지만, 이 학교들이 대학진학에 매우 효과적이라고 인식됨에 따라, 이 학교에 입학하기 위한 경쟁 또한 대학진학 경쟁만큼 치열해지고 있는 것이 사실이다. 그러나 본래 특목고와 자사고는 고교 평준화 정책의 보완책으로 도입되었다. 고교 평준화 정책은 고교 간 격차를 해소하고, 중학교 교육을 정상화하는데 기여하였지만, 학부모와 학생들의 학교선택의 자유를 제한하고 사학의 자율성을 침해한다고 비판받아 왔다. 이에 따라 특정 분야에 남다른 소질과 적성을 가지고 있는 학생들의 다양한 필요를 충족시키고, 학교 운영의 자율성을 강화하기 위한 방안으로 도입된 것이 특목고와 자사고이다. 따라서 특목고와 자사고는 모두 일반 고등학교와는 차별화된 교육과정을 운영하며, 학생선발과 학교 운영에 있어 상당한 자율성을 지니고 있다.

그러나 근래 외고를 비롯한 특목고들이 전문 분야의 인력 양성이라는 설립 취지에 맞지 않게 입시위주의 진학반, 유학반을 편법 운영하거나 내신 성적을 부풀리는 등의 부정 운영 사례가 증가하고 있다. 또한 과학고 졸업생들이 이공계열보다는 의과대학에 진학하는 등 설립 취지에 맞지 않은 진학 사례가 늘고 있다. 특목고 진학이 대입경쟁의 수단이 되고 있다는 또 다른 증거는 1999년 입시에서 비교내신제도 적용이 불가능하게 되자 상당수 학생들이 특목고를 자퇴하는 현상이 나타났던 것에서도 확인할 수 있다(교육인적자원부, 2003). 이런 현상은 최근에 대학들이 수시모집을 확대하면서 줄어들고 있지만, 상황이 이렇다 보니 입시 때마다 대학들의 특목고 우대 논란이 불거지고 있는 것이다.

이러한 상황임에도 불구하고, 아직까지 이런 소모적인 논란의 해법을 제시하는 데 도움이 될 만한 실증적인 연구들은 부족한 실정이다. 한국 사회에서 대입의 중요성 때문에, 대학과 정부, 그리고 학부모가 서로를 불신하고 있는 상황에서 어떤 만병통치약과 같은 해결책이 나오기를 기대하는 것은 어렵지만, 적어도 이러한 문제에 합리적으로 접근하기 위해서는 대학에서의 학업성취도에 영향을 주는 요인에 대한 분석이 필요하다. 이는 지금까지의 연구들이 대학진학에 긍정적인 영향을 미치는 요인이 무엇인가에 초점을 맞추어 왔다면, 앞으로는 대학에서의 학업성취도에 영향을 주는 요인이 무엇인가를 확인함으로써, 입시정책을 개선하고 대학의 효과를 높이는 데 주안점을 두어야 함을 의미한다.

한국 사회에서 과열된 입시경쟁은 어제 오늘의 문제가 아니다. 그러나 그 정도의 심각성은 날로 더해 가는 듯하다. 이러한 사실은 입시경쟁으로 인한 문제를 완화하거나 보완하기 위해 새로운 교육정책이나 제도가 도입될 때마다, 오히려 대입경쟁이 더 복잡한 양상으로 전개되는 현상을 통해 알 수 있다. 고교 졸업생의 84% 이상이 대학에 진학할 만큼 고등교육이 보편화된 한국 사회에서 대학들은 학생들의 기초학력 저하를 우려하거나 우수 학생을 선발하기 위한 방안에만 치중할 것이 아니라, 다양화되어 가는 학생들의 특성을 고려하여 이들의 발달을 촉진하기 위한 교육적 노력을 기울여야 한다.

마지막으로 이러한 노력과 더불어 대학교육의 수월성에 대한 기존의 정의를 재김도하는 것이 병행되어야 한다. 대학교육의 수월성은 최근 입학사정관제도에서 강조하는 것과 같이 학생들의 다양한 재능과 소질을 고려할 수 있도록 폭넓게 정의되어야 할 뿐 아니라, '사회적 다양성'의 개념을 포함하여야 한다. 이와 관련하여, 최근 서울대학교는 지역균형선발전형을 통해 입학한 다양한 사회경제적 배경을 지닌 학생들의 학업성취도가 학년이 올라갈수록 높아지고 있다고 발표한 바 있다. 이 학생들 중 많은 수가 지역균형선발전형이 아니었더라면 이 대학에 입학할 기회를 갖지 못했을 것이다. 대학은 학문적 수월성 추구와 함께 사회통합에 기여하여야 한다. 특히 전형적인 학력사회인 한국에서 대학교육은 사회이동의 중요한 통로가 되고 있기 때문에, 고등교육의 다양성과 형평성을 확대하는 것은 사회적 형평성을 증진하는 데 매우 중요하다. 따라서 대학입학 전형요소와 전형방법을 다양화하려는 현재의 노력들은 이러한 목적에 부합하는 방향으로 진행되어야 할 것이다.

참고문헌

강상진(2001). 대학입학 전형요소의 준거관련 타당도 추정방법 비교분석. **교육평가연구**, 14(1), 171-197.

교육인적자원부(2003). 과학고, 외고 졸업생 진학상황. 미간행.

김경근(2002). 학교선택제와 교육평등. **교육사회학연구**, 12(3), 1-23.

김경근 · 변수용(2006). 한국사회에서 상급학교 진학 선택 결정요인. **교육사회학연구**, 16(4), 1-27.

김성식 · 류방란(2008). 고등학교 진학에 대한 가정 배경, 학생 노력, 학교 경험의 영향력 분석. **교육사회학연구**, 18(2), 31-51.

김안나 · 김성훈(2009a). 대입 전형유형별 학업성취도의 차이와 그 의미. **교육사회학연구**, 19(2), 91-106.

김안나 · 김성훈(2009b). 출신 고등학교 유형에 따른 대학생들의 학업성취도 비교 연구: 특목고 영향을 중심으로. **교육사회학연구**, 19(4), 47-61.

김지하 · 정동욱(2007). 내신성적과 수학능력시험성적이 대학진학 및 대학성취도 선행지표에 주는 영향력 비교 연구. **교육행정학연구**, 25(4), 585-609.

박병영(2008). 대입제도와 사회적 형평성. **대입자율화시대의 대입전형제도 발전방향**. 한국교육개발원 연구자료, RRM2008-18.

박성수(2007). 대학입학 전형요소와 대학 학업성취도와의 상관관계에 관한 연구. **한국교육**, 34(4), 27-56.

박홍선 외(2005). 혼합모형을 사용한 입학전형에 따른 학업성취도 분석. **응용통계연구**, 18(1), 15-26.

부재율(2007). 2008학년도 대학입시 제도에서 전형자료들의 당락에 대한 영향력과 학업성취도 예측력 변화에 대한 분석. **교육평가연구**, 20(3), 57-79.

성기선(2005). 자립형 사립고등학교 시범운영 결과에 대한 비판적 검토. **교육**

사회학연구, 15(3), 117-204.

오정란(2007). 한국의 학교선택, 어떻게 이해할 것인가. 교육사회학연구, 17(2), 89-113.

지은림(2001). 대학입학전형의 다양화를 위한 전형자료들의 예측타당도 평가. 교육평가연구, 14(2), 155-172.

Astin, A. W. (1993). *Assessment for excellence: The philosophy of assessment and evaluation in higher education*. Phoenix, AZ: Oryx.

Burton, N. & L. Ramist (2001). *Predicting success in college: SAT studies of classes graduating since 1980*. New York: College Entrance Examination Board.

Clark, M., G. Madaus & A. Shore (2005). Shaping the future: Testing and diversity in college admissions. In *Bring Equity Back*, edited by Petrovich, J. & A. Wells. New York: Teachers College Press.

Grubb, W. N. (1996). *Working in the middle*. San Fransisco: Jossey-Bass.

Hurtado, S. & D. Carter (1997). Effects of college transfer and perceptions of the campus racial climate on Latino college students' sense of belonging. *Sociology of Education, 70*(4), 324-345.

Paulsen M. B. & E. P. St. John (2002). Social class and college costs. *The Journal of Higher Education, 73*(2), 189-236.

St. John, E., E. H. Asker & S. Hu (2001). The role of finances in student choice: A review of theory and research. In *The Finance of Higher Education: Theory, research, policy & practice*, edited by Paulsen, M. B. and J. C. Smart. New York: Agathon Press.

St. John, E. et al. (2001). Aptitude vs. Merit: What matters in persistence. *Review of Higher Education, 24*(2), 131-152.

Tinto, V. (1987). *Leaving college: Rethinking causes and links of student attrition.* Chicago: University of Chicago Press.

Zwick, R. & J. Sklar (2005). Predicting college grades and degree completion using high school grades and SAT scores: The role of student ethnicity and first language. *American Educational Research Journal, 42*(3), 439-464.

제12장 학력주의와 국내 박사학위과정의 문제

교육과 사회경제적 성공의 관계

우리 사회에서 학력의 가치를 인정하지 않는 사람은 없을 것이다. 매년 대학입시에서 나타나는 과열 경쟁이 이를 말해 준다. 대학을 졸업해도 마땅한 직장을 구하기 힘든 요즘, 왜 대학교육에 대한 수요는 줄어들지 않는 것일까? 학생들에게 대학진학의 동기를 물으면 가장 먼저 나오는 대답은 자아실현 혹은 자신의 능력과 소질의 개발이다. 이는 교육의 본래적 목적이 무엇인가라는 질문에 대한 답과도 일맥상통하는 것이다. 그러나 이 질문에 대한 답을 조금만 더 깊게 파고들면 교육의 본래적 목적과 수단적 목적 간에 구분이 쉽지 않다는 것이 드러난다.

자아의 실현이란 무엇을 의미하는가? 이는 지적, 정서적, 도덕적 성숙을 통한 인격의 도야를 의미할 뿐 아니라 공동체생활에 필요한 사회규범과 시민의식의 습득을 내포한다. 소위 전인교육은 이러한 교육적 목적의 실현을 이상으로 하고 있다. 그러나 사회적 의미에서 자아의 실현은 개인이 어떤 지위를 갖게 되는가와 무관하지 않다. 특히 현대 사회에서 개인의 사회경제적 지위는 내가 누구인가를 규정하는 요인 중 하나이다. 그리고 학교교육은 개인의 사회경제적 지위를 결정하는 데 중요한 역할을 하는 것으로 인식되어 왔다. 이러한 교육의 역할은 시대와 사회에 따라 차이가 나지만 개인의 학력과 사회경제적 성공 사이의 관계를 부정하는 것은 현실적이지 않다.

이러한 사실은 다음의 몇 가지 지표로 확인할 수 있다. 우선, 〈표 12-1〉에서 보면 경제활동 참가율이 학력에 따라 상당히 차이가 있음을 알 수 있다. 〈표 12-2〉는 학력에 따른 직종 분포를 보여 주는데, 관리직, 전문직, 사무직 등 직업지위가 높은 직종에는 일반대학 졸업자가 높은 비율을 차지하고 있는 반면, 기능직과 단순노무직 등에는 고등학교 졸업 이하의 학력을 가진 사람들이 많이 분포하고 있다. 한편, 〈표 12-3〉은 학력별 임금 격차를 보여 준다. 2009년 기준 대학 졸업자의 평균 임금을 1로 하였을 때, 전문대 졸업자는

〈표 12-1〉 학력별 경제활동 참가율 (단위: %)

구분	중졸 이하	고졸	전문대졸	대학교졸 이상	전학력
합계	40.8	64.1	77.5	76.6	59.6
남성	49.0	75.3	91.3	87.4	71.9
여성	36.1	52.4	65.2	61.2	47.8

출처: 통계청 사회통계국 고용통계과

*2010년 1월~12월 자료의 평균을 계산해 산출

*중졸 이하: 초등학교 졸업 이하와 중학교 졸업의 평균

〈표 12-2〉 학력별 직종 분포

(단위: %)

직종	구분	중졸 이하	고졸	전문대졸	대학교졸 이상	전학력
전직종	합계	6.03	39.02	18.71	36.24	100.0
	남성	3.82	26.52	10.85	26.50	67.69
	여성	2.21	12.50	7.86	9.74	32.31
관리자	합계	1.11	18.40	10.87	69.62	100.0
	남성	1.06	16.78	9.59	64.36	91.79
	여성	0.06	1.62	1.28	5.25	8.21
전문가 및 관련 종사자	합계	0.54	11.22	23.32	64.92	100.0
	남성	0.34	6.72	10.89	46.97	64.93
	여성	0.20	4.50	12.43	17.94	35.07
사무 종사자	합계	0.95	29.01	22.94	47.09	100.0
	남성	0.71	14.42	10.26	31.94	57.32
	여성	0.24	14.59	12.69	15.16	42.68
서비스 종사자	합계	11.79	52.30	24.19	11.72	100.0
	남성	2.56	17.76	12.00	6.12	38.44
	여성	9.23	34.54	12.18	5.60	61.56
판매 종사자	합계	0.92	40.82	19.97	38.29	100.0
	남성	0.56	18.0	12.80	30.49	61.89
	여성	0.36	22.78	7.17	7.80	38.11
농림어업 숙련 종사자	합계	21.47	50.45	6.16	21.93	100.0
	남성	15.10	40.47	6.02	17.75	79.35
	여성	6.36	9.98	0.14	4.17	20.66
기능원 및 관련기능 종사자	합계	10.59	61.54	17.36	10.52	100.0
	남성	6.56	53.51	16.63	9.88	86.59
	여성	4.03	8.03	0.73	0.63	13.41
장치, 기계조작 및 조립종사자	합계	11.02	71.34	11.88	5.76	100.0
	남성	8.87	58.16	11.03	5.48	83.54
	여성	2.15	13.19	0.84	0.28	16.46
단순노무 종사자	합계	29.03	60.13	6.56	4.28	100.0
	남성	14.41	36.80	4.81	3.50	59.52
	여성	14.62	23.33	1.76	0.77	40.48

출처: 고용노동부 고용정책실 노동시장정책관 노동시장분석과

*직종은 한국 표준직업분류 기준을 따름

*2009년 직종, 학력, 성별 임금 및 근로조건 통계를 활용해 산출

〈표 12-3〉 학력별 임금 격차

(단위: %)

직종	구분	중졸 이하	고졸	전문대졸	대학교졸 이상	전학력
전직종	합계	0.55	0.65	0.68	1.00	0.78
	남성	0.63	0.72	0.78	1.09	0.87
	여성	0.41	0.49	0.56	0.75	0.57
관리자	합계	0.57	0.69	0.67	1.00	0.90
	남성	0.58	0.70	0.69	1.01	0.92
	여성	0.55	0.61	0.52	0.83	0.74
전문가 및 관련 종사자	합계	0.60	0.66	0.66	1.00	0.88
	남성	0.72	0.79	0.79	1.09	1.00
	여성	0.38	0.46	0.55	0.77	0.65
사무 종사자	합계	0.79	0.78	0.72	1.00	0.87
	남성	0.87	0.95	0.89	1.13	1.04
	여성	0.53	0.60	0.59	0.73	0.64
서비스 종사자	합계	0.72	0.77	0.89	1.00	0.82
	남성	0.90	0.99	1.01	1.12	1.01
	여성	0.67	0.66	0.76	0.87	0.70
판매 종사자	합계	0.68	0.64	0.75	1.00	0.80
	남성	0.83	0.81	0.86	1.05	0.94
	여성	0.44	0.51	0.57	0.80	0.58
농림어업 숙련 종사자	합계	0.68	0.87	1.16	1.00	0.88
	남성	0.72	0.93	1.16	1.07	0.94
	여성	0.57	0.64	1.03	0.68	0.63
기능원 및 관련기능 종사자	합계	0.75	0.81	0.86	1.00	0.83
	남성	0.90	0.85	0.87	1.01	0.88
	여성	0.49	0.53	0.66	0.77	0.54
장치, 기계조작 및 조립종사자	합계	0.79	0.82	0.86	1.00	0.83
	남성	0.84	0.87	0.88	1.01	0.88
	여성	0.59	0.59	0.61	0.74	0.59
단순노무 종사자	합계	0.74	0.88	0.96	1.00	0.85
	남성	0.82	0.96	1.02	1.04	0.94
	여성	0.67	0.74	0.80	0.82	0.72

출처: 고용노동부 고용정책실 노동시장정책관 노동시장분석과

*직종은 한국 표준직업분류 기준을 따름

*2009년 직종, 학력, 성별 임금 및 근로조건 통계를 활용해 산출

0.68, 고등학교 졸업자는 0.65, 중학교 졸업자는 0.55의 임금 수준을 보이고 있다. 이는 전문대학 졸업자의 임금이 일반대학 졸업자의 68%임을 의미한다. 이러한 차이를 직종을 구분하여 보더라도 대부분의 직종에서 같은 패턴으로 나타나고 있다. 즉, 같은 직종에 근무할 경우에도 학력이 높은 사람의 임금이 더 높다. 결국 교육을 더 많은 받은 사람이 더 나은 경제적 생활을 영위한다는 것이다.

이상의 지표들은 교육과 사회경제적 지위 사이에 깊은 연관이 있음을 보여 주고 있다. 물론 이러한 관계가 인과관계를 의미하는 것인지, 아니면 단순한 상관관계를 보여 주는 것인지에 대해서는 서로 다른 관점이 존재한다. 잘 알려진 바와 같이 인적자본론(Human Capital Theory)은 교육, 생산성, 소득수준 간의 인과관계를 상정하여 교육을 투자의 관점에서 설명하고 있다(Becker, 1964; Schultz, 1962). 지위획득이론(Status Attainment Theory)은 이러한 인과관계에 대한 사회학적 설명이라고 볼 수 있다(Blau & Duncan, 1967). 비록 이 이론들이 교육 수준과 사회경제적 성공 사이에 일관된 관계를 보여 주고 있지만, 소득이나 직업과 같은 사회경제적 보상에 접근하기 위한 교육기회가 모든 사람에게 동등하게 주어지는 것은 아니다. 또한 같은 수준의 교육을 받은 경우라고 할지라도 성별이나 인종에 따라 교육을 통한 보상의 수준은 달라진다. 한편, 학력이나 학위를 통해 개인이 받은 교육의 양을 확인하는 것은 비교적 쉽지만 교육의 질이나 유형을 설명하는 것은 어려운 일이다.

이러한 사실들은 교육과 사회경제적 지위 간의 관계에 대한 상반된 설명을 가능하게 한다. 인적자본론이나 지위획득이론은 더 많은 교육을 받으면 지식과 기술 수준이 높아져 더 복잡하고 힘든 업무를 수행할 수 있는 능력을 갖추게 되기 때문에 사회에서 이에 합당한 보상을 해 주는 것이라고 설명한다. 이러한 논리는 사회 유지에 필요한 활동들이 원활히 수행되도록 하기 위해서는 사회적으로 중요한 지위에 가장 유능한 사람들을 배치하여야 하며, 이를 위해 이러한 능력을 개발하려는 의지가 있는 사람들에게 경제적 보상과 사회적 지위를 제공해야 한다는 기능주의적 사회관에 기초하고 있다(Davis & Moore, 1945). 이러한 보상이 주어지는 대표적인 기관이 학교이다(Parsons, 1959).

그러나 개인의 업적과 사회적 보상 간의 인과관계에 대해 회의적인 시각에서는 학교교육을 더 많이 받은 사람이 더 좋은 직업과 더 높은 소득을 얻는 이유에 대해 다른 설명을 하고 있다. 이러한 관점의 학자들은 학교교육을 통해 업무 수행의 효율성과 생산성을 높이는 지식과 기술이 습득된다는 증거가 명확하지 않다는 데 초점을 맞추고 있다. 즉, 인적자본론을 주장하는 학자들이 인적자본을 직접 측정하기보다는 인적자본을 강화한다고 여겨지는 지표들—대표적으로 교육과 훈련—을 통해 인적자본을 추정하고 있기 때문에 정작 입증해야 할 부분들을 가정해 버리는 경우가 많다는 것이다(Bills, 2004).

이러한 맥락에서 콜린스(Collins, 1979)는 학교교육을 통해 습득되는 지식과 기술의 형태와 내용이 직업적인 생산성과 연관성이 적다는 것을 주장하였다. 대신 콜린스는 학력주의(credentialism)라는 개념을 사용하여 학교교육이 현대 사회의 계층화를 위한 장치라고 주장한다. 학력주의는 직업이나 사회적 지위를 부여하는 데 학위와 졸업장에 의존하는 현상을 지칭한다. 고용주들은 인력을 채용할 때 지원자들을 선별하는 장치로 주로 이들의 학위를 요건으로 삼고 있는데, 학위나 졸업장 자체는 특정 직무를 수행하는 데 필요한 능력을 증명하는 것이라기보다는 지원자의 계층 배경을 통제하기 위한 수단인 경우가 많다는 것이다. 대학을 졸업하기 위해서는 그 비용을 부담할 수 있는 경제적 능력과 환경적 뒷받침이 필요하기 때문에, 학력주의는 사회경제적 우위를 세대는 물론 계층 간에 지속시키기 위한 인위적이고 배타적인 수단이 될 수 있다.

고등학교 교육이 일반화된 사회에서 중등교육 단계에서의 교육적 차이는 개인의 고용에 미치는 영향이 적기 때문에, 학력주의 사회에서는 고등교육이 확대되고 학력의 인플레이션 현상이 나타나기 쉽다. 학력 인플레이션이란 노동자들이 자신의 업무를 수행하는 데 요구되는 것 이상으로 교육을 받고 있는 현상으로, 평균 기술수준의 향상보다 교육수준의 향상이 빠르게 진행될 경우 나타나게 된다(Berg, 1971). 교육수준의 전반적인 상승에도 불구하고 많은 노동자들이 불완전한 고용상태에 있는 현실이 이를 증명한다. 이러한 상황에서도 교육에 대한 수요가 줄어들지 않고 있는 현상은 대학졸업장이 지닌 양피효과(sheepskin effect)로도 설명된다(Park, 1999). 양피효과란 학위를 가지고 있는 것만으로 경제적인 보상이 커지는 것을 의미한다. 즉, 같은 기간의 교육을 받았다고 하더라도 학위가 있는 사람은 없는 사람보다 더 많은 보상을 받는다.

노동시장에서 기술에 대한 수요보다 교육기회의 확대를 통한 기술의 공급이 더 빠르게 증가하고 있는 현상은 과잉교육(overeducation)이라는 개념으로 설명되기도 한다(Freeman, 1976). 그러나 경제학자인 프리만은 학력주의를 주장하는 학자들과 달리 전후 미국에서 고등교육이 급속히 팽창함에 따라 대학교육의 경제적 수익성이 떨어지고 있기 때문에, 고등교육에 대한 수요가 1980년대에는 다시 줄어들고, 결과적으로 기술에 대한 수요와 공급이 균형을 이룰 것이라 예측하였다. 그러나 이러한 예측은 빗나갔고, 고등교육은 이후에도 지속적으로 확대되었다. 이러한 현상이 대학교육을 받지 않아서 당하게 되는 불이익이 대학교육을 통해 얻는 수익보다 더 클 것이라는 판단에 기인한다고 볼 때, 학력주의 사회에서 학력의 인플레이션이나 과잉교육 현상은 쉽게 사라지지 않을 것으로 보인다. 우리 사회의 고학력화 현상은 그 단적인 예라 할 수 있다.

학력주의의 기원

학력주의의 기원과 전개 과정에 관련하여 빌스(Bills, 2004)는 다양한 학자들의 연구들을 인용하여 설명하고 있다. 우선, 개발도상국가에서 나타나는 학력주의의 문제에 초점을 맞춘 도어(Dore, 1976)는 학교교육이 교육과 학습보다는 취직에 필요한 졸업장이나 자격증 취득을 위한 역할을 한다는 것을 발견하고, 급속하게 팽창하는 진학률과 중산층의 형성, 그리고 전문직의 부족 현상이 결합하여 개도국의 학력주의를 부추기고 있음을 지적하였다.

한편, 프랑스의 사회학자인 라인(L'ain, 1981)은 특정 대학 졸업장의 경제적 가치가 커지게 된 과정을 학위를 발행하는 기관, 비용을 지불하는 고용주, 졸업장을 가지고 접근할 수 있는 지위의 범위를 규제하는 전문가협회 간의 상호작용으로 설명하고 있다. 이러한 분석의 설득력은 의사나 변호사와 같은 전문직에 진입하기 위한 자격증 취득 조건과 과정이 해당 단체의 압력에 얼마나 취약한가를 통해서도 확인된다. 예를 들어, 미국을 포함한 여러 나라에서 변호사가 되기 위한 자격증은 주마다 다르기 때문에 다른 지역에서 개업하기 위해서는 별도의 자격증을 취득해야 한다. 이러한 제도들은 직업 획득에 개인들이 실제 해당 직무를 수행할 수 있는가보다는 학위나 자격증 자체가 지니는 효과가 크다는 것을 의미한다.

학력의 역할에 대한 노크(Nock, 1993)의 주장 또한 흥미로운 관점을 제공하는데, 노크는 학력이 거대하고 복잡한 익명성의 사회에서 낯선 사람을 신뢰할 수 있게 하는 자격증과 같은 것이라 설명한다. 즉, 운전면허증이나 신용카드처럼 낯선 사람에게 자신이 주장하는 기술과 능력에 대한 사회적 신뢰를 제공하는 역할을 한다는 것이다. 오랜 경험을 통해 훌륭한 의술을 지닌 사람이라고 하더라도 의사자격증이 없으면 의사로 인정받거나 활동할 수 없는 현실은 노크의 주장이 설득력이 있음을 보여 준다. 다른 예로 우리가 흔히 대학을 나온 사람이 대학교육을 받지 못한 사람보다 뭔가 나은 점이 있으리라 기대하는 것 또한 학력이 가지는 현실적인 가치를 보여 준다.

학력주의의 기원에 대해 이와 같이 다양한 관점들이 존재하는 것은 학력이 광범위한 사회적 관행과 제도라는 것을 의미한다. 따라서 학력의 역할을 이해하기 위해서는 학력주의의 제도화 과정에 영향을 미치는 정치, 문화, 경제적 요인들을 분석해야 한다. 현재 우리 사회에서 나타나는 고학력화 현상 또한 이러한 학력주의의 단면으로, 그 기원과 발전과정에 대한 역사사회학적인 분석을 요구한다. 흔히 교육열이라 지칭되는 한국인의 학위에 대한 집착 현상은 한편으로는 소수 명문대학에 입학하기 위한 과도한 경쟁으로 표출되고 있으며, 다른 한편으로는 대학원 교육의 확대로 이어지고 있다. 이러한 양상은 거시적인 관점에서 본다면 도어(1976)가 주장한 것과 같이 교육기회의 급속한 팽창과 경제성장을 통한 중산층의 형성으로 고등교육 이수자가 급증하고 있음에도 불구하고 이들의 기대에 부합하는 직업지위의 획득이 용이하지 않은 사회경제적 구조에 기인한 측면이 크다.

한국 사회에서 학력주의의 전개과정은 이 책에서 논의한 여러 주제들, 고등교육의 보편화, 대학서열화, 입시정책 등과도 맞물려 있다. 여기서 파생된 고등교육의 문제들을 해결하기 위한 정책적 처방을 내리기 위해서는 학력주의의 원인에 대한 근본적인 성찰이 필요할 것이지만, 이 장에서는 학력주의의 원인보다는 학력 인플레이션이나 과잉교육 현상으로 나타나는 학력주의의 병폐를 국내 박사학위과정의 문제와 관련하여 분석해 보고자 한다.

학력주의와 국내 박사학위과정의 문제: 관계 설정

한국 고등교육은 세계에서 유래를 찾아보기 어려울 만큼 급속하게 확대되었다. 대학진학률이 2004년에 80%를 넘은 이후, 2008년 현재 83.8%로 세계 최고 수준을 기록하고 있다. 한편, 대학원 규모도 빠르게 팽창하여, 2008년 기준 전국 158개 대학에 박사학위를 수여하는 일반대학원이 설치되어 있으며, 이외에 박사과정을 개설한 전문대학원이 150개에 이른다. 그리고 1970년과 비교할 때, 대학원생 수가 6,640명에서 30만 1,412명으로 45배 이상 증가했다(교육과학기술부 · 한국교육개발원, 2008). 그 결과, 인구 천 명당 대학원생 수가 미국 3.8명, 영국 2.8명, 프랑스 2.5명, 일본 1.6명, 러시아 0.7명인 데 비해 한국은 5.3명으로 월등히 높게 나타나고 있다(반상진 외, 2003).

이와 같은 대학원의 양적 팽창은 석 · 박사 출신 고급인력의 수요 · 공급에 있어 불균형 현상을 가속화하고 있다. 2008년에 배출된 국내 박사는 9,369명으로 1990년 이후 지속적으로 증가하고 있고, 외국 박사도 326명으로 박사가 한 해 만 명 이상 배출되고 있다(교육과학기술부 · 한국교육개발원, 2008). 그러나 대학과 기업 및 연구소에서 매년 박사를 채용하는 인원은 3,000여 명에 불과하여 박사학위자의 공급과잉 현상이 심각한 실정이다(신희권, 2005).

이와 같이 박사학위자의 공급과잉이 심각한 상황에서도 박사학위에 대한 수요가 줄어들지 않는 이유는 일차적으로 한국 사회의 학력주의에서 원인을 찾아볼 수 있을 것이다. 학력주의란 앞서 설명하였듯이 권력과 엘리트 지위에 접근하는 데 있어서 학력의 중요성을 강조하는 관점으로(Collins, 1979), 한국은 대표적인 학력주의 사회로 볼 수 있다(강창동, 1994; 오욱환, 2000). 개인 혹은 계층 간의 지위경쟁에 있어서 학력이 중시되면, 고학력자의 공급과잉 상황에서도 학력이 계속 상승하여 학력의 인플레이션 혹은 과잉교육 현상이 나타난다. 현재와 같이 대졸실업률이 높은 상황에서도 대학진학률이 떨어지지 않고 있는 것이나 박사학위에 대한 수요가 계속 증가하고 있는 현상이 단적인 예라고 할 수 있다.

이러한 학력 인플레이션 현상은 기술기능주의 관점이나 경제적

합리성의 측면에서 볼 때 매우 불합리한 것으로 생각되지만, 학력주의 관점에서 본다면 충분히 설명이 가능하다. 즉, 대졸자의 공급이 수요를 초과할 경우 대학 학위는 미래의 지위를 보장하지는 못하더라도 최소한 계층 하락을 방지하기 위해 더욱 중요한 수단이 될 수 있다(Thurow, 1975). 그리고 이러한 상황에서 대학 졸업자들은 경쟁에서 더 유리한 조건을 갖추기 위해 대학원 진학을 모색할 수밖에 없다. 이와 같은 관점에서 볼 때, 박사과정에 대한 수요는 앞으로도 계속 증가할 가능성이 높다.

이와 같은 상황은 마치 우리나라 대학들이 질적인 측면은 무시하고 양적으로만 확대되어 온 것과 마찬가지로 국내 박사과정의 부실화를 초래하여 왔다. 흔히 지적되어 온 것처럼 학위과정 및 논문의 질 관리에 소홀한 채 박사학위 취득자가 양산됨으로써, 국내 박사학위는 최고 지성의 상징이 아니라 신분 상승을 위한 사치품, 자격증으로 전락할 위기를 맞고 있다. 이에 따라 일부 소수 대학의 경우를 제외한 국내 대학 박사과정의 기반과 신뢰도는 회복하기 어려울 만큼 무너져버렸다. 신임 교수와 기존 교수의 도제관계가 중시되는 의학계열을 제외하고 국내 대학에서 박사학위를 취득한 사람이 국내 유수대학의 교수로 채용되는 경우를 찾아보기 어려운 현실은 이러한 사실을 반증한다. 그 결과, 국내 박사들에 대한 편견과 차별의식이 강화되고 한국적 특성에 기초한 이론 생성에 기여하기보다는 외래 이론에 의존하여 학문의 종속성을 심화시키는 결과를 초래하였다(김상봉, 2004; 윤상철, 2003).

이러한 현실에서 국내의 우수한 인적자원들이 외국 대학원으로 떠나고 있으며 한국의 경제 수준 향상으로 그 추세는 더욱 심화되고 있다. 미국의 국제교육협회(Institute of International Education) 자료에 따르면 2008년에 미국 대학 및 대학원에 등록한 한국 유학생은 총 7만 5,065명이고, 이 중 1만 1,259명(15.0%)이 대학원생이다. 한국 유학생 수는 인도(10만 3,260명)와 중국(9만 8,235명)에 이어 지난 수년간 3위 자리를 계속 유지하고 있다(IIE, 2008). 인도와 중국의 인구가 각각 11억과 13억 정도로 우리의 20배가 넘는다는 사실을 감안할 때 미국 내 한국 유학생의 규모가 어느 정도인지 실감할 수 있다.

결과적으로 국내 대학원 수와 박사과정 정원이 대폭 확대되어 국내 박사학위 취득자들이 대거 배출되고 있음에도 불구하고, 국내 대학에 임용되는 교수의 비율은 여전히 외국 박사가 월등히 높다. 2007년에 한국학술진흥재단에 등록된 사회학 연구자 872명 가운데 미국 대학 출신 박사(317명)는 국내 박사(350명)보다 적었지만, 이들의 전임교수 임용비율은 77.6%로 국내 박사 57.8%에 비해 높았다. 외국 박사 의존도는 유명 대학일수록 높아서 2007학년도 2학기에 서울대 경제학과의 전임교수 32명 중 28명이 미국 박사였고, 연세대 경제학과는 29명 중 28명, 고려대 경제학과는 20명 중 17명이 미국 박사로 조사된 바 있다(한국학술단체협의회, 2008). 또한 최근 국내 박사들의 대학 임용비율이 다소 높아지고 있지만, 이러한 경향이 비정년계열 교수의 비율이 증가하고 있는 현상과 맞물려 있다는 사실은 국내 대학원 출신 박사들에 대한 선호도가 여전히 낮다는 것을 의미한다(한상연 · 김안나, 2009).

국내 박사학위과정의 현황

앞서 언급하였듯이 전국에 박사학위과정을 개설하고 있는 곳은 전문대학원을 포함하여 300군데가 넘는다. 그리고 대학원 학생 수는 1970년대 이후 45배 이상 급증하였다. 그러나 과연 국내 대학원의 연구 및 교육 여건이 이러한 규모의 학생들을 수용할 수 있을 만큼 질적으로 동반 성장했는가에 관해서는 부정적인 의견이 압도적이다. 최근 국내 대학원 교육과정의 내실화 방안을 모색하기 위한 정책연구들이 공통적으로 학사관리와 교육과정 운영의 부실화를 국내 박사과정의 가장 큰 문제점으로 지적하고 있는 것은 이러한 현실을 잘 보여 준다(성정현, 2006; 신희권, 2005; 우제창, 2003).

한상연과 김안나(2009)의 연구도 현재 국내 박사과정의 현황과 문제점을 파악하여 개선 방안을 탐색하였다는 점에서 선행연구들과 맥을 같이한다. 그러나 기존 연구들과 달리 고등교육의 경쟁력이 높은 외국 대학 출신 교수들과 현재 미국 박사과정에 재학 중인 학생들을 조사하여, 비교준거를 가지고 국내 박사과정의 문제점을 분석하였다는 점에서 보다 객관적인 접근을 하였다고 볼 수 있다. 이 연구에서는 설문조사를 통해 국내 박사과정 학생들의 인적구성, 진학동기, 만족도, 연구 및 교육 여건, 국내 박사 차별에 대한 인식 등을 조사하고, 이와 함께 포항공대와 서울 및 지방 소재 2개 대학을 대상으로 사례연구를 실시하였다. 사례연구는 박사과정 재학생의 인적구성의 특성을 심층적으로 분석하기 위한 것으로, 연구중심대학인 포항공대와 서울에 소재한 중앙일보 평가기준 10위권 대학 1개,

지방에 소재한 40위권 대학 1개를 선정하여 2007학년도 대학원 입학전형에 지원한 사람들의 전형자료를 분석, 지원자들의 특성을 분석하였다.

박사과정 학생의 인적구성

국내 박사과정에 진학하는 사람들의 진학동기와 연령, 직업유무, 전일제 등록여부, 전공 분야 등을 분석해 보면 현재 국내 박사과정의 특성을 가장 잘 파악할 수 있다. 국내에서 가장 우수한 대학으로 인정받고 있는 포항공대와 상위권 대학 중 한 곳, 그리고 중위권 대학 한 곳에 재학 중인 박사과정 학생들의 인적구성을 보면 〈표 12-4〉와 같이 하위권 대학으로 갈수록 재학생의 연령이 높아짐을 알 수 있는데, 이는 소수 대학을 제외한 대부분의 대학에서 대학원과정이 재교육기능을 중심으로 운영되고 있음을 의미한다.

이러한 특성은 지원자들의 직업 분포를 보면 더욱 잘 드러나는데, 서울소재 10위권 대학(A대학) 박사과정 입학전형 지원자의 22.6%만이 직장을 다니지 않는 사람이었고, 이 중 전업학생으로 추

〈표 12-4〉 박사과정 지원자의 연령 분포

대학	20대	30대	40대	50대 이상
포항공대(POSTECH)	49%	49%	1%	-
서울소재 10위권 대학(A대학)	24%	68%	7%	1%
지방소재 40위권 대학(B대학)	3%	45%	39%	13%

정할 수 있는 20~30대 지원자는 16.7%에 불과한 것으로 나타났다. 한편, 지원자 중 특수대학원 석사학위 취득자 비율을 비교해 보면, 포항공대는 전혀 없고, A대학의 경우 22%, B대학의 경우 49%가 특수대학원 출신이었다. 특수대학원 석사과정은 직장인의 재교육이 주된 기능이고 한 강좌당 주당 수업시간도 일반대학원의 절반에 불과하며 2~3개 과목을 추가로 수강하면 졸업논문도 면제해 주는 경우가 많다. 따라서 특수대학원 졸업자가 박사과정에 많이 진학하는 경우 박사과정 학사운영의 질 관리에 어려움이 있음을 예상해 볼 수 있다.

전공 분야별로는 A대학 박사과정의 경우 철학과에는 지원자가 없었고, 사학과 합격자는 예술치료학으로 석사학위를 취득한 39세의 직장인 1인이 유일하였다. 반면, 사회과학 분야에서 비교적 지원자가 많은 행정학과의 경우 합격자 7명 중 석사학위를 일반대학원 행정학과에서 취득하고, 나이가 20~30대인 전일제 학생은 2명에 불과하였고, 무역학과의 경우도 8명 중 3명만이 이런 범주에 속하였다. 물리학과와 화학과는 전업학생이 각각 1명이며 생물학과는 합격자 2명 모두 직장인이었다.

박사과정 학생의 진학동기

국내 박사과정에 진학하는 학생들의 특성은 이들의 진학동기와도 관련된다. 박사과정 재학생의 진학동기를 보면 국내 박사과정 재학생의 경우 '대학의 교수가 되기 위해서' 52%, '연구소의 연구원이 되기 위해' 16%, '경력개발 및 승진에 도움이 되기 때문에' 16%,

'정부 및 공공기관에 취업하기 위해서' 12%, '민간 기업에 취업하기 위해서' 4%의 순으로 응답하였다. 반면, 미국에 유학 중인 박사과정 재학생의 경우도 '대학의 교수가 되기 위하여'가 70%로 가장 높았고, 다음으로 '연구소의 연구원이 되기 위해서' 20%, '경력개발 및 승진에 도움이 되기 때문에'가 10%로 나타났다. 이러한 결과는 두 집단의 응답자 모두 대학 교수 혹은 연구원이 되기 위해 진학한 경우가 가장 많지만, 국내 박사과정의 경우 경력개발이나 승진, 취업 등 재교육과 취업 목적이 30% 이상 되는 비율을 차지하고 있음을 알 수 있다. 이러한 비율은 하위권 대학으로 갈수록 높아져서 국내 박사과정 전체를 볼 때는 재교육과 관련된 진학동기의 비율이 보다 높아질 것으로 예상된다.

한편, 국내 대학에 재직 중인 현직 교수에게 본인이 과거에 박사과정에 진학한 동기를 물어본 결과, 국내 박사학위 취득자의 경우 '대학의 교수가 되기 위해서' 12.1%, '연구소의 연구원이 되기 위해서' 16.0%, '경력개발 및 승진에 도움이 되기 때문에' 48.3%, '정부 및 공공기관에 취업하기 위해서' 34.5%, '민간 기업에 취업하기 위해서' 5.2%의 순으로 응답하였다. 즉, 국내에서 박사학위를 취득한 교수들 중 원래 교수가 되는 것이 목표였던 사람은 소수였다. 반면에 국외에서 박사학위를 취득한 교수의 경우 대학 교수가 되기 위해 박사과정에 진학했다는 사람이 92.5%로 많았다. 따라서 국내에서 박사학위를 취득한 현직 교수들은 박사과정 재학 당시 장래 교수가 되는 것에 대해 매우 불확실하게 생각하고 있었고, 국내 박사과정은 교수가 되기 위한 통로로 인식되지 않은 것으로 추측할 수 있다.

박사과정에 대한 만족도

박사과정 재학생들의 만족도를 비교한 결과, 국내 박사과정 재학생들의 만족도가 미국의 경우보다 모든 기준에서 절대적으로 낮았다. 그 격차가 큰 순서대로 살펴보면 '장학금 기회' '교육시설' '교육내용' '교육방법' '연구과제 참여기회' '교수진' '동료 및 선후배 관계' 순이다. 국내 박사과정생의 경우 7개 분야 중에서 '교수진'과 '동료 및 선후배 관계'에서만 3점 이상의 만족도를 기록하고 나머지 분야에서는 모두 2점대의 만족도를 보여 준다.

이러한 경향은 교수들의 경우에도 같았다. 외국에서 박사학위를 취득한 교수들이 국내에서 박사학위를 취득한 교수보다 조사 분야

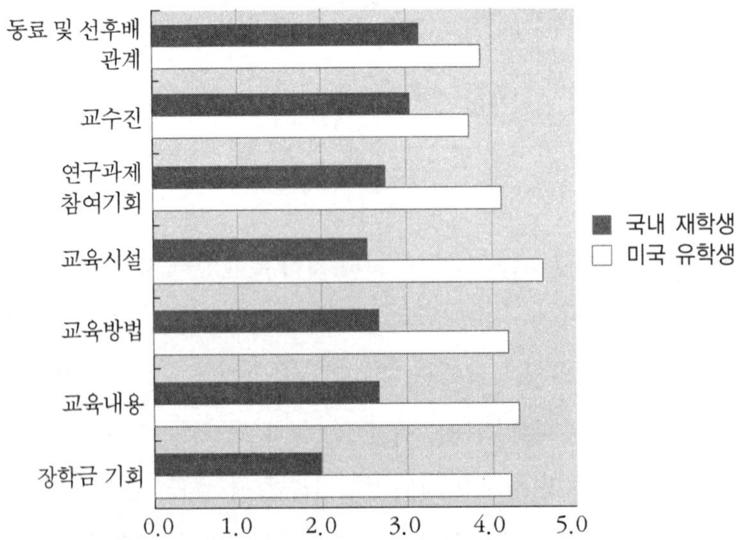

[그림 12-1] 국내 박사과정과 외국 박사과정에 대한 학생들의 만족도

모두에서 자신이 이수한 박사과정에 관한 만족도가 월등히 높았다. 외국 박사를 취득한 교수들은 본인이 졸업한 박사과정에 대해 '장학금 기회' 분야만 5점 만점에 3.8을 주었고, 교육내용, 교육방법, 교육시설, 연구과제 참여기회, 교수진, 동료 및 선후배 관계 등 6개 분야 모두 4.0 이상의 높은 점수를 주었다. 반면 국내에서 박사학위를 취득한 교수들은 본인이 졸업한 대학의 박사과정의 만족도가 모두 3점대이며, 특히 '장학금 기회'가 3.0으로 제일 낮았다.

박사과정의 연구 및 교육 여건

국내외 박사과정의 연구 및 교육 여건을 비교하기 위해, 재학 중 학업에 전념하는 정도, 학비조달방법, 조교직과 학업과의 연관성 등을 조사하였다. 우선, 국내 박사과정생의 경우 공부 외의 일로 강의(연구) 조교직을 수행하거나 직장에서 전일제로 근무하는 경우가 각각 32%로서 가장 높은 응답률을 보이고, 학업에 전념하는 경우가 20%, 외부 직장의 파트타임 근무가 16%의 순으로 나타났다. 국내 박사과정에는 비전업학생(파트타임)의 비율이 80%로 매우 높음을 알 수 있다. 반면 미국에 유학 중인 한국 박사과정생의 경우, 응답자의 100%가 학업에 전념하거나 강의 및 연구 조교직을 수행하며 학업을 하고 있었고, 외부 직장에 근무하는 사례는 찾아볼 수 없다.

한편, 국내 대학의 현직 교수를 대상으로 조사한 결과, 국내에서 학위를 취득한 교수는 공부 외의 일로 재학 중 조교직을 수행한 경우가 가장 높은 응답률(48.3%)을 보이고 있으며, 다음으로 직장에 전일제 근무(34.5%), 학업에 전념(12.1%), 대학 외부 직장에 파트타임 근무(5.2%)의 순으로 확인되었다. 국외 학위 취득자의 경우 학업 전념(61.9%)이 가장 높은 응답률을 보이고 있으며, 다음으로 강의 및 연구 조교직 수행(28.6%), 대학 외부 직장에 파트타임 근무(9.5%)로 나타나고 있다.

다음으로 학비충당 방법에 있어서, 국내 박사과정생의 경우 '장학금 및 조교활동' 그리고 '본인 직접 부담'이 각각 32%로 가장 높은 응답률을 보이고 있으며 '장학금 및 아르바이트' '장학금 및 부모님께 의존' '부모님 등 가족에게 전적으로 의지' 등이 각각 12%의 응답률을 보이고 있다. 반면 미국에 유학 중인 한국 대학원생의 경우 '장학금 및 조교활동'이 90%로 가장 높은 응답률을 보이고 있으며, 다음으로 '본인이 직접 부담'이 10%의 응답률을 나타내고 있다. 미국의 박사과정생의 경우 거의 전 학생이 장학금 및 조교활동 등 대학의 지원에 의하여 박사과정을 지속하는 반면, 국내 박사과정은 대학의 경제적 지원보다는 박사과정생의 자체 노력으로 재정문제를 해결하고 있음을 알 수 있다.

이런 상황은 현직 교수의 경우에도 유사하다. 국내에서 박사학위를 취득한 교수의 경우, 박사과정 재학 중 '본인이 직접 학비를 부담'한 경우가 51.7%, '장학금 및 조교활동', 25.9%, '장학금 및 부모님께 의존' 또는 '부모님 등 가족에게 전적으로 의지'가 각각 5.2%이다. 반면 외국에서 박사학위를 취득한 교수는 '재학 중 장학금 및 조교활동'으로 학비를 해결한 경우가 90%로 가장 높고, '본인이 직접 부담'한 경우는 10%에 불과하였다.

마지막으로 박사과정 중 수행하는 조교직과 본인의 학업과는 연관성에 대해서, 국내 박사과정생의 경우 '잘 모르겠다'는 응답이

48%로 가장 많았고, '그렇다' 24%, '절대 아니다'와 '아니다'가 각각 12%, '매우 그렇다' 4%의 순으로 답변하였다. 국내 박사과정에서는 대체로 수행하는 조교직과 학업과의 관련성이 낮은 것으로 확인된 반면, 미국 박사과정의 경우 '매우 그렇다'의 응답이 70%로 가장 높고, '그렇다' 20%, '아니다' 10%의 순으로 수행한 조교직과 학업과의 관련성이 매우 높은 것으로 확인되었다. 그리고 이러한 경향은 현직 교수에게서도 유사한 비율로 나타났다.

국내 박사 차별에 관한 인식

현직 국내 교수를 대상으로 국내 박사학위 취득자가 외국 박사학위 취득자에 비해 차별을 받고 있는지를 조사한 결과, 국내에서 학위를 취득한 교수의 경우는 '절대 아니다'가 0%, '아니나'가 8.6%인 반면, '정말 그렇다' 32.8%, '그렇다' 50%로 차별을 받고 있다는 인식이 절대적으로 높았다. 외국에서 학위를 취득한 교수의 경우에도 '절대 아니다' 9.5%, '아니다' 14.3%이며, '정말 그렇다' 9.5%, '그렇다' 52.4%로 차별을 인정하는 답변이 훨씬 많았다. 교수들 모두 국내 박사가 외국 박사에 비해 불이익을 받는 것으로 생

〈표 12-5〉 국내 박사학위 취득자 차별에 대한 인식

응답자	절대 아니다	아니다	보통	그렇다	정말 그렇다
국내 박사학위 취득 교수	0%	8.6%	8.6%	50.0%	32.8%
외국 박사학위 취득 교수	9.5%	14.3%	14.3%	52.4%	9.5%

〈표 12-6〉 외국 박사학위 취득자의 상대적 우수성

응답자	절대 아니다	아니다	보통	그렇다	정말 그렇다
국내 박사학위 취득 교수	17.2%	37.9%	19.0%	22.4%	1.7%
외국 박사학위 취득 교수	4.8%	.0%	28.6%	38.1%	28.6%

각하고 있다.

이와 관련하여, 현직 교수들에게 외국 박사가 국내 박사보다 우수하다고 생각하는지를 조사한 결과, 국내에서 박사학위를 취득한 교수들은 '절대 아니다' 17.2%, '아니다' 37.9%로 부정적인 응답이 55.1%이고, '정말 그렇다' 1.7%, '그렇다' 22.4%로 긍정적인 의견은 24.1%에 불과하였다. 그러나 외국에서 박사학위를 취득한 교수의 경우 '절대 아니다'는 4.8%에 불과하고, '정말 그렇다' 28.6%, '그렇다' 38.1%로 외국 박사의 우수성을 인정하는 비율이 66.7%여서 양 집단의 인식차가 매우 큰 것을 알 수 있었다.

논의와 시사점

우리 박사과정의 문제는 매우 복합적이다. 한편으로는 대학의 연구 경쟁력을 강화하고 고급 인력을 양성해야 한다는 사회적 요구가 작용하면서, 다른 한편으로는 학위 남발과 과잉교육으로 인한 부작용이 사회 전반의 비효율을 초래하고 있다. 앞서 지적한 것과 같이 포항공대와 같은 소수 연구중심대학을 제외하면 우리나라 대학의 박사과정 대부분은 직장인에 의존하지 않고서는 학생을 충원하고 강의를 개설하는 것이 현실적으로 어렵다는 사실이나, 서울에 있는 10위권 대학의 박사과정에 전일제 학생이 20%대에 불과하다는 사실은 국내 대학원 박사과정의 한계와 특징을 단적으로 보여 준다(한상연 · 김안나, 2009). 이는 학업과 연구에 전념하고자 하는 우수 인재들이 국내 대학원보다는 외국 대학원에 진학하고 있고, 이런 상황에서 설령 우수한 인재들이 국내 대학원에 진학한다 하더라도 국내 학위에 대한 불신으로 대학에 임용되기 어려운 악순환이 심화되고 있는 현실에도 반영되고 있다.

우리 대학들은 과거 미국을 중심으로 한 외국의 원조에 의존하여 해외에서 공부한 유학생들이 귀국 후 주요 대학에서 교수로 활동하면서, 자신들이 수학한 대학의 모델을 실천하고 전파하는 가운데 성장하여 왔다(우마코시, 2000). 따라서 아직 미국 등 서구 주요국들이 지식과 기술을 생산하고 전파하는 데 중심적인 역할을 하고 있다는 사실 외에도, 소위 '미국 종속형'으로 성장한 역사에 의해 고급 두뇌의 유출 현상이 지속될 수밖에 없었다(Altbach, 1989). 1980년대 이후 경제성장으로 인한 국력의 신장과 함께 교육과 연구를 토착화하려는 노력이 진행되었지만 큰 성과를 거두지 못한 채, 최근 국제화를 기치로 내건 대학 개혁의 분위기 속에서 다시 국내 박사학위의 평가절하 현상이 심화되고 있다.

이런 상황에서 국내 박사과정 학생들에 대한 재정지원 부족, 교육 및 연구 시설의 취약성, 선진화되지 못한 교육내용과 교육방법 등은 우수 인재들을 외국 대학으로 방출하는 요인이 되고 있다. 미국 박사과정 유학생의 90%가 장학금이나 조교 활동으로 학비를 충당하고 있는 반면, 국내 박사과정생의 32%만이 이러한 혜택을 받고 있고, 더욱이 국내 박사과정의 경우 조교들이 하는 업무가 교육이나 연구와는 무관한 행정 업무가 대부분이어서 이들의 학문적 역량을 개발하는 데 도움을 주지 못한다는 사실은 국내 박사과정의 현실을 잘 보여 준다.

이러한 현실 속에서도 국내 박사과정에 대한 수요가 줄어들지 않고 있는 것은 현재 고학력화 현상이 상당 부분 학력주의에 기인한 것임을 보여 준다. 이 수요가 언제까지 지속될지 예측하기 어렵지만, 국내 대학원 진학의 동기가 교수가 되기 위한 것보다는 경력개발이나 승진 혹은 공공기관이나 민간 기업에 취업하기 위해서라는 응답이 많은 것을 보면, 앞으로도 국내 박사과정에 대한 수요는 지속적으로 증가할 것으로 예상된다. 교육을 직접 담당하고 있는 교수들의 65%가 무분별한 학생 유치와 박사과정 입학생의 질 관리를 위해 정원을 축소하는 방안에 관해 찬성하고 있다는 조사결과는 국내 대학원 교육의 문제를 잘 보여 주고 있다.

이러한 문제의 해법은 교육과 일의 관계에 초점을 맞추어 학력주의의 특성을 분석한 빌스(2004)의 논의에서 찾아볼 수 있을 것이다. 실력주의든 학력주의든 교육의 급속한 확대를 촉진한 요인이 더 좋은 직업을 갖고자 하는 열망이라는 점에서 이러한 접근은 의미가 있다. 그는 고등교육의 지속적인 확대가 수직적인 확대와 수평적인 다양화를 통해 가능하다고 보았다. 수직적 확대는 상위의 학위를 취득하기 위해 더 오랜 기간 동안 학교에 다니는 사람이 많아지는 것을 의미하고, 수평적 다양화는 특정 단계의 교육제도가 더욱 다양화되는 것을 의미한다. 수직적 확대를 통한 교육체제의 계층화가 학력 인플레이션과 같은 학력주의의 문제를 심화시킬 수 있다면, 수평적 확대는 노동시장에서 요구하는 요건에 맞추어 교육 자격증을 다양화하는 것을 통해 교육과 일의 연계를 강화할 수 있다. 빌스는 이와 같은 교육제도의 수평적 다양화가 후기 산업사회의 요구에 대응하는 방법이 될 것이라 보고 있다. 현재 우리 고등교육의 확대가 수직적 계층화를 통해 진행되고 있음은 다시 설명할 필요가 없을 것이다.

수평적 다양화는 국내 박사과정의 문제를 푸는 단초가 될 수 있을 것이다. 앞서 소개한 설문조사의 결과도 이와 맥을 같이한다. 즉, 현재와 같이 박사과정에 대한 수요가 높고 박사과정의 질 관리는 제대로 되지 않아 박사학위가 남발되는 상황에서는 지원자의 특성이나 입학 동기에 따라 학위수여 조건과 학위 유형을 제도적으로 다양화하는 것이 질적 수준을 유지하면서 교육 수요 증가에 대응하는 방안이 될 수 있다. 우수한 학문 후속세대를 국내 대학원에서 배출하면서, 한편으로 지식경제가 요구하는 실무 중심 박사 인력을 동시에 육성할 수 있는 대학원체제를 구축하는 것이 외국 박사가 국내 박사보다 우수하다는 일반적인 인식을 불식시키고, 교수임용 시 국내 박사들의 불이익을 최소화하며, 학생들의 특성에 맞는 교육과정을 정착시킬 수 있는 대안이 될 것이다.

참고문헌

강창동(1994). 한국 학력주의의 형성과정과 성격. 교육사회학연구, 4(1), 1-19.

교육과학기술부 · 한국교육개발원(2008). 교육통계연보. 서울: 한국교육개발원.

김상봉(2004). 학벌 사회. 서울: 한길사.

반상진 외(2003). 지식기반사회에 적합한 대학원 교육의 질제고 방안에 관한 연구. 교육인적자원부 정책연구과제보고서. 미간행.

성정현(2006). 대학원 교육 경쟁력 강화를 위한 대학원체제 개편 및 제도개선 시행방안 연구. 교육인적자원부 정책연구과제보고서. 미간행.

신희권(2005). 대학원 교육과정의 내실화 방안 모색. 2005 한국행정학회 추계 학술대회 자료집, 13-28.

오욱환(2000). 한국사회의 교육열: 기원과 심화. 서울: 교육과학사.

우마코시 토오루(2000). 한국 근대대학의 성립과 전개: 대학 모델의 전파연구. 한용진(역). 서울: 교육과학사.

우제창(2003). 우수대학원생 유치 및 대학원 교육의 질 향상 방안에 관한 연구. 교육인적자원부 정책연구과제보고서. 미간행.

윤상철(2003). 미국 사회학의 지적, 인적 지배와 한국적 사회학의 지체. 학술단체협의회(편). 우리 학문 속의 미국: 미국적 학문 패러다임 이식에 대한 비판적 성찰, 184-209. 서울: 한울아카데미.

한국학술단체협의회(2008). 교수 충원의 비민주적이고 차별적인 관행 및 구조의 혁신을 위한 제언. 창립 20주년 연합 학술대회 자료집. 미간행.

한상연 · 김안나(2009). 국내 박사학위과정의 현황과 문제: 제도 개선을 위한 탐색적 분석. 교육과학연구, 40(3). 이화여자대학교 사범대학 교육과학연구소.

Altbach, P. G. (1989). Twisted roots: The Western impact on Asian higher education. *Higher Education, 18*(1), 9-29.

Becker, G. S. (1964). *Human capital: A theoritical and empirical analysis, with special reference to education*. NY: National Bureau of Economic Research.

Berg, I. (1971). *Education and jobs: The great training robbery*. Beacon, Boston.

Bills, D. B. (2004). *The sociology of education and work*. Malden, MA: Blackwell Publishing.

Blau, P. & O. D. Duncan (1967). *The American occupational structure*. New York: Wiley.

Collins, R. (1979). *The credential society: A historical sociology of education and stratification*. NY: Academic Press.

Davis, K. & W. E. Moore (1945). Some principles of stratification. *American Sociological Review, 10*(2), 242-9.

Dore, R. P. (1976). *The diploma disease*. Allen & Unwin, London.

Freeman, R. B. (1976). *The overeducated American*. Academic Press, New York.

Institute of International Education (2008). *Open doors*. New York: IIE.

L'ain, B. G. de. (1981). Certifying effect and consumer effect: Some remarks on strategies employed by higher education institutions. *Higher Education, 10*(1), 55-73.

Nock, S. L. (1993). *The costs of privacy: Surveillance and reputation in America*. Aldine de Gruyter, New York.

Park, J. H. (1999). Estimation of sheepskin effects using the old and the new measures of educational attainment in the current population survey. *Economics Letters, 62*(2), 237-40.

Parsons, T. (1959). The school class as a social system. *Harvard*

Educational Review, 29, 297-318.

Schultz, T. W. (1962). Investment in human beings. *Journal of Political Economy, 70*(5), 1-8.

Thurow, L. (1975). *Generating inequality*. New York: Basic Books.

제4부

고등교육사회학의 평가와 전망

第13장 고등교육사회학 연구에 대한 평가

연구의 여건과 성과

전후 세계적으로 고등교육기관 취학률이 증가하면서 고등교육에 대한 정책적, 사회적 관심이 높아짐에 따라 고등교육에 대한 연구가 활발해지고, 고등교육사회학이 하나의 새로운 학문 분야로 정립되었다. 특권계층에게 국한되어 있던 고등교육이 일반에게 확대되고 사회이동에 미치는 고등교육의 영향력이 커지게 되면서 고등교육에 대한 사회적 요구는 더욱 높아져, 미국의 경우 1970년대에 이미 취학률이 50%를 넘어선다. 이는 1960년대와 1970년대 초반을 거치며 여성과 흑인을 비롯한 다양한 계층에게 고등교육의 문호가 열리게 되었기 때문이다.

미국의 고등교육은 1636년에 하버드 대학이 설립되었으니 이미

370년이 넘는 역사를 지니고 있다. 물론 고등교육의 역사가 더 오래된 것은 유럽 국가들이지만, 이민자들에 의해 건설된 신생국가 미국은 기회균등의 이념에 기초하여 유럽 고등교육의 다양한 전통을 수용하면서 자신들의 제도로 발전시켜 나간다. 이러한 미국적인 전통은 한편으로는 사회정치적으로 다양한 집단들의 요구를 수용하면서, 다른 한편으로는 급변하는 환경 속에서 다양한 형태의 고등교육기관들이 공존하는 개방성과 수용성을 특징으로 하고 있다. 이러한 풍토에서 미국의 고등교육은 하나의 학문 분야로 정립되고 다양한 학문적 관점에서 연구가 축적되어 왔다.

〈표 13-1〉은 고등교육과 관련된 미국의 학회지들을 창간 연도에 따라 정리한 것이다. 학술지의 발간 시점을 보면 일반 사회학 학술지인 『American Journal of Sociology』(1895년 창간)와 교육사회학 학술지인 『American Sociological Review』(1936년 창간)에 비교해 다소 늦은 1955년에 『Daedalus』를 시작으로 고등교육 관련 학술지가 등장하기 시작한 것을 알 수 있다. 그리고 1970년대에는 『Journal of Higher Education』을 비롯한 대표적인 고등교육 학술지들이 발간되어 본격적으로 고등교육연구가 수행되었다.

이러한 미국적 상황과 비교할 때, 해방 이후 비교적 짧은 기간 동안 근대화와 경제성장을 목표로 정부가 고등교육에 대한 정책을 수립하고 대학들을 통제해 온 우리나라에서는 세계적으로 유래가 없을 만큼 빠른 속도로 고등교육의 양적 확대가 일어났지만, 아직까지 고등교육에 대한 체계적인 학술 연구는 미미한 수준이다. 이러한 문제는 1988년에 고등교육학회가 발족하였으나 근근이 명맥을 유지해 왔을 뿐 회원 수와 내용 면에서 발전을 하지 못하였고, 학회에서

〈표 13-1〉 창간 연대별 고등교육 관련 주요 학술지

주제	1970년 이전		1970~1979		1980~1989	
	제목	연도	제목	연도	제목	연도
사회학	*American Journal of Sociology*	1895				
	Social Forces	1922				
	Sociology of Education	1927				
	American Sociological Review	1936				
고등교육	*Journal of Higher Education*	1970	*Higher Education*	1972	*Higher Education: Handbook of Theory and Research*	1985
			Research in Higher Education	1973		
			Review of Higher Education	1978		
응용 고등교육	*Journal of College Student Development*	1959	*Planning in Higher Education*	1972		
	NASPA Journal	1963				
기타 고등교육	*Daedalus*	1955	*Change*	1972		
			Academe	1979		

발간하는 학술지도 전문학술지로 성장하지 못하고 있다가 최근 고등교육 연구에서 고등교육 정책연구로 명칭을 바꾼 사실만 보아도 알 수 있다.

최근 고등교육의 국제 경쟁력이 문제시되면서 고등교육 정책연구에 대한 수요가 증가하여, 대학 재구조화, 국제화, 질 관리 및 평가 등 고등교육정책 관련 연구들이 증가하고 있지만 아직은 특정 주제에 치우쳐 있다. 그리고 연구들이 학문적인 개념이나 이론에 근거하기보다는 주로 현황 분석에 치중하여 연구 성과가 축적되기 어려운 실정이다. 그럼에도 불구하고 현재까지 진행된 연구들은 앞으로 고등교육사회학이 발전하기 위한 토대이며, 따라서 이러한 연구들의 성과를 종합하고 그 공과를 평가해 보는 것은 고등교육사회학의 발전을 위해 중요한 의미를 가진다.

향후 발전 분야

이 장에서는 이 책의 제2부와 제3부에서 다룬 연구들의 성과를 평가하고, 이를 기초로 향후 발전 가능한 연구 주제와 분야에 대해 논의하고자 한다. 우선, 버튼 클락(Burton Clark, 1973)이 분류한 고등교육사회학의 네 가지 핵심 영역을 중심으로 볼 때, 고등교육에서의 불평등 문제는 이 책의 모든 장에 일관된 주제라 할 수 있다. 학생의 사회경제적 배경의 차이, 대학 서열화로 인한 고등교육체제 내의 불평등, 도시와 농촌 간의 교육기회의 격차, 다양성을 추구하는 입시정책이 소외계층의 고등교육 기회에 미치는 영향 등에 대한 연구들은 우리 고등교육에 여전히 불평등의 요소가 만연하다는 것을 보여준다. 한편, 학자금대출과 같은 재정지원제도의 효과에 대한 연구들은 고등교육의 불평등 문제를 개선하기 위한 실천적, 정책적 관심에서 수행된 연구들이다. 이러한 연구의 결과들은 고등교육사회학이 사회학의 이론적 관심과 연구를 위한 연구에 머물지 않고, 교육실천을 개선하는데 유용한 도구가 될 수 있음을 시사한다.

클락이 분류한 두 번째 영역에 해당하는 대학효과에 대한 연구들은 미국에서는 이미 몇 권의 책으로 정리될 만큼 많은 양의 연구가 수행되었다(Newcomb ct al., 1967; Pascarella & Terenzini, 1991, 2005). 연구의 주제도 학생들의 대학생활 경험에 영향을 주는 요인들에 대한 관심에서 대학의 풍토에 대한 연구에 이르기까지 다양화되었으며, 분석 자료와 방법 면에서도 대규모의 종단자료들을 활용한 연구들이 축적되고 있고, 여러 수준의 자료를 분석하기 위한 HLM 같은 통계기법을 사용하는 등 정교화되고 있다(Rhee & Kim, 2011). 이에 비해 앞서 논의하였듯이 우리 고등교육 연구에서 대학생들의 지적, 정서적, 도덕적 발달에 영향을 주는 대학의 효과에 대한 연구는 초보적인 수준이다. 이 분야의 연구가 지속적으로 발전하기 위해서는 미국과 같이 전국 규모의 종단자료 구축이 필요하다. 한편, 지금까지 대학효과에 대한 연구들은 주로 양적 연구를 중심으로 발전하였지만, 대학에서 학생들의 변화와 발달을 이해하기 위해서는 그들의 대학생활 경험에 대한 질적 연구가 함께 이루어져야 한다.

대학효과와 관련하여 최근 새롭게 부각되고 있는 연구주제는 인지능력은 물론 태도나 신념의 변화를 포함한 학생들의 학습 성과를 측정하는 문제이다. 이 책에서는 대학생들의 핵심능력 발달을 중심으로 이 주제를 다루었다. 이러한 관심은 대학의 책무성을 강조하는 사회적 분위기를 반영한다. 그러나 학생들의 학습결과를 측정하는 일은 아직 초보 단계에 머물러 있다(Gumport, 2007). 국가 간의 비교를 목적으로 OECD가 주관하는 AHELO (Assessment of Higher Education Learning Outcome) 사업은 고등교육의 학습 성과를 측정, 평가하려는 대표적인 시도이다. 아직 측정도구의 타당성 문제와 관련하여 논란이 지속되고 있지만, 이와는 별개로 표준화된 검사도구에 의한 학습 성과 평가사업이 고등교육의 내용과 방법에 미칠 영향에 대해서는 향후 지속적인 연구가 필요할 것으로 보인다.

대학조직에 대한 연구는 1970년대 초반까지는 불평등과 대학효과에 대한 연구에 비해 고등교육사회학 연구에서 큰 비중을 차지하지 못하였지만, 1970년대 이후 급속한 고등교육 환경의 변화로 대학조직에 근본적인 변화가 불가피하게 되면서 많은 연구들이 이루어졌다. 대학조직과 관련하여 우리나라에서는 주로 행정학자들을 중심으로 대학의 지배구조(governance system)에 대한 연구가 수행되었다. 그러나 예측을 불허할 정도로 급변하는 환경의 영향은 대학의 지배구조뿐만 아니라 대학의 사회적 기능과 역할 전반에 변화를 초래할 것이다. 이 책의 제7장에서 다루었듯이 이미 다양한 새로운 대학모형들이 실험되고 있고, 앞으로 변화의 지평은 무한하다고 할 것이다. 고등교육사회학은 대학조직의 특성에 대한 관심은 물론 대학의 근본적인 재구조화를 요구하는 사회 변화의 성격을 이해하는 데 기여할 수 있을 것이다.

최근에 고등교육 연구에서 새롭게 등장하고 있는 주제는 다양성(diversity)이다(David, 2007). 고등교육에서의 다양성은 기관과 제도 차원에서 논의되거나 대학생들의 다양한 사회적 특성과 관련하여 논의되고 있다. 고등교육이 확대되고 고등교육에 대한 사회적 수요가 다양해지면 고등교육기관 간에 기능적인 분화에 따른 다양성이 증가된다. 그러나 다양한 기관 간에는 기능적인 의미의 다양성 외에 계층화 현상이 나타나게 된다. 지금은 고전이 된, 미국 커뮤니티 칼리지의 기능에 대한 클락(Clark, 1960)의 연구는 다양성 개념에 함축된 불평등성을 잘 보여 준다. 이 책에서 다룬 한국 대학들의 서열화 현상도 같은 맥락에서 이해할 수 있다.

한편, 다양성은 대학생들의 사회계층, 인종, 성과 같은 배경 특성의 다양성을 지칭하는 개념으로 많이 사용되고 있다. 다양한 배경을 지닌 학생들 간에 상호작용이 활발할수록 학생들의 변화와 발달에 긍정적인 효과가 있음을 보여 주는 연구들은 대학입시에서 다양성을 고려하도록 권고하고 있다. 그러나 이 책의 제11장에서 논의하였듯이 최근 우리 대입정책에서 논의되고 있는 다양성은 형평성보다는 수월성에 가까운 개념이다. 교육적으로 바람직한 입시정책을 수립하기 위해서는 고등교육에서 추구해야 하는 다양성이 무엇인지, 학생들의 발달에 미치는 대학효과라는 차원에서 연구가 이루어지고, 이러한 연구 결과에 기초한 정책이 입안되어야 할 것이다.

고등교육 환경의 변화에 따라 고등교육사회학의 연구 주제와 범위는 더욱 넓어질 것이다. 마지막 장에서는 기존 연구의 성과와 미래사회의 변화 전망에 기초하여 고등교육사회학의 발전 방향에 대해 논의하고자 한다.

참고문헌

Clark, B. (1960). *The Open Door College*. New York: McGraw-Hill.

Clark, B. (1973). Developing of the sociology of higher education. *Sociology of Education, Vol. 46*: 2-14.

David, M. (2007). Equity and diversity: Towards a sociology of higher education for the twenty-first century. *British Journal of Sociology of Education, Vol. 28*. No. 5. pp. 675-690.

Gumport, P. (2007). Reflections on a hybrid field: Growth and prospects for the sociology of higher education. In *Sociology of Higher Education*, edited by P. Gumport. Johns Hopkins University Press.

Newcomb, T., K. Koenig, R. Flacks, & D. Warwick, (1967). *Persistence and Change: Bennington College and its Students after 25 Years*. New York: John Wiley & Sons.

Pascarella, E. T. & P. Terenzini (1991). *How college affects students: Findings and insights from twenty years of research*. San Francisco: Jossey-Bass Publishers.

Pascarella, E. T. & P. T. Terenzini (2005). *How college affects students(Vol.2)*. San Francisco: Jossey-Bass.

Rhee, B. and A. Kim (2011). Collegiate influences on the civic values of undergraduate students in the US revisited. *Asia Pacific Education Review, 12*(3): 497-508.

제14장 고등교육사회학의 전망

연구와 실천의 접목

이 장에서는 고등교육의 학문적 특성과 고등교육 환경 변화의 예측을 통해 고등교육사회학의 미래를 전망해 보고자 한다.

우리말에서 교육과 교육학은 구분이 되지만, 영어에서는 education이라는 단어 하나로 교육과 교육학을 모두 표현한다. 실천적 의미에서의 교육과 그것을 연구하는 학문으로서 교육학이 다르다는 점에서 우리말이 영어보다 정교하다는 생각이 든다. 그러나 교육학이 다른 어떤 학문 분야보다 실천적인 성격이 강하다는 점에서, 그리고 실천을 전제하지 않은 교육연구가 무의미할 수 있다는 점에서 교육과 교육학은 불가분의 관계에 있다. 학문의 발전 초기에 교육학이 교육개혁에 관심을 가진 사람들에 의해 주도되었다는 사실만 보아도 이 점은 명확하다.

이러한 성격은 고등교육도 마찬가지이다. 고등교육학은 고등교육기관에서의 교수 · 학습 활동을 전제하지 않고는 성립되지 않는다. 이러한 사실이 고등교육연구에 주는 시사점은 명확하다. 즉, 고등교육의 연구(research)는 실천(practice)과 분리되어서는 안 된다는 것이다. 클락은 교육에 대한 사회학적 연구들이 사회학의 발전에 관심을 두는 일반 사회학자들, 교사와 행정가 교육을 통해 교육을 개혁하려는 정책가들, 그리고 교육방법과 기술개발에 관심을 갖는 사람들에 의해 수행되었다고 하면서, 이들 중 어느 집단도 교육학과 사회학 내에서 학문적인 발전 전망을 제시하지 못하였다고 주장한 바 있다(Clark, 1973).

저자는 연구와 실천의 접목을 통해 이러한 문제에 대한 해법을 찾을 수 있을 것이라 기대한다. 특히 사회학의 실천적 관심은 고등교육의 성과를 개선하고 교육개혁을 이끌 정책의 수립은 물론 정책의 결과를 평가하는 데 기여할 수 있을 것이다. 일례로 앞서 살펴보았듯이 대학효과에 대한 연구들은 학생들의 교육을 직접 담당하는 교수들에게는 물론 대학 행정가들의 이해를 도와 대학교육의 성과를 높이는 데 유용한 지식과 정보를 제공한다. 물론 고등교육사회학 연구들이 실천을 개선하려는 목적에 충실하기 위해서는 보다 과학적이고 객관적인 연구 결과를 도출하기 위한 새로운 시도와 노력이 이루어져야 할 것이다. 이와 관련하여 클락의 지적처럼 앞으로 고등교육연구는 통계분석 기법의 기술적인 발전에만 의존하는 제한적인 연구주제에 국한되어서는 안 될 것이다(Clark, 1973). 이러한 한계를 극복하기 위해서는 고등교육 접근기회의 불평등, 학생들의 다양한 경험, 고등교육제도의 특성과 변화 등 많은 주제들이 비교사회학의 관점에서 연구되어야 할 것이다. 또한 학생들의 경험과 성공적인 대학 사례 등에 대한 질적 연구들도 새로운 지적 전통으로 발전되어야 할 것이다.

학제간 연구의 필요성과 가능성

교육학의 또 다른 특성으로 흔히 교육학은 종합학문이라고 이야기한다. 이 말은 온전한 교육을 위해서는 인간과 사회에 대한 종합적인 이해가 필요하다는 것을 뜻한다. 교육학이 다양한 세부 전공으로 구분되는 것도 교육학의 이러한 성격을 반영한 것이다. 이와 마찬가지로 지금까지 고등교육은 다양한 학문적 관점에서 접근되어 왔다. 1984년에 클락이 편집한 책에는 역사, 정치, 경제, 조직, 사회, 문화, 과학, 정책 등 여덟 가지 학문적 관점이 소개되고 있다. 각각의 관점들은 고등교육이 무엇인지, 그리고 사회에서 어떻게 작동하는지에 대한 다양한 해석을 제시하고 있다. 예를 들어 경제학은 고등교육을 인적자원에 대한 투자라는 관점에서 접근한다. 반면에 사회학은 사회이동과 계층화에 있어서 고등교육의 역할에 관심을 둔다. 이와 같은 관점과 관심의 차이는 고등교육에 대한 지식과 이해의 증진에 기여할 수 있지만, 다른 한편으로는 오히려 종합적인 안목과 이해를 방해할 수도 있다.

이러한 문제와 관련하여 클락은 서로 다른 학문 분야들이 공조할 수 있는 연구주제들을 제안하고 있다. 예를 들어 대학의 조직적 특성과 구조를 이해하기 위해서는 그 문화를 알아야 하기 때문에 사회학과 인류학은 연구 관심을 공유할 수 있다는 것이다. 이 책에서 다룬 주제들도 재정, 역사, 정책 등 다양한 학문 분야에서 다루어 온 연구주제와 현상들에 대해 사회학적 관점으로 접근하고 해석한 것이 많다. 고등교육사회학 연구에서 다학문적 접근, 학제적 접근의 필요성은 계속 높아질 것으로 보인다.

고등교육연구에서 다학문적, 학제적 접근의 필요성이 높아지고 있는 것은 사회경제적 기반의 변화로 지식의 성격이 근본적으로 변화되는 것과도 관련이 있다. 지식은 역사적, 사회적 산물로 내적 논리뿐만 아니라 외적인 압력에 의해서도 변화한다. 산업사회에서 지식기반사회로 이동하면서 기술의 변화는 지식의 개념과 가치를 변화시키고 있다. 지식기반사회에서 지식은 그 자체로 목적이 될 수 없고 사용가치에 의해 평가되며 시장의 상품처럼 소비자의 평가에 따라 그 가치가 결정된다. 이와 같이 지식의 성격이 변화하는 것은 새로운 지식을 생산하는 기능을 담당하는 대학의 역할과 연구의 성격은 물론 조직구조에도 변화를 초래할 것이다.

이러한 변화과정에서 대학의 자원배분이 시장에서의 가치에 따라 결정되는 학문 자본주의(academic capitalism)가 형성되고 있다(Slaughter & Leslie, 1997). 이렇게 되면 공교육의 개념이 약해져 대학에 대한 사회적 지원의 명분이 사라지고, 대신 고등교육은 사회적 가치보다는 소비 주체인 학생 개인의 요구에 부응하는 것을 중요하게 생각하게 된다. 이러한 변화가 대학에 미칠 영향은 광범위하고 근본적일 것이라 예상된다. 현재 대학 교육과정에 직업주의와 실용주의가 강화되고 있는 현상이나 기초학문이 약화되고 있는 경향 등은 이러한 변화를 반영한 것이다. 대학에서 교수들이 하는 연구의 성격과 직업적 정체성 역시 변화될 것으로 보인다. 또한 고등교육에서 소비자주의가 강조됨에 따라 고등교육의 불평등 현상이 심화될 가능성이 높다.

앞으로 이러한 변화를 반영하여 고등교육사회학의 연구주제는 더욱 확대될 것으로 전망된다. 이러한 변화의 성격이 복합적인 만큼 앞으로 고등교육 내에 다양한 세부 영역 간의 협력이 더욱 요구될 것이다. 그 가운데 고등교육사회학은 특히 사회 변화의 성격과 그 영향을 종합적으로 이해하고, 학문적 관심과 교육적 실천 간의 괴리를 줄여 나가는 데 기여할 수 있을 것이다.

참고문헌

Clark, B. (1973). Developing of the sociology of higher education. *Sociology of Education, Vol. 46*: 2-14. *The Open Door College*. New York: McGraw-Hill.

Clark, B. (1984). *Perspectives on Higher Education*. Los Angeles: University of California Press.

Slaughter, S. & L. Leslie (1997). *Academic Capitalism*. Baltimore: Johns Hopkins University Press.

찾아보기

저자 소개

■ 김안나

이화여자대학교를 졸업하고 미국 UCLA에서 박사학위를 받았다. 동일여고 교사, 한국청소년정책연구원 선임연구원, 한국교육개발원 연구위원을 역임하였고, 현재 이화여자대학교 사범대학 교육학과 교수이다.

「Collegiate influences on the civic values of the undergraduate students in the US revisited」(2011) 외 다수의 논문을 발표하였으며, 번역서 『교육의 수월성과 형평성: 미국 교육개혁의 교훈』(2008)과 저서 『Student Loan Schemes in the Republic of Korea』(2003) 등이 있다.

고등교육사회학

2011년 10월 25일 1판 1쇄 인쇄
2011년 11월 1일 1판 1쇄 발행

지은이 • 김안나
펴낸이 • 김진환
펴낸곳 • (주) 학지사
121-837 서울시 마포구 서교동 352-29 마인드월드빌딩 5층
대표전화 • 02-330-5114 팩스 • 02-324-2345
등록번호 • 제313-2006-000265호

홈페이지 • http://www.hakjisa.co.kr
커뮤니티 • http://cafe.naver.com/hakjisa

ISBN 978-89-6330-778-7 93370

정가 15,000원